DIE 100 FASZINIERENDSTEN RÄTSEL DER WELT

Daniel Smith

DIE 100 FASZINIERENDSTEN RÄTSEL DER WELT

Verschwörungen | Geheimnisse | Ungelöste Kriminalfälle

Weltbild

Inhalt

Einleitung ... 6

1 Die verschollenen Kosmonauten ... 10
2 Die Geheimmission des Rudolf Heß ... 12
3 Der Zinoviev-Brief ... 15
4 Der Bankraub in der Baker Street ... 18
5 Die Flut von Lynmouth ... 20
6 Starlite ... 23
7 Die Bilderberg-Gruppe ... 24
8 Stuxnet ... 27
9 MKUltra ... 30
10 Die Georgia Guidestones ... 33
11 Die Majestic 12 ... 36
12 Der Black-Sox-Skandal ... 38
13 Das Massaker von Katyn ... 40
14 Der Raub im Isabella Stewart Gardner Museum ... 42
15 Liston gegen Ali ... 44
16 Die irischen Kronjuwelen ... 46
17 Die Protokolle der Weisen von Zion ... 48
18 Das Voynich-Manuskript ... 51
19 Die verlorene Literatur der Maya ... 54
20 Der Kryptos-Code ... 56
21 Die Inschrift von Shugborough ... 58
22 Rosslyn Chapel ... 61
23 Die Inschriften der Osterinsel ... 64
24 Die Felszeichnungen des Sego Canyon ... 66
25 Das dritte Geheimnis von Fátima ... 68
26 Das verschwundene Dorf ... 70
27 Das Verschwinden von Richter Crater ... 72
28 Jimmy Hoffa ... 75
29 Der Valentich-Zwischenfall ... 78
30 Jean Spangler ... 80
31 Ambrose Bierce ... 83
32 Buster Crabb – verschollen ... 86
33 Die Prinzen im Tower ... 89
34 Die MV Joyita ... 92
35 Das verschwundene Gold der Nazis ... 95
36 Glenn Miller ... 98
37 Louis Le Prince ... 100
38 Agatha Christie – die verschwundene Lady ... 102
39 Jim Thompson ... 104
40 Arthur Cravan ... 106
41 Die schwarze Dahlie ... 108
42 Der Vorfall am Dyatlow-Pass ... 111
43 Der Fuß am Strand ... 114
44 Der seltsame Tod des Edgar Allan Poe ... 116
45 Michael Faherty in Flammen ... 120
46 Der »Junge in der Schachtel« ... 123
47 Wer war Jack the Ripper? ... 124
48 Der Tod von Lee Harvey Oswald ... 128
49 Alfred Loewenstein ... 130
50 Der Mord an Olof Palme ... 132
51 Roberto Calvi – der Bankier Gottes ... 135
52 Die Borden-Morde ... 138
53 Auf der Spur des Zodiac ... 140

54	Der Mann von Somerton	142	81	Die Bagdad-Batterie	204
55	Die Tragödie von Mayerling	144	82	Königin Victoria und der Reitknecht John Brown	206
56	Das Geheimnis des Kaspar Hauser	146	83	Wofür wurde Stonehenge gebaut?	209
57	Robert Maxwell – Unfall auf See?	148	84	Frühe Kontakte mit der Neuen Welt	212
58	Die angebliche Autopsie eines Außerirdischen	150	85	Die Tarim-Mumien	214
59	Die Marfa-Lichter	152	86	Die Baigong-Rohre	217
60	Der Graf von Saint Germain	154	87	Der Mann mit der eisernen Maske	218
61	Springheel Jack	157	88	Die Moorleichen in Nordeuropa	220
62	El Chupacabra	160	89	Die Piri-Reis-Karte	222
63	Wer sind die schwarzen Männer?	162	90	Das Philadelphia-Experiment	224
64	Das Geheimnis von Mercy Brown	165	91	Das Turiner Grabtuch	227
65	Der Mottenmann	168	92	Das »Wow«-Signal	230
66	Der Fliegende Holländer	170	93	Nazi-UFOs?	232
67	Die UFO-Invasion über der Insel Colares	172	94	Das Brummton-Phänomen in Taos	234
68	Gibt es eine Bestie im Bodmin Moor?	174	95	Das Bienensterben	236
69	Der Minnesota Iceman	176	96	Thorium-Spaltung	238
70	Die verlorenen Tagebücher von Lewis Caroll	178	97	Roter Regen	240
71	Das Schicksal der *Ourang Medan*	180	98	Das Bloop-Geräusch	242
72	Wie Amerika zu seinem Namen kam	182	99	Das Tunguska-Ereignis	244
73	Der Bimini-Wall	184	100	Das Ende der Welt	247
74	Totentanz	186			
75	Der Angriff auf Pearl Harbor	188			
76	Nachkommen von Königin Elisabeth?	192			
77	Die Kristallschädel	194			
78	Der Keil von Aiud	197			
79	Das wahre Alter der Großen Sphinx	198	Register	250
80	Shakespeares wahre Identität	200	Bildnachweis	255

Einleitung

»Geheimhaltung ist ein Werkzeug der Verschwörung und sollte niemals zum Repertoire einer regulären Regierung gehören.«
Jeremy Bentham

»Wahrheit ist, was die Zeitgenossen glauben.«
Richard Rorty

Wir alle lieben Rätsel, am liebsten solche, die schwer oder gar nicht zu lösen, zu verstehen oder zu erklären sind. Denken Sie nur an die Worte, die wir dafür gebrauchen: Geheimnis, Problem, Frage, Kopfnuss ... Sie alle rufen unsere Fantasie wach und locken uns mit dem Versprechen einer Offenbarung.

Die Liebe zum Geheimnis ist heute genauso stark wie früher. Man muss nur ins Fernsehprogramm oder in die Regale der Buchhandlungen schauen und auf all die Thriller, die wahren Kriminalfälle und Verschwörungstheorien achten. Selbst der größte Rätsellöser aller Zeiten, Sherlock Holmes, erlebt im 21. Jahrhundert eine bemerkenswerte Renaissance mit Spielfilmen und Fernsehserien und den dazugehörigen Veröffentlichungen. Ja, unsere Lust am Geheimnis ist so groß wie eh und je.

Dabei muss man zugeben, dass die Suche nach der Lösung oft fast noch mehr Genuss bereitet als die Lösung selbst. Nur allzu oft büßt ein schattenhafter Schwerkrimineller seine gruselige Mystik ein, sobald er sich einfach als wütender Soziopath entpuppt? Und wie oft steht hinter großen historischen Rätseln eine enttäuschende, unbefriedigende Erklärung? Ereignisse und Vorkommnisse, die uns einmal als Ergebnis bösartiger Pläne und teuflischer Absichten erschienen, stellen sich am Ende als Resultat von Zufall, Inkompetenz oder schlichter Bosheit heraus.

Der Drang, Geheimnisse zu lösen, gehört zu unserer menschlichen Natur. Tatsächlich verursacht jedes Geheimnis eine Delle im Lack unseres kollektiven Bewusstseins, und wir streben danach, sie auszuklopfen. Je größer die Delle und je länger sie schon da ist, desto größer wird unser Wunsch nach Auflösung. Aber Eile schadet nur: Ein schadhafter Lack ist nur ein Zeichen von Alter und Erfahrung und oft genug viel reizvoller als eine makellose Oberfläche. Will sagen: Wenn Sie ein Geheimnis näher untersuchen, genießen Sie die Reise, denn sie ist vielleicht schöner als das Ziel.

In mancher Hinsicht scheint unsere eigene Zeit keine großen Geheimnisse mehr hervorzubringen. In einer Welt, deren politische und wirtschaftliche Eliten ständig von Offenheit und Transparenz sprechen, gibt es wenig Raum für Geheimnisse. Und wenn Regierungen ihr Tun vor den Blicken der Öffentlichkeit abschirmen wollen, steht schon eine ganze Armee von Internet-Kriegern bereit – mit Julian Assange und seinen WikiLeaks an der Spitze – um ihre Enthüllungen zu präsentieren. Selbst unsere Promi-Kultur setzt nicht mehr auf Geheimnisse, sondern auf grenzenlose Offenheit. In einer Welt, in der Promis das Internet zum Erliegen bringen, indem sie ein Foto von ihrem Hintern ins Netz stellen, fragt man sich, ob es überhaupt noch Geheimnisse gibt.

Aber wir sollten nicht zu schnell urteilen. Allem Gerede von Offenheit und Vernetzung zum Trotz sind wir von Geheimnissen umgeben. Je stärker die globale Vernetzung, desto leichter gehen einige Bindeglieder verloren. Und so können Ideologen ihre Gräueltaten unentdeckt planen und begehen, Passagierflugzeuge fallen einfach vom Himmel, internationale Banken helfen ihren Kunden, unrechtmäßig erworbenes Geld zu verstecken. Ganz zu schweigen von dem Mordopfer, das wochenlang tot in seiner Wohnung liegt, bis ein Nachbar Verdacht schöpft.

Das Informationszeitalter garantiert also wirklich nicht den ungehinderten Zugang zur Wahrheit. Wir leben in einer verführerischen Zeit und hängen an einem Daten-Tropf ohnegleichen, und doch wächst unser Misstrauen gegenüber dem, was man uns erzählt. Eine Welt ohne Vertrauen ist kein schöner Ort, aber uns bleibt gar nichts anderes übrig, als alle Informationen wachsam zu beobachten. Was ist gemeint? Wer behauptet da was? Welche Verbindungen gibt es? Dies sind die Schlüsselfragen der Generation, die mit sozialen Netzwerken, Nachrichten und Wikipedia aufgewachsen ist.

EINLEITUNG

Manchmal jedoch ist es fast unmöglich, herauszufinden, wo die Wahrheit endet und die Fehlinformation beginnt, ob sie uns nun in gutem Glauben serviert wird oder nicht. In dieser Grauzone finden wir jede Menge köstlicher Zweifel und Geheimnisse. Sie ist kein besonders bequemer Ort, aber auf jeden Fall sehr interessant.

Die hundert Fälle, die in diesem Buch beschrieben werden, stammen aus der Grauzone zwischen Wahrheit und Zweifel. Sie finden hier einen fantastischen Cocktail aus großen Verschwörungen, ungelösten Kriminalfällen, unerklärten Naturerscheinungen und erstaunlichen historischen Rätseln. In jedem Fall gibt es zwei oder mehr Theorien, die um die Lösung wetteifern, und in keinem Fall können wir uns ganz sicher sein. Hinzu kommt der Verdacht, dass viele Argumente nicht im Interesse der Wahrheit vorgebracht werden, sondern um uns zu täuschen, zu verwirren und in die Irre zu führen.

Es kann sein, dass eine Regierung ihre schmutzigen Fußspuren vertuschen will oder dass ein genialer Krimineller unerkannt bleiben will. Auch finanzielle Interessen können eine Rolle spielen, oder der Wunsch, Ängste in der Öffentlichkeit zu beruhigen und das Gesicht zu wahren. Oder es geht um ganz persönliche Pläne eines Verantwortlichen. Manchmal will uns jemand vielleicht auch nur auf den Arm nehmen. Es ist einfach zu verführerisch, sich Lügen auszudenken.

Aber wir sollten aufpassen, dass wir nicht zynisch werden. Einige Geheimnisse, die in diesem Buch beschrieben werden, lassen sich vielleicht wirklich ganz schlicht und unschuldig erklären. In manchen Fällen sprechen wir den Herrschenden wohl auch zu viel Intelligenz und Scharfsinn zu, wenn wir sie anklagen, komplizierte Täuschungen geplant zu haben, die jahre- oder jahrzehntelanges Schweigen verlangen.

Denken Sie an die bekannte Theorie, Neil Armstrongs Mondlandung sei eine Fälschung. Natürlich hat es – wie wir noch sehen werden – im Kalten Krieg außerordentlich viele unglaubliche Täuschungsversuche der Herrschenden gegeben. Aber kann man der US-Regierung wirklich einen solchen Fake zutrauen? Das bezweifle ich, schon weil so ungeheuer viele Menschen dafür nötig gewesen wären, die Sache durchzuziehen und später zu verschweigen. Allerdings sollte man daran denken, dass Armstrong selbst das Geheimnis als starke Triebkraft in unserem Universum bezeichnet hat. Wörtlich hat er gesagt: »Das Geheimnis ruft das Staunen

hervor, und das Staunen ist die Grundlage unserer Sehnsucht nach dem Verstehen.«

Selbst der Filmregisseur Oliver Stone, dieser Erz-Verschwörungs-Theoretiker, gibt zu: »Nicht alles im Leben ist natürlich das Ergebnis von Verschwörungen! Es gibt auch Unfälle.« Und Charles Krauthammer, Kolumnist der Washington Post, drückte es so aus: »Wenn Sie eine Erklärung für die Vorgänge in Washington suchen und die Wahl haben zwischen Inkompetenz und Verschwörung, nehmen Sie die Inkompetenz.« Trotzdem sollten wir auf der Hut sein, wenn man uns angeblich schlüssige Beweise und wahre Geschichten vorlegt. Wie das Sprichwort schon sagt: Die bloße Tatsache, dass ich unter Verfolgungswahn leide, beweist noch nicht, dass ich nicht verfolgt werde.

Zumindest hoffe ich, dass die Geheimnisse, von denen in diesem Buch erzählt wird, Sie faszinieren und unterhalten. Tauchen Sie ein in diese Welt und genießen Sie die Spannung, die mit der Entdeckung der Wahrheit einhergeht. Und seien Sie sicher, dass Sie sich in guter Gesellschaft befinden. Kein Geringerer als der intellektuelle und philosophische Riese Albert Einstein hat gesagt: »Das Schönste, was wir erleben können, ist das Geheimnis.«

Und wenn die Fälle in diesem Buch Sie so sehr reizen, dass sie sich daranmachen, die echte, unwiderlegbare Wahrheit zu finden, umso besser! Lassen Sie von sich hören! Aber denken Sie nicht, dass ich Ihnen glaube ...

EINLEITUNG

1 Die verschollenen Kosmonauten

DAS RÄTSEL Opferte die Sowjetunion auf dem Höhepunkt des Weltraumrennens insgeheim mehrere Kosmonauten?
WANN ES GESCHAH 50er und 60er Jahre

Man vergisst leicht, wie heftig der Wettstreit zwischen Sowjetunion und USA auf dem Höhepunkt des Kalten Krieges war. Während dieses Zusammenstoßes der Ideologien wurde alles, von den Olympischen Spielen bis hin zu Schachmeisterschaften, zum Schlachtfeld. Das galt natürlich auch für die bemannte Raumfahrt. Hat die Sowjetunion in ihrem Kampf um die Spitze den Tod mehrerer Kosmonauten vertuscht?

Obwohl die Amerikaner den Ruhm für die erste bemannte Mondlandung für sich beanspruchten, nachdem Neil Armstrong 1969 seinen »großen Schritt für die Menschheit« getan hatte, hatte die Sowjetunion lange Zeit das Weltraumrennen angeführt, nachdem sie 1957 den ersten Satelliten und 1961 Jurij Gagarin in die Erdumlaufbahn gebracht hatte. Allerdings gab es lange Zeit Gerüchte über zwei frühere, tragisch gescheiterte Versuche, Menschen in die Erdumlaufbahn zu bringen. Beide Versuche sollen vertuscht worden sein.

Die frühesten Behauptungen über diese vertuschten Todesfälle sollen von einem tschechischen Regierungsbeamten mit Kontakten zum Westen gekommen sein. Gagarin selbst bezeichnete solche Berichte jedoch als Missverständnisse nach Testflügen mit Dummys und Stimmaufzeichnungen. Eine andere Version der Berichte behauptete, Vladimir Iljuschin sei ein paar Tage vor Gagarin ins All geflogen, aber in China abgestürzt und dort mehr als ein Jahr festgehalten worden. Moskau, so die Theorie, vertuschte auch dies, um keine diplomatischen Verwicklungen zu produzieren.

Einige der schlagendsten Indizien im Fall »verschollene Kosmonauten« kamen von den italienischen Brüdern und Funkern Achille und Gian Judica-Cordiglia, die in den frühen 60er Jahren den Funkverkehr der sowjetischen Raumfahrt von einer Basis in der Nähe von Turin aus abhörten. Jahrelang, so behaupteten sie, hätten sie viele Wortwechsel mitgehört, darunter mindestens drei, in denen Kosmonauten in der Erdumlaufbahn gestorben seien. Die Aussagen der beiden Brüder wurden aber mit viel Skepsis betrachtet.

Es ist natürlich möglich, dass die Geschichten von toten Russen im All von Personen mit antisowjetischen Plänen oder aufmerksamkeitsheischenden Phantasten lanciert wurden. In der post-sowjetischen Ära sind jedenfalls keine Beweise aufgetaucht, auch nicht nach Öffnung der staatlichen Archive. Andererseits wissen wir, dass in der Endphase des kommunistischen Regimes sehr viel heikles Material verloren ging. Wenn man bedenkt, wie weit das Weiße Haus und der Kreml in der Zeit des Kalten Krieges mit ihrer Geheimhaltungspolitik gingen, ist die Geschichte von den verschollenen Kosmonauten nur allzu glaubhaft.

DIE LETZTE GRENZE Der Kampfpilot Valentin Bondarenko starb im Alter von 24 Jahren an Verbrennungen, die er 1961 beim Kosmonautentraining erlitt. Sein Tod wurde von den Moskauer Behörden jahrzehntelang vertuscht.

2 Die Geheimmission des Rudolf Heß

DAS RÄTSEL Was geschah mit dem berüchtigten Nazi Rudolf Heß nach seinem überraschenden Auftauchen in England während des Krieges?
WANN ES GESCHAH 10. Mai 1941

1941 flog Hitlers Stellvertreter offenbar unabgesprochen nach Schottland, um einen Separatfrieden mit Großbritannien auszuhandeln. Er wurde verhaftet und später bei den Nürnberger Kriegsverbrecherprozessen verurteilt und saß bis zu seinem Selbstmord 1987 im Kriegsverbrechergefängnis in Berlin-Spandau. Aber beging Heß wirklich Selbstmord? Und war der letzte Häftling in Spandau wirklich Rudolf Heß?

Rudolf Heß, 1894 geboren, war Soldat im Ersten Weltkrieg und ließ sich kurz nach Kriegsende von einem unbekannten politischen Brandstifter aus Österreich faszinieren: Adolf Hitler. 1923 standen die beiden Männer Schulter an Schulter, als die Nazi-Partei einen ersten Staatsstreich versuchte. Heß wurde zu 18 Monaten Gefängnis verurteilt und half während seiner Haftzeit Hitler beim Verfassen seiner Hassschrift *Mein Kampf*.

1933, kurz nach Hitlers Machtergreifung in Deutschland, wurde Heß zu seinem Stellvertreter ernannt. Als der Zweite Weltkrieg begann, stand er in der Nachfolgelinie an erster Stelle. Nachdem er einen so großen Teil seines Erwachsenenlebens dem Führer gewidmet hatte, war sein Handeln 1941 umso überraschender.

Traditionell ging man davon aus, dass Heß von der Sorge angetrieben wurde, Deutschland könne einen Zweifrontenkrieg nicht gewinnen. Der Russlandfeldzug stand unmittelbar bevor, und man vermutete, er habe versucht, auf eigene Faust einen Frieden mit Großbritannien auszuhandeln. In den späten 20er Jahren hatte er seinen Pilotenschein gemacht, und nun bereitete er eine Messerschmitt-110-Maschine für den Flug nach Schottland vor. Dort wollte er den Duke of Hamilton treffen, von dem er irrtümlich annahm, er würde sich für einen Friedensplan einsetzen. Heß hatte die Absicht, Großbritannien uneingeschränkte Souveränität im gesamten Empire zu garantieren, wenn es sich aus dem Krieg auf dem europäischen Kontinent zurückzöge.

Am Abend des 10. Mai 1941 brach er auf und startete von einem Flugplatz in Bayern. Schnell und in geringer Höhe fliegend, wurde er nicht entdeckt und kam tatsächlich bis nach Schottland, hatte dort aber Schwierigkeiten, Dungavel House zu finden, wo der Duke of Hamilton lebte. Gegen 23 Uhr, als er kaum noch Treibstoff hatte, sprang er mit dem Fallschirm ab und wurde sofort von einem Bauern entdeckt, der ihn der örtlichen Polizei übergab. Er wurde verhaftet, und nachdem seine Identität bekannt wurde, verbrachte er den Rest des Krieges an verschiedenen Orten in Großbritannien.

BRUCHLANDUNG *Vorherige Seite:* Rudolf Heß wurde verhaftet, nachdem sein Flugzeug nach einem offenbar unabgesprochenen Flug nach Schottland abstürzte. *Oben:* Die Jahre von 1945 bis 1987 verbrachte Heß in dem imposanten Gefängnis von Spandau.

Nach Ende des Krieges gehörte Heß zu den Angeklagten bei den Kriegsverbrecherprozessen in Nürnberg. Er wurde wegen Verschwörung und Vorbereitung eines Angriffskrieges zu lebenslanger Haft verurteilt, die er im Gefängnis in Spandau, Berlin (West) absitzen musste. Mitte der 60er Jahre war er der einzige noch verbleibende Häftling in einem Gefängnis, das bis zu 600 Personen Platz bot. Am 17. August 1987 wurde der 93-jährige Heß tot in einem Sommerhaus auf dem Gefängnisgelände aufgefunden. Offenbar hatte er sich mit einem Elektrokabel an einem Fensterrahmen erhängt.

Sein Ende warf viele Fragen auf. Seine Anwälte und Familienmitglieder bezweifelten, dass er noch die Kraft besessen hatte, sich auf die beschriebene Weise umzubringen. Sein Abschiedbrief, so wurde weiter gesagt, sei 20 Jahre zuvor geschrieben worden, als er befürchtet hatte, an einer Krankheit zu sterben. Eine Theorie besagte, die Sowjetunion unter Gorbatschow hätte womöglich einer Entlassung zugestimmt und der britische Geheimdienst hätte Enthüllungen von seiner Seite über das Verhalten der britischen Regierung während des Krieges befürchtet. Deshalb habe man ihn umgebracht.

Andere, ähnlich kühne Behauptungen besagten, der letzte Insasse von Spandau habe nach Aussage eines Arztes nicht die Kriegsverletzungen gehabt, die Heß während des Ersten Weltkrieges erlitten hatte. Hatten die Briten vor Jahrzehnten einen Unschuldigen an Heß' Stelle nach Deutschland überstellt? Und wenn ja, warum hatten sie das getan? Wollten sie die Tatsache vertuschen, dass der echte Heß ein unerquickliches Ende gefunden hatte? Oder war er, wie einige vermuteten, von Sympathisanten aus dem britischen Establishment außer Landes in Sicherheit gebracht worden? Es ist auch vermutet worden, dass Heß überhaupt nicht bis nach Großbritannien kam, sondern dass Berlin aus welchen Gründen auch immer einen Doppelgänger geschickt hatte. Hatte Hitler selbst einen Separatfrieden angestrebt und die wilde Räuberpistole erfunden, nachdem die Briten den Vorstoß abgelehnt hatten?

Natürlich gab und gibt es Leute, die allen Grund haben, die Wahrheit über Heß' Mission zu fürchten. Aber die Sorgen sind wohl weitgehend unbegründet, denn die Akten, aus denen diese Wahrheit hervorgehen könnte, sind entweder zerstört worden oder stehen nach wie vor unter Geheimhaltung.

3 Der Zinoviev-Brief

DAS RÄTSEL Wer war verantwortlich für das gefälschte Dokument, das eine Wahl mitentschied?
WANN ES GESCHAH 25. Oktober 1924

Die Furcht vor dem Bolschewismus war in den 20er Jahren so groß, dass die erste britische Labour-Regierung ihre Wahlniederlage 1924 auf die Hysterie zurückführte, die ein gefälschter Brief auslöste. Der Zinoviev-Brief, angeblich eine Aufforderung der Kommunistischen Internationale an die Britische Kommunistische Partei zur Agitation in Großbritannien, wurde von zwei Zeitungen abgedruckt, wenige Tage vor der Erdrutsch-Niederlage der Sozialistischen Partei.

Dieser Brief stammte angeblich von Grigorij Zinoviev, dem Vorsitzenden der Kommunistischen Internationale in Moskau. Er wurde genau in dem Moment öffentlich, als die Regierungen der beiden Länder im Begriff waren, ein Handelsabkommen zu schließen. In Großbritannien war ein Jahr zuvor Ramsay MacDonald der erste Labour-Premierminister geworden, und das Abkommen stieß auf heftigen Protest der Konservativen. Anfang Oktober 1924 unterlag MacDonalds Minderheitsregierung bei einer Vertrauensfrage, am 29. Oktober gab es Neuwahlen.

Als Sozialist stieß MacDonald in weiten Teilen des britischen Establishments auf Widerstand, und er hatte mächtige Feinde. Der Zinoviev-Brief wurde von Unbekannten der Presse zugespielt und am 25. Oktober in der *Daily Mail* abgedruckt, vier Tage vor der Wahl. Ein besonders problematischer Teil des Briefes bezog sich auf die »Förderung revolutionärer Bestrebungen im internationalen und britischen Proletariat«. Die Überschrift in der *Daily Mail* lautete: »Sozialisten planen den Bürgerkrieg / Moskauer Befehle an unsere Roten / Verschwörung enthüllt«.

Innerhalb von zwei Tagen dementierte Zinoviev jede Beteiligung an dem Brief: »Der Brief vom 15. September 1924, der mir zugeschrieben wird, ist vom ersten bis zum letzten Wort eine Fälschung.« MacDonald schien ebenfalls Verdacht zu schöpfen; in einer Rede sagte er: »Wie könnte ich den Verdacht – um nicht zu sagen, den Schluss – vermeiden, dass es sich um eine politische Intrige handelt?« Trotzdem ging die Labour Party bei den Wahlen am 29. Oktober unter, und Stanley Baldwins Konservative bildeten eine neue Regierung.

Wie sehr hatte der gefälschte Brief Labour geschadet? Die Wahlchancen der Partei standen ohnehin schlecht, aber der rätselhafte Brief könnte das Fass zum Überlaufen gebracht haben. Und was vielleicht noch schlimmer war: Er führte zu erheblichen Spannungen zwischen Großbritannien und der Sowjetunion zu einem Zeitpunkt, als die beiden Länder gerade zu einer Einigung gekommen waren.

FALSCHER BRIEF *Links:* Grigorij Zinoviev – der bekannte sowjetische Kommunist hat die Urheberschaft des Briefes immer dementiert. *Oben:* Der britische Premierminister Ramsay MacDonald verlor nach der Veröffentlichung des Briefs die letzten Chancen auf Wiederwahl.

Im Jahr 1998, ein Jahr nachdem Tony Blair die Labour Party nach achtzehn Jahren wieder an die Regierung gebracht hatte, kündigte Außenminister Robin Cook eine neuerliche Untersuchung auf der Grundlage bisher unzugänglicher Dokumente an. Gill Bennett, leitende Historikerin des Foreign and Commonwealth Office, veröffentlichte ihre Ergebnisse ein Jahr später, nachdem sie die Archive des Außenministeriums, des MI5 und MI6 sowie staatlicher Stellen in Russland eingesehen hatte.

Bennett konnte zwar nicht genau sagen, wer den Brief geschrieben hatte, war aber ebenfalls überzeugt von einer Fälschung, vermutlich von russischen Emigranten in Berlin oder eventuell Riga. Erschütternd waren jedoch vor allem ihre Enthüllungen, dass leitende Personen im MI5 und/oder MI6 daran mitgewirkt hatten, den Brief an die Konservativen durchsickern zu lassen, obwohl sie wussten, dass es sich um eine Fälschung handelte. Die Rolle von Desmond Morton, eine der Führungsfiguren des MI6 und Vertrauter von Winston Churchill, und Major Joseph Ball vom MI5 (später führend im Büro der Konservativen tätig) wurde besonders untersucht. Stuart Menzies, späterer Leiter des MI6, gilt inzwischen als derjenige, der den Brief an die *Daily Mail* weitergab.

Baldwin setzte einen Untersuchungsausschuss ein, um die Sache aufzuklären, der jedoch kam zu dem Schluss, der Brief sei echt. Jahrzehntelang gab es keine offiziellen Untersuchungen mehr. Im Jahr 1967 jedoch veröffentlichte ein Team von Journalisten der *Sunday Times* die Ergebnisse ihrer Recherchen und erklärte, der Brief sei gefälscht, vermutlich von einer monarchistischen russischen Gruppe mit Sitz in Berlin, die die Absicht gehabt hatte, die britisch-russischen Beziehungen zu stören. Sie gingen auch von einer Beteiligung der britischen Konservativen und der Geheimdienste aus.

Bennett fand auch heraus, dass die Geheimdienste das Außenministerium absichtlich in Bezug auf die Herkunft des Briefes in die Irre geführt hatten, indem sie fälschlicherweise behaupteten, er stamme aus vertrauenswürdigen Quellen in Moskau. So hatte nur eine Woche nach der Aussage von Baldwins Außenminister Austen Chamberlain, nach einmütiger Ansicht des Untersuchungsausschusses sei der Brief »zweifellos echt«, Morton einen Brief an den MI5 geschrieben, in dem er seine Überzeugung zum Ausdruck brachte, »das Ding sei eine Fälschung«.

4 Der Bankraub in der Baker Street

DAS RÄTSEL Warum wurden die Medienberichte über den Londoner Bankraub unterdrückt?
WANN ES GESCHAH 11. September 1971

Ein kühner Bankraub im Zentrum von London und eine kräftige Dosis Fahndungspannen brachten den Verbrechern eine riesige Beute ein. Aber nach der anfänglichen Aufregung in den Medien gab es nur noch sehr wenige Berichte über das Verbrechen, und bald kamen Gerüchte auf, die Regierung wolle die Sache totschweigen. Warum sollten die Ereignisse jener Nacht nicht in die Öffentlichkeit geraten?

Nach einem Plan, der an den Sherlock-Holmes-Fall *Die Liga der Rothaarigen* erinnert, mietete eine Räuberbande ein Ladenlokal in der unmittelbaren Nachbarschaft der Lloyds Bank an der Kreuzung Marylebone Road/Baker Street. Im Verlauf mehrerer Wochenenden gruben die Räuber einen Tunnel und schafften am 11. September 1971 den Durchbruch in den Keller der Bank. Ein Funkamateur hörte die Gespräche der Räuber mit und informierte die Polizei, konnte aber nicht genau sagen,

LLOYDS BANK

ANGRENZENDER IMBISS

BETON-FUNDAMENT

EINGANG IN DIE BANK, 22×38 CM

welche Bank betroffen war. Daraufhin durchsuchte die Polizei 700 Stellen im Zentrum von London, auch die Lloyds Bank, stellte aber nichts fest. Die Räuber entkamen mit einer Beute von 3 Millionen Pfund (annähernd 30 Millionen Pfund nach heutiger Kaufkraft) in bar und Wertgegenständen aus mehr als 250 Schließfächern.

Wie nicht anders zu erwarten, sprang die Presse sofort auf die Sensationsgeschichte an, aber nach ein paar Tagen wurde es erstaunlich ruhig. Viele Zeitungsverlage erklärten später, es hätte einen offiziellen »Maulkorb« gegeben. Den Grund vermutete man in der Peinlichkeit der Fahndungspannen, aber hier und da kam auch der Verdacht auf, es müsse mehr dahinter stecken. Derartige Maulkorberlasse waren normalerweise für Ereignisse bestimmt, die die nationale Sicherheit betrafen, nicht zum Schutz von ein paar Bobbies.

In den Jahren danach gab es immer wieder Spekulationen darüber, was in dem Keller der Bank gelagert wurde, sodass MI5 und Regierung in Aufregung gerieten. Vier Männer wurden in der Folge wegen des Raubes verhaftet, und einer von ihnen berichtete, sie seien schockiert gewesen, so viele Waffen und pornografische Schriften vorzufinden. Andere vermuten, der wahre Grund für die offizielle Aufregung seien indiskrete Fotos einer Führungsperson gewesen, die später wohl in den Besitz eines Anführers der Black-Power-Bewegung gerieten. Doch auch diese Theorie lässt sich nicht beweisen. Während des Raubs sprühten die Diebe den Slogan an die Kellerwand: »Lasst Sherlock Holmes diesen Fall lösen.« Dieses Gefühl hat sich bis heute nicht gelegt.

FALLSTUDIE Die Baker Street in London – geistige Heimat von Sherlock Holmes – war Schauplatz eines Verbrechens im Jahr 1971, das mit rücksichtsloser Professionalität ausgeführt wurde, dessen Motive aber wohl selbst dem berühmtesten Detektiv aller Zeiten Rätsel aufgegeben hätten.

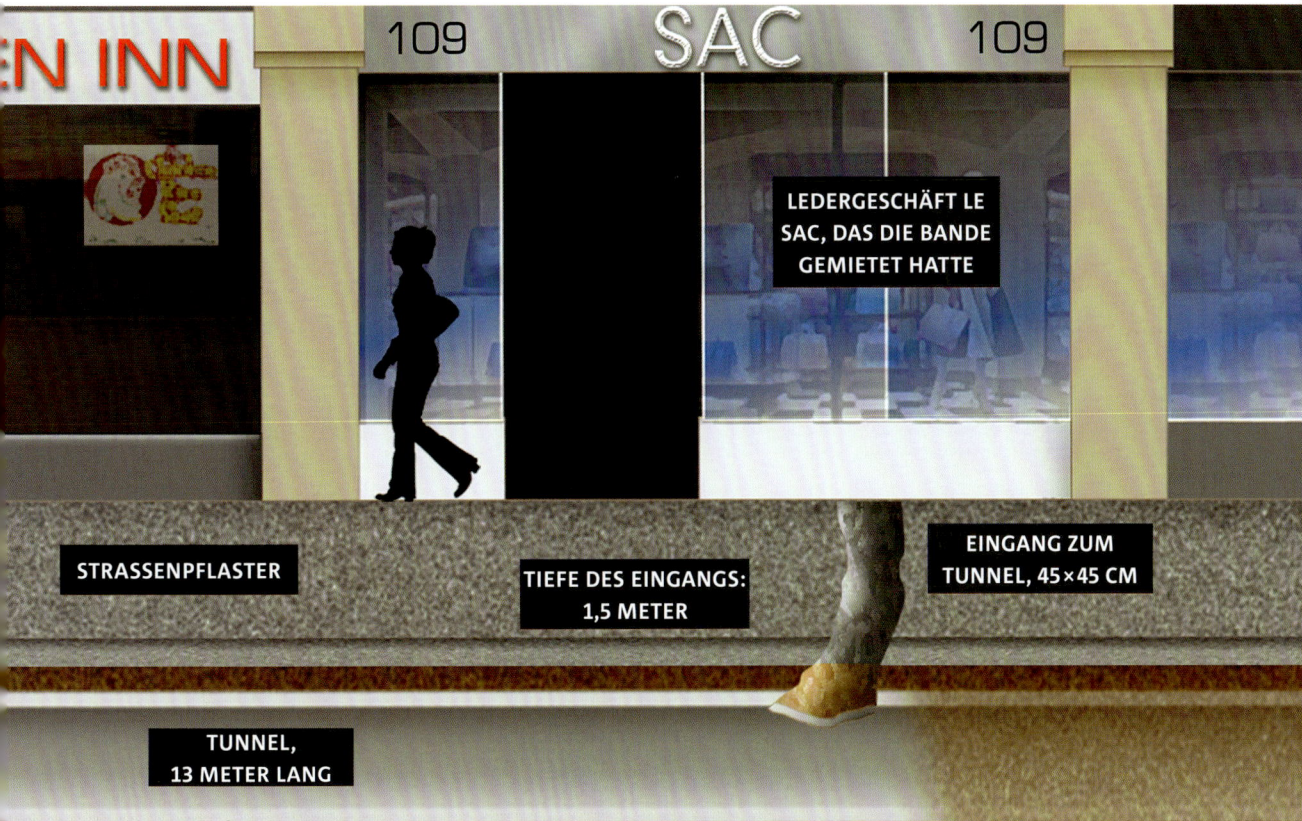

5 Die Flut von Lynmouth

DAS RÄTSEL Waren geheime Wetterexperimente der Regierung verantwortlich für eine Katastrophe?
WANN ES GESCHAH 15. Dezember 1952

Lynmouth am Rand des Exmoors in der englischen Grafschaft Devon wurde von dem Künstler Thomas Gainsborough als »schönster Ort für einen Landschaftsmaler« bezeichnet. Im Jahr 1952 jedoch wurde das Dorf zum Zentrum einer Überschwemmung, bei der 34 Menschen starben. Später stellte sich heraus, dass Wissenschaftler im Auftrag der Regierung Regen-Experimente durchgeführt hatten. War diese Manipulation der Natur für die Katastrophe verantwortlich?

Das riesige Moorgebiet Exmoor war bereits sehr nass, als es am 15. Dezember 1952 zu sintflutartigen Regenfällen kam. Im Verlauf der nächsten 24 Stunden fielen über 200 Millimeter Regen, 250 Mal so viel, wie man zu dieser Jahreszeit erwarten konnte. Bei seinem Weg durch das Land brachte das Wasser umgestürzte Bäume und schwere Felsbrocken mit. Dadurch entstanden Dämme, aber als das Wasser sie durchbrach, war der Schaden umso größer. Lynmouth liegt in einer Schlucht und bekam besonders viel von der Überschwemmung ab. Ein Augenzeuge: »Das Wasser stieg schnell ... es durchbrach unser Hotel wie eine Lawine, brachte Felsbrocken aus den Hügeln mit, zerstörte Wände, Türen und Fenster.

Schätzungsweise 90 Millionen Tonnen Wasser strömten durch die Stadt. In einer Nacht starben in Lynmouth 34 Menschen, darunter drei Pfadfinder, die am nahen Fluss Filleigh zelteten. Hunderte wurden obdachlos. Autos wurden ins Meer geschwemmt, die meisten der 30 Brücken in der Region brachen zusammen, ein Leuchtturm stürzte am nächsten Tag um. Eine Frau, die sechs Familienmitglieder verlor, beschrieb die Identifikation ihrer Großmutter: »Meine Mutter erkannte sie nur an der Warze auf dem Rücken, denn als sie gefunden wurde, hatte sie weder Kopf noch Arme oder Beine.«

Das malerische Dorf war nicht zum ersten Mal von einer zerstörerischen Flut betroffen. Ähnliche Ereignisse hatte es auch schon 1607 und 1796 gegeben. Wetterexperten vermuteten, dass die Überschwemmung von 1952 ihren Ursprung in einem Tiefdruckgebiet hatte, das sich ein paar Tage zuvor über dem Atlantik gebildet hatte. Die Topografie des Exmoors und die bereits vorhandene Bodenfeuchtigkeit waren weitere Zutaten für ein »perfektes Unwetter«.

Zeugen berichteten jedoch von einigen anderen seltsamen Beobachtungen an diesem Tag. Einige sprachen von Schwefelgeruch, andere beschrieben den Regen als so heftig, dass er Menschen im Gesicht verletzte. Angeblich war in den Stunden vor

EINE SINTFLUT Lynmouth ist eine unscheinbare Stadt am Rand der berühmten Dartmoor-Region im Südwesten Englands. Doch nach den Ereignissen im Dezember 1952 änderte sich das Leben der Einwohner für immer.

NUR EIN GRAUSAMES SCHICKSAL? Die Überschwemmung war eine Tragödie für die Stadt und veränderte ihr Erscheinungsbild. Waren naturwissenschaftliche Experimente verantwortlich dafür?

der Katastrophe auch ein Flugzeug über der Region gekreist. Naturwissenschaftler, so die Gerüchte, hatten Experimente durchgeführt mit dem Ziel, das Wetter zu beeinflussen. Hatte Lynmouth die schrecklichen, unvorhergesehenen Folgen dieser Experimente erlebt?

Man weiß, dass die britische Regierung zwischen 1949 und 1952 tatsächlich das Projekt Cumulus durchführte, ein Programm zur Untersuchung der Möglichkeit von Wetterbeeinflussungen als Mittel der Kriegführung. Eine der Hauptfragen drehte sich um die künstliche Herstellung von Wolken mit Hilfe von Chemikalien, die die Regenmenge beeinflussen. Allerdings hat das Verteidigungsministerium nie detaillierte Informationen über das Forschungsprojekt veröffentlicht.

Tony Speller, früherer Abgeordneter für den Wahlkreis North Devon, hat die Akten studiert, kam aber zu dem Schluss, dass einige wichtige Dokumente fehlten. Inzwischen hat die BBC Zeugenaussagen von Wissenschaftlern gesammelt. Ein Pilot hat z. B. beschrieben, wie er über Bedfordshire flog und Salz sprühte, um die Regenmenge zu erhöhen. Es wird spekuliert, dass zum gleichen Zweck auch Silberjodid eingesetzt wurde. Man ging davon aus, dass sehr kalte Wolken mit bestimmten Substanzen »geimpft« werden konnten, sodass sie wärmer wurden und plötzliche Regenfälle auslösten. Die Streitkräfte hofften, diese Technologie einsetzen zu können, um z. B. Feindbewegungen zu stören oder Nebel von Flugplätzen zu entfernen.

Es gibt keinen Beweis dafür, dass die Tragödie von Lynmouth ein direktes Ergebnis dieser Wetter-Experimente war. Wir wissen jedoch, dass das Projekt Cumulus nach der Katastrophe eingestellt wurde und dass das Wetteramt danach drei Jahre lang alle derartigen Experimente verbot. Heute ist die Wissenschaft weiter fortgeschritten, in vielen Ländern werden Technologien zur Manipulation des Wetters eingesetzt. Aber in den 50er Jahren wusste man noch nicht viel darüber. Sollten die Experimente vertuscht werden, weil die Herrschenden befürchteten, man würde dann mehr über die Schäden erfahren?

6 Starlite

DAS RÄTSEL Was wurde aus dem hitzebeständigen Wundermaterial eines Amateurchemikers?
WANN ES GESCHAH Mitte der 80er Jahre

Es schien eine jener wunderbaren Geschichten zu sein, in denen ein kleiner Kerl allen Wahrscheinlichkeiten trotzt. Ein ehemaliger Friseur namens Maurice Ward erfand eine hitzeresistente Beschichtung, die das Zeug hatte, den Alltag zu revolutionieren. Aber im Jahr 2011 starb er, ohne dass seine Erfindung »Starlite« viel bewirkt hätte. Ist die Welt einer der größten Entdeckungen des 20. Jahrhunderts beraubt worden?

Ward war als Friseur darin geübt, Haarfarben und andere Schönheitsprodukte anzurühren. In den frühen 80er Jahren stieg er in die Kunststoffproduktion ein. Bewegt durch ein Unglück auf dem Flughafen Manchester 1985, bei dem ein Flugzeug auf der Rollbahn Feuer fing und 50 Menschen in weniger als einer Minute starben, versuchte er eine schwer brennbare Kunststoffbeschichtung zu entwickeln. Nach vielen Experimenten mit verschiedenen Zutaten, die er in einer Küchenmaschine anrührte, gelang ihm eine Formel für außerordentlich hitzebeständige Plastikfolien.

Ward wusste, dass er etwas Besonderes entdeckt hatte, und schützte seine Entdeckung, die seine Enkelin »Starlite« getauft hatte. Er meldete sie nicht einmal zum Patent an, um die Zusammensetzung nicht offenlegen zu müssen. Und er ließ potenziellen Käufern – hauptsächlich aus dem Bereich der Streitkräfte und der chemischen Industrie – zwar Muster zukommen, sammelte sie aber sofort wieder ein, um eine Analyse zu verhindern. Starlite, so schien es, konnte Hitze bis zum 75-Fachen der Hiroshima-Explosion aushalten. Ein Amateurwissenschaftler hatte offenbar die Gesetze der Thermodynamik neu geschrieben.

Er träumte davon, Starlite in feuerabweisender Kleidung einzusetzen, in Feuertüren und Raketen sowie Startrampen. Große Firmen und Organisationen zeigten Interesse, darunter die britische Atombehörde, die NASA, ICI und die britische Weltraumorganisation. 1993 wurde Starlite in der BBC-Sendung *Tomorrow's World* vorgestellt. Ein beschichtetes Ei wurde mit einem Flammenwerfer beschossen – es blieb heil, und das Eigelb blieb flüssig.

Aber dann kam nichts mehr. Alle Kaufverhandlungen scheiterten, entweder an Wards hohen Forderungen oder am Verhalten der Firmen. Als Ward 2011 starb, machte er die Formel für Starlite nur einigen Familienmitgliedern bekannt. Vielleicht kommt es irgendwann doch noch zu einem Verkauf, sodass die Welt Wards geniale Idee nutzen kann. Vielleicht ist die Formel aber auch längst im Besitz einer Firma, die nie zugegeben hat, woher die Technologie stammt.

7 Die Bilderberg-Gruppe

DAS RÄTSEL Was entscheiden die mächtigen Mitglieder dieser Gruppe bei ihren Geheimtreffen?
WANN ES GESCHAH Seit 1954

Die Bilderberg-Gruppe veranstaltet jedes Jahr ein Treffen mit mächtigen Gästen aus Europa und Nordamerika, um die wichtigsten Weltprobleme zu besprechen. Dabei treffen Staatsoberhäupter und Regierungsmitglieder mit Führern aus Wirtschaft und Verteidigungsbündnissen zusammen. Wegen des Mangels an Transparenz wurde die Gruppe lange mit Misstrauen betrachtet. Sie wurde sogar beschuldigt, eine neue Weltordnung auf der Basis des westlichen Kapitalismus zu lancieren.

Die Gruppe hat ihren Namen nach einem Hotel in der Nähe der niederländischen Stadt Arnhem, wo 1954 das erste Treffen stattfand. Zu den Gründern gehörten Prinz Bernhard der Niederlande, der Banker David Rockefeller, der polnische Diplomat Józef Retinger und der britische Politiker Denis Healey. Das Ziel war, die Kräfte diesseits und jenseits des Atlantiks zusammenzubringen, um die liberale Philosophie der freien Marktwirtschaft zu stärken.

Kein besonders kontroverses Ziel, könnte man meinen. Aber im Laufe der Jahre haben die Gästeliste und das Insistieren auf Geheimhaltung die Frage aufgeworfen, was hinter den verschlossenen Türen vor sich geht. Das Gefühl, es handele sich um eine Gruppe, die wirklich wichtige Fäden zieht, verstärkte sich noch durch die Beobachtung, dass einige künftige Führungskräfte vor Beginn ihrer Karriere dort teilnahmen. Das gilt z. B. für Bill Clinton und Tony Blair, die beide schon vor ihrer Wahl eingeladen wurden. Talentsuche ist wichtig, aber es heißt, die Gruppe würde manchen Leuten einen starken Schub geben.

Und wenn das so ist, was wird als Gegenleistung erwartet?

Die Gruppe besteht auf strengster Geheimhaltung. Jedes Jahr treffen sich an einem anderen Ort 120 bis 150 Führungspersonen aus Politik, Finanzwesen, Industrie, Medien und Forschung. Dabei ist es den Teilnehmern gestattet, die Informationen und Ideen zu nutzen, die bei den Treffen auf den Tisch kommen, aber sie dürfen ihre Quellen nicht nennen oder jemanden wörtlich zitieren. Außerdem sind Journalisten nicht zugelassen. Das Ziel besteht darin, allen Teilnehmern eine Atmosphäre der Vertraulichkeit zuzusichern. Der frühere britische Politiker und Mitbegründer Denis Healey sagte dazu: »Die Vertraulichkeit sorgt dafür, dass alle ehrlich sprechen können, ohne Angst vor irgendwelchen Folgen.«

Das Gefühl, die Bilderberg-Gruppe beeinflusse als eine unsichtbare Hand wichtige geopolitische Trends, wird durch die Beobachtungen von Teilnehmern gestützt, die man als moderat bezeichnen kann. Es gibt

SCHLEIER DER GEHEIMHALTUNG
Unten: Im Suvretta Hotel in St. Moritz, in gewohnt luxuriöser Umgebung, traf sich die Gruppe im Jahr 2011.
Oben: Das Treffen ruft jedes Mal Protest hervor, so auch 2014 in Kopenhagen.

EINFLUSS AUF DIE WELT
Der frühere US-Außenminister Henry Kissinger vor dem Henry Chauncey Conference Center in Princeton, New Jersey. Die Aufnahme entstand vor dem Treffen der Bilderberg-Gruppe 1978. Kissinger ist seit langer Zeit ein einflussreiches Mitglied der Gruppe und war angeblich verantwortlich für die Einladung der verschiedensten Politiker und Machthaber.

z. B. ein berühmtes Zitat von Healey: »Die Behauptung, wir würden eine Weltregierung anstreben, ist übertrieben, aber nicht völlig aus der Luft gegriffen. Wir haben das Gefühl, wir sollten einander nicht ewig grundlos bekämpfen und Menschen töten oder obdachlos machen. Deshalb halten wir eine Weltgemeinschaft für eine gute Sache.« Um seiner Aussage noch mehr Wirkung zu verleihen, hätte er in einem Schaukelstuhl sitzen und eine weiße Katze streicheln sollen.

Das Image der Gruppe wird auch durch die sehr sichtbaren, oft aggressiven Sicherheitsmaßnahmen nicht unbedingt verbessert. Natürlich braucht eine Ansammlung so vieler einflussreicher Personen Schutz, aber Journalisten und friedliche Demonstranten berichten durchaus von Übergriffen.

Der britische Labour-Abgeordnete Michael Meacher spricht von einer »Verschwörung der Reichen und Mächtigen« mit dem Ziel, ihren Einfluss auf die Märkte ohne Beobachtung der Öffentlichkeit zu stärken. Diese Aura der Geheimhaltung hat ein Klima zur Folge, in dem ganz gegensätzliche Verschwörungstheorien miteinander wetteifern. Einige vermuten ein Komplott westlicher Mächte, um die Hegemonie über die Entwicklungsländer zu behalten.

Von linker Seite werden Angriffe auf die Bürgerrechte und die persönliche Freiheit im Dienste einer neoliberalen Ideologie vermutet. Von rechter Seite besteht der Verdacht einer liberalen Machtübernahme, während liberale Kräfte eine Stärkung staatlicher Eingriffe befürchten. Und dann gibt es noch die üblichen Spinner, die eine zionistische Verschwörung sehen. Vermutlich stimmt keine dieser Verdächtigungen. Aber wenn die Großen der westlichen Welt hinter verschlossenen Türen einen Konsens zu den globalen »Megatrends« entwickeln, darf man sich durchaus wünschen, man würde mehr darüber erfahren.

Ein Präsident, ein Bankvorstand, ein Vorstandsvorsitzender einer Kapitalbeteiligungsfirma, ein Waffenhändler und ein Ölmagnat betreten einen Konferenzraum ... Das klingt wie die erste Zeile eines schlechten Witzes. Aber so sieht die Realität der Bilderberg-Gruppe aus. Und die Vorstellung, dort würde nur im Interesse einer breiten Weltöffentlichkeit diskutiert, ist vielleicht der größte Witz von allen.

8 Stuxnet

DAS RÄTSEL Wer steckt hinter dem Computervirus, das das iranische Nuklearprogramm lahmlegte?
WANN ES GESCHAH ca. 2009

Es wird immer deutlicher, dass künftige Kriege im Cyberspace geführt werden. Ein Mausklick kann die Infrastruktur eines ganzen Landes zerstören. Auch wenn diese furchterregende Perspektive noch Zukunftsmusik ist, gründen Regierungen weltweit doch bereits Agenturen, die sich mit dieser Form der Kriegführung beschäftigen. Der Stuxnet-Wurm, ein Computervirus, das 2010 im Iran großen Schaden anrichtete, war ein starkes Beispiel dafür.

Stuxnet wurde 2010 weithin bekannt, als über einen Virenangriff auf die nukleare Infrastruktur im Iran berichtet wurde. Ein Fünftel der Anlagen in der Urananreicherungsfabrik Natanz waren stillgelegt, und auf diese Weise wurden Teherans Anstrengungen zur Entwicklung einer Atombombe Monate oder gar Jahre zurückgeworfen.

Stuxnet infiziert Windows-Computer, indem es eine bestimmte Art von Programmen angreift, die in großen Industrieanlagen verwendet werden, nicht zuletzt in Nuklearanlagen. Einige Experten spekulierten, dass das Virus sich selbst zerstören sollte, sobald es sein Ziel erreicht hatte. Aber ein Fehler in der Codierung sorgte dafür, dass es sich stärker ausbreitete als beabsichtigt. Auch Systeme in den USA, in Indien und Indonesien wurden infiziert. Der Iran erlitt jedoch den größten Schaden. Stuxnet hat möglicherweise schon 2007 mit seiner Arbeit begonnen.

Nachdem der Iran wohl das Ziel Nr. 1 war, wurde sofort spekuliert, dass Israel an dem Coup beteiligt sei, womöglich mit Unterstützung der USA. 2012 ging die New York Times so weit, zu behaupten, der Wurm sei Teil eines Regierungsplans aus der Zeit der Bush-Administration, der von der Obama-Administration weitergeführt wurde. Andere Journalisten nahmen an, die Beteiligung der USA und Israels sei ein offenes Geheimnis. 2010 hatte der Koordinator des Weißen Hauses für Rüstungskontrolle und Massenvernichtungswaffen gesagt: »Wir sind froh, dass der Iran Probleme mit der Urananreicherung hat, und wir – die USA und ihre Verbündeten – tun alles, um die Dinge möglichst kompliziert zu gestalten.«

All das ist aber keine offizielle Übernahme von Verantwortung. Außerdem würde wohl weder die Regierung in Washington noch in Israel den Eindruck verwischen wollen, sie sei in Sachen Cyberkrieg auf dem Vormarsch, selbst wenn Stuxnet gar nicht von ihnen stammte. Im April 2011 behauptete auch die Regierung in Teheran, die USA und Israel seien verantwortlich, aber Teheran hatte gute Gründe, gerade diese beiden Nationen als Feinde zu beschuldigen. Inzwischen bezweifeln mehrere Kommen-

SYSTEMABSTURZ *Großes Foto:* Stuxnet legte die Gaszentrifugen der iranischen Urananreicherung lahm und warf das Nuklearprogramm um Monate zurück. *Kleines Foto:* Luftbild der Uranfabrik in Natanz.

VERÄNDERUNG DER GEDANKEN *Großes Bild:* Der Film *Botschaft der Angst* aus dem Jahr 1962 hat beunruhigende Parallelen zum Projekt MKUltra. *Kleines Bild:* Donald Ewen Cameron, ein aus Schottland stammender Psychiater, der im Rahmen des Programms mit LSD experimentierte.

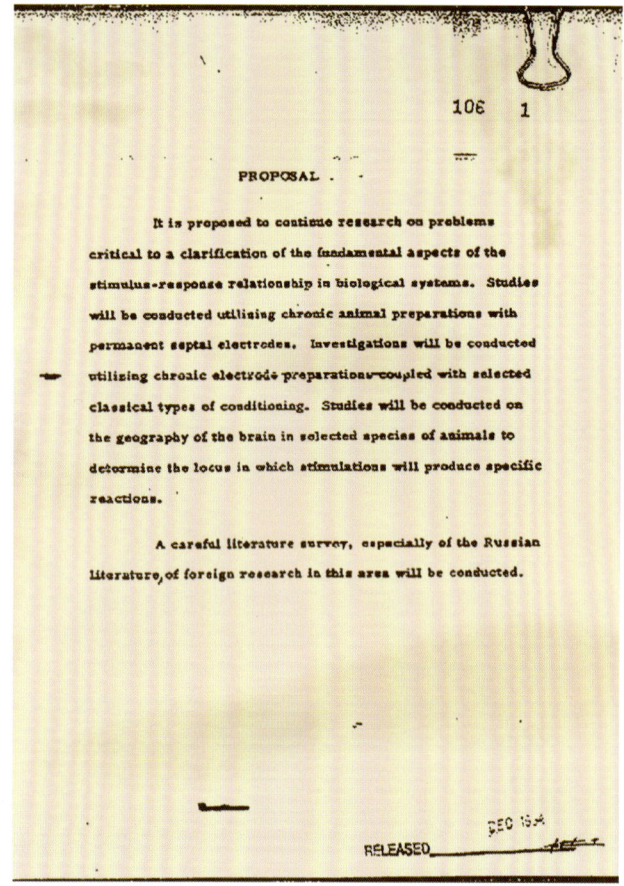

DER BEWEIS Dieses Dokument zeigt einen Teil des ursprünglichen Plans für MKUltra. Es wurde 1995 von der CIA veröffentlicht.

1974 berichtete die *New York Times* als erste Zeitung über MKUltra. Daraufhin setzte die Regierung einen Untersuchungsausschuss unter der Leitung von Senator Frank Church und eine Kommission unter der Leitung von Vizepräsident Nelson Rockefeller ein. 1975 kamen Church und Rockefeller zu dem sensationellen Schluss, dass die CIA 20 Millionen Dollar für Experimente an unwissenden Versuchspersonen ausgegeben hatte. Außerdem war das Programm nicht auf die USA beschränkt gewesen, sondern nach Kanada ausgedehnt worden. Viele Jahre lang hatte man vor allem mit LSD experimentiert. Versuchspersonen bekamen regelmäßig LSD injiziert, ohne dass sie davon wussten. Einige bewegten sich weiterhin in der Öffentlichkeit, weil man ihre Reaktionen testen wollte. Die Beobachter waren häufig Nicht-Wissenschaftler, sodass viele Ergebnisse vollkommen nutzlos waren.

Ein Armee-Angestellter, Dr. Frank Olson, starb 1953 nach einem Sturz aus dem 13. Stock, eine Woche nachdem er die Droge bekommen hatte. Sein Tod wurde als Selbstmord bezeichnet. Familienmitglieder sagen heute, es sei Mord gewesen, weil er durch das LSD unberechenbar geworden sei. Es bestehen kaum Zweifel, dass sein Tod auf die eine oder andere Weise mit MKUltra in Verbindung stand. Seine Familie erhielt später ein Entschuldigungsschreiben des Präsidenten und eine erhebliche Schmerzensgeldzahlung. Olson war sicher nicht das einzige Todesopfer. Doch unser Wissen über das Ausmaß des Programms und des Schadens ist und bleibt Stückwerk, denn die meisten offiziellen Aufzeichnungen zu MKUltra wurden 1973 auf Anordnung des damaligen CIA-Direktors Richard Helms zerstört. Nur wenige Papiere blieben übrig, weil sie falsch abgelegt gewesen waren.

Die Verstrickung der US-Behörden in Experimente an nichts ahnenden Patienten ist umso schockierender, als die USA zu den treibenden Kräften des Nürnberg-Codes gehörten. Dieser Code wurde aufgestellt als Antwort auf die Menschenversuche der Nationalsozialisten. Doch das Streben nach einem Sieg im Kalten Krieg war so stark, dass wichtige Figuren in den amerikanischen Geheimdiensten offenbar ihre Verpflichtung auf die Menschenrechte und das Wohlergehen ihrer Mitbürger vergaßen. Die wenigen konkreten Beweise, die erhalten blieben, sind erschreckend genug. Was die zerstörten Beweismittel angeht, so können wir nur spekulieren, welche Schrecken dort noch zu finden gewesen wären.

10 Die Georgia Guidestones

DAS RÄTSEL Wer steht hinter der geheimnisvollen Granitkonstruktion im Nordosten von Georgia?
WANN ES GESCHAH Enthüllt am 22. März 1980

Im März 1980 wurde unter großer Beteiligung das sogenannte »amerikanische Stonehenge« enthüllt. Fünf riesige Steinplatten, die einen sechsten Stein tragen, bilden ein astronomisches Instrument. Jeder dieser Steine trägt eine esoterische Inschrift in verschiedenen Sprachen. Aber die Identität des Auftraggebers ist bis heute unbekannt.

An einem ganz normalen Tag im Juni 1979 erschien ein elegant gekleideter grauhaariger Herr, der sich Robert C. Christian nannte, in der Elberton Granitfabrik in Elbert County, Georgia. Er bezeichnete sich als Vertreter einer »kleinen Gruppe treuer Amerikaner« und hatte eine Besprechung mit Joe Fendley, dem Direktor der Firma, bei der er die genauen Details eines Projekts erklärte. Eine riesige Steinkonstruktion in Form eines astronomischen Instruments, das als Kompass, Kalender und Uhr dienen sollte.

Fendley war zunächst skeptisch. Das Projekt war riesig, jeder der fünf Stützsteine sollte fast 6 Meter hoch sein, gemeinsam sollten sie einen entsprechend massiven Deckstein tragen. Die Gesamtkonstruktion würde 110 Tonnen wiegen. Nie zuvor hatte er etwas von dieser Größe erarbeitet, aber der Kunde hatte detaillierte Pläne, und ein Treffen mit Wyatt C. Martin, dem Vorsitzenden der Granite City Bank, bestätigte, dass er auch über die Finanzmittel verfügte.

Also übernahm Fendley den Auftrag, und nachdem ein Grundstück gekauft war, wurde R. C. Christian nie wieder gesehen. Jeder der Steine sollte eine Inschrift tragen, übersetzt in acht Sprachen: Englisch, Spanisch, Russisch, Chinesisch, Arabisch, Hebräisch, Hindi und Swahili. Der Text umfasste zehn Gebote:

1. Haltet die Zahl der Weltbevölkerung unter 500 Millionen, in ewigem Gleichgewicht mit der Natur.
2. Beeinflusst die Fortpflanzung der Menschen auf kluge Weise, sodass Gesundheit und Vielfalt gefördert werden.
3. Vereint die Menschheit unter einer neuen lebenden Sprache.
4. Beherrscht Leidenschaft, Glauben und Tradition mit Maß und Vernunft.
5. Schützt Menschen und Nationen durch gute Gesetze und faire Gerichte.
6. Lasst allen Nationen ihre eigene Regierung und klärt Streitigkeiten durch ein Weltgericht.
7. Vermeidet unnötige Gesetze und nutzlose Beamte.
8. Persönliche Rechte und gesellschaftliche Pflichten sollten im Gleichgewicht sein.
9. Schätzt Wahrheit, Schönheit, Liebe und die Suche nach Harmonie mit dem Unendlichen.
10. Seid nicht das Krebsgeschwür der Erde, lasst der Natur Raum, lasst der Natur Raum.

ZEHN GEBOTE Die zehn Anweisungen auf dem Monument sind kontrovers diskutiert worden. Wer hat sie verfasst und was wollte er damit bezwecken?

Die Inschrift wurde auf die verschiedenste Weise interpretiert. Einige halten sie einfach für harmlose New-Age-Spinnerei, andere sehen darin eine wertvolle, liberale Ordnung, geprägt von Fairness und Gerechtigkeit. Wieder andere entdecken dahinter etwas Dunkleres mit faschistischen Tendenzen, nicht zuletzt wegen der Begrenzung der Weltbevölkerung und der Fortpflanzung sowie der Forderung nach einer neuen Weltsprache. Auf dem Deckstein steht in ägyptischen Hieroglyphen, in klassischem Griechisch, Sanskrit und babylonischer Keilschrift der Satz: »Lasst dies die Meilensteine eines Zeitalters der Vernunft sein.« Man könnte den Eindruck bekommen, die Autoren hätten nicht weniger vorgehabt als eine Anleitung für die Wiedererrichtung einer post-apokalyptischen Gesellschaft.

Aber nur die Urheber können wissen, was wirklich dahintersteckt. Dafür müsste man die Identität von R. C. Christian kennen, aber er wird sich wohl kaum finden lassen. Er hat offen zugegeben, dass er ein Pseudonym benutzte, dass das Projekt eine Entwicklungszeit von 20 Jahren benötigt hatte und dass die Anonymität wichtig sei. Christians Geschäfte wurden in verschiedenen Ecken der USA abgewickelt, sodass man nicht einmal feststellen konnte, wo sein Hauptquartier lag. Bankdirektor Wyatt Martin, der Einzige, der die wahre Identität des Auftraggebers kannte, verbrannte alle Unterlagen im Jahr 2012. Er war offenbar entschlossen, Christians Geheimnis mit ins Grab zu nehmen.

So bleiben uns nur Spekulationen. Einige sind überzeugt, dass die Guidestones das Werk einer finsteren Gruppe sind, die eine neue Weltordnung anstrebt. Andere deuten auf die Rosenkreuzer, einen Geheimbund, der im Spätmittelalter in Deutschland entstand. Nach ihrem alten Manifest soll das Wort R. C. ihr Siegel und Kennzeichen sein. Und man vermutet, dass R. C. Christian sich mit seinem Pseudonym darauf bezog. Eine weitere Theorie besagt, dass die riesige Konstruktion als Landebahn für Außerirdische in der Zukunft gedacht sei. Und auch Joe Fendley wurde beschuldigt, einen großen Publicity-Fake aufgezogen zu haben. Was auch immer die Wahrheit sein mag, die Worte von Mr Martin klingen uns noch im Ohr. Über R. C. Christian sagte er: »Er hat immer gesagt, seine Identität und Herkunft müsse geheim bleiben. Er sagte, so funktionieren Rätsel nun einmal. Wenn die Menschen ihr Interesse behalten sollen, darf man ihnen nicht zu viel verraten.«

11 Die Majestic 12

DAS RÄTSEL Setzte US-Präsident Truman ein Komitee zur Beobachtung außerirdischer Begegnungen ein?
WANN ES GESCHAH Um 1952

Mitte der 80er Jahre wurde eine Reihe von erstaunlichen Dokumenten aus der US-Regierung öffentlich gemacht. Sie enthielten scheinbar schlagende Beweise für ein geheimes Komitee des US-Präsidenten zur Erforschung von angeblichen UFO-Landungen und Kontakten mit Außerirdischen. Die meisten Kommentatoren gehen heute davon aus, dass diese Dokumente eine Fälschung waren. Aber wer steckte dahinter?

Ab 1984 kursierte ein achtseitiges Dokument in den UFO-Communitys. Angeblich enthüllte es, dass US-Präsident Harry Truman im Jahr 1947 nach dem angeblichen UFO-Absturz in Roswell, New Mexico, die »Operation Majestic 12« ins Leben gerufen hatte. Dieses zwölfköpfige Komitee sollte den Vorfall in Roswell vertuschen und gleichzeitig die Technologie untersuchen, die in die Hände der Amerikaner gefallen war. Außerdem sollten die Zwölf Richtlinien für künftige Begegnungen mit Außerirdischen entwickeln.

Ein Jahr nach dem Bekanntwerden des Dokuments wurden UFO-Forscher anonym auf ein geheimes Memo im Nationalarchiv hingewiesen, das angeblich von einem General an einen hohen Beamten im Weißen Haus geschickt worden war, und zwar während der Regierungszeit von Präsident Eisenhower. Es enthielt einen deutlichen Hinweis auf die Majestic 12. Mitte der 90er Jahre kam auch ein Handbuch der Majestic 12 in Umlauf. Doch das FBI und andere kamen zu dem Schluss, es handele sich um Fälschungen.

Einige hartnäckige Verschwörungstheoretiker sind nach wie vor überzeugt, dass Majestic 12 eine sehr reale Einheit war, die rücksichtslos vorging und sogar vor Morden nicht zurückschreckte, wenn es nötig war. Aber der breite Konsens in den UFO-Communitys geht heute davon aus, dass es sich um eine Fälschung handelte. Der Schlüssel dazu ist die Aussage eines früheren Leiters des Untersuchungsbüros der US Air Force, Richard Doty (siehe Seite 164), der erklärte, Majestic 12 sei erfunden worden, um Desinformation zu verbreiten.

Aber warum sollten die US-Behörden sich solche Mühe geben, um Leute zu diskreditieren, die von den meisten ohnehin für Spinner gehalten werden? Eine Gegentheorie besagt, man habe solche Pläne entworfen, um die Öffentlichkeit allmählich auf die Erkenntnis vorzubereiten, dass es da draußen Leben gibt. Inzwischen erklären andere, die fest mit beiden Beinen auf der Erde stehen, eine solche Desinformationskampagne könne nur darauf abgezielt haben, die Aufmerksamkeit von anderen, dunkleren Wahrheiten abzulenken, die nicht ans Licht kommen sollten.

HOCH ANGESIEDELT Gab US-Präsident Harry Truman grünes Licht für eine Geheimorganisation, die Landungen von Außerirdischen untersuchen sollte? Oder war Majestic 12 eine raffinierte staatliche Fälschung?

12 Der Black-Sox-Skandal

DAS RÄTSEL Wurde »Shoeless« Joe Jackson betrogen?
WANN ES GESCHAH 1919

Die Enthüllung, dass ein großer Teil der Baseballmannschaft der Chicago White Sox Bestechungsgelder angenommen hatte, um die World Series 1919 zu verlieren, war ein Skandal, der mitten ins amerikanische Herz traf. Die Verwicklung des beliebten und außerordentlich talentierten Hitters »Shoeless« Joe Jackson machte die Sache nur noch schlimmer. Bis heute verweigert man ihm die Aufnahme in die Hall of Fame.

»Shoeless« Joe war ein Volksheld – bis 1920, als es Anschuldigungen gab, er und sieben weitere Spieler der White Sox hätten sich verschworen, die World Series des vergangenen Jahres zu manipulieren. Die allgemeine Fassungslosigkeit fand ihren Höhepunkt in einer (möglicherweise erfundenen) Begegnung nach Jacksons Aussage vor Gericht. Ein kleiner Junge soll ihn angefleht haben: »Sag mir, dass es nicht stimmt, Joe.« Darauf soll Jackson entweder gar nicht geantwortet haben, oder er soll gesagt haben: »Doch, Kleiner, ich fürchte, es ist so.«

Der Betrug wurde von einem Wettbüro organisiert, dass wichtigen Spielern große Geldsummen anbot – mehr als ein Jahresgehalt in den meisten Fällen. Alle acht wurden zwar im September 1920 freigesprochen, aber die Sportverbände verhängten trotzdem lebenslange Sperren. Es besteht kaum ein Zweifel daran, dass die anderen Spieler tatsächlich ihr Verhalten so steuerten, dass ganz bestimmte Ergebnisse herauskamen, aber die Verteidiger von Jackson weisen auf seine Ergebnisse in den Spielen hin: Er spielte zu gut für jemanden, der eigentlich verlieren wollte.

Unbestritten ist jedoch, dass Jackson von der Verschwörung wusste. Angeblich hat er mindestens zwei Mal eine große Geldsumme abgelehnt und vergeblich versucht, sich mit dem Chef der White Sox, Charles Comiskey, zu treffen, um den Skandal aufzudecken. Andere Zeugen sagten aus, er habe Comiskey sogar gebeten, ihn nicht in der World Series einzusetzen. Obwohl er später eine Rolle in dem Skandal zugab, gibt es bis heute Diskussionen darüber, ob Jackson nur schuldig war, weil er den Betrug nicht stoppte, statt aktiv daran teilzunehmen. Er hat sicher Geld angenommen, aber nur, nachdem man es ihm förmlich aufgedrängt hatte. Die anderen Verschwörer bestätigten, dass er bei ihren Treffen gar nicht anwesend gewesen war. Sie hätten seinen Namen nur ins Spiel gebracht, um bei den Wettbetrügern glaubwürdiger zu erscheinen.

Jackson war ein schlichter Typ. Vielleicht war er einer der traurigsten Pechvögel in der Geschichte des Sports. 1949 sagte er dem SPORT-Magazin: »Ich kann nur sagen, dass ich ein reines Gewissen habe und dass ich stolz auf meine Ergebnisse in der World Series bin.«

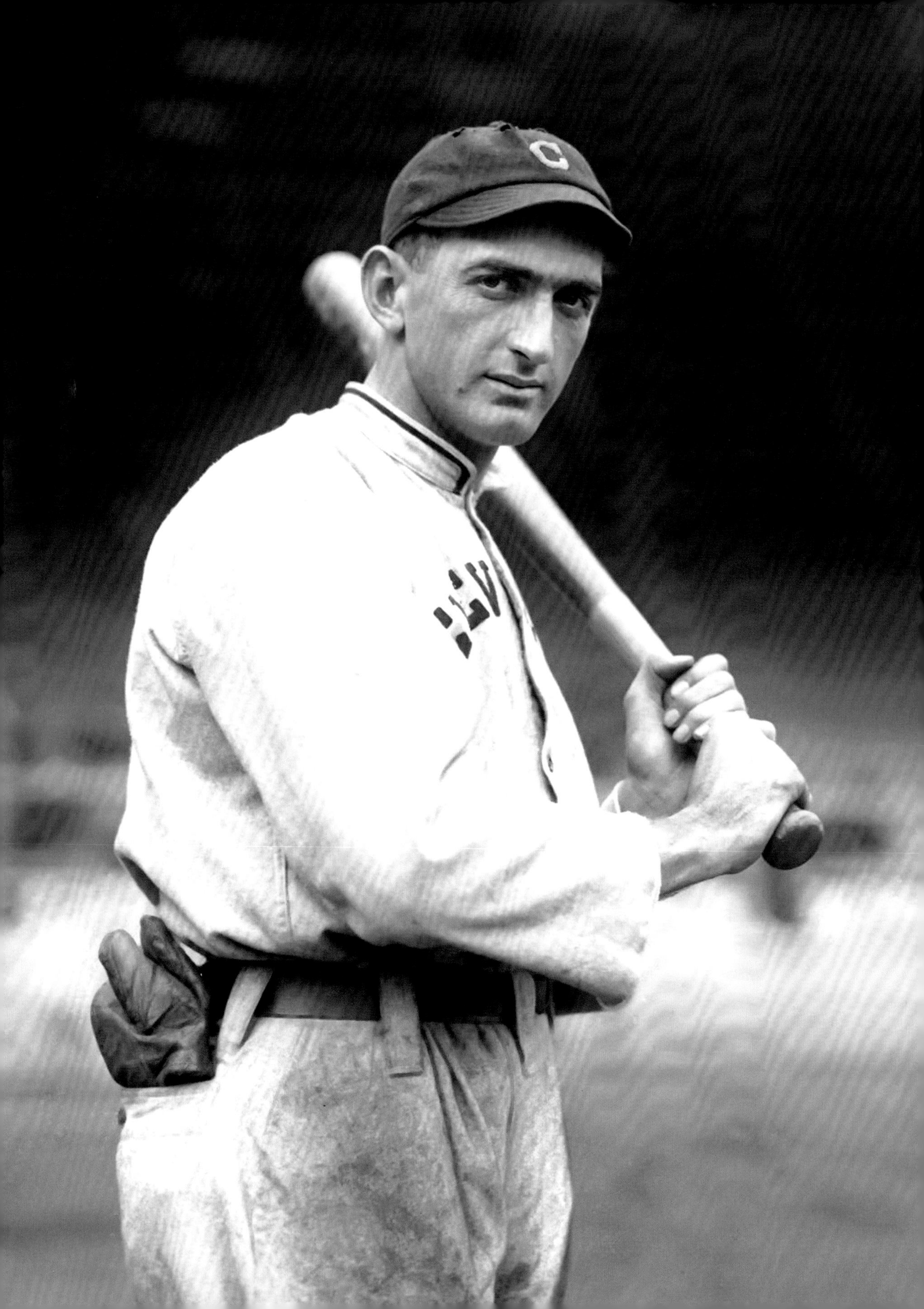

13 Das Massaker von Katyn

DAS RÄTSEL Halfen die westlichen Alliierten Stalin bei der Vertuschung von Gräueltaten im Zweiten Weltkrieg?
WANN ES GESCHAH 1940

Im Jahr 1990, mitten in der Zeit des Zusammenbruchs der Sowjetunion, übernahm der Kreml die Verantwortung für ein Kriegsverbrechen, das bis dahin immer den Nazis zugeschrieben worden war. Im April und Mai 1940 ermordete Stalins Geheimpolizei etwa 22.000 Mitglieder des polnischen Offizierskorps und andere polnische Gefangene, die meisten im Wald von Katyn in West-Russland. Haben Washington und London geholfen, dieses Verbrechen zu vertuschen?

Stalin befahl die systematische Vernichtung der militärischen und intellektuellen Elite Polens. Es ging darum, den polnischen Widerstand gegen die russische Hegemonie zu brechen. Die Terrorkampagne wurde unter dem Deckmantel des Hitler-Stalin-Pakts von 1939 durchgeführt; Polen war zu dieser Zeit von beiden Mächten annektiert.

Doch 1941 lagen Hitler und Stalin im Krieg miteinander, und Polen stand unter deutscher Besatzung. Als 1943 die Regierung in Berlin die Entdeckung der Gräber von Katyn verkündete, forderte die polnische Exilregierung in London eine Untersuchung durch das Internationale Rote Kreuz. Stalin verweigerte die Zusammenarbeit und erklärte, die Opfer seien von deutschen Truppen 1941 umgebracht worden. Dabei blieb Moskau bis 1990, aber es gibt klare Hinweise darauf, dass London und Washington lange vorher die Wahrheit kannten.

Kurz nach dem Auftauchen der ersten Nazi-Berichte soll Churchill einem hohen polnischen Offizier gesagt haben: »Leider sind die deutschen Enthüllungen vermutlich wahr. Die Bolschewiken können sehr grausam sein.« Schon 1943 zeigten die Nazis alliierten Kriegsgefangenen die Leichen, und die meisten Zeugen waren sicher, dass es sich um Opfer der Sowjets handelte. Sie schickten sogar verschlüsselte Botschaften darüber nach Washington, aber die Informationen wurden auf höchster Ebene unterdrückt. Ein Bericht des britischen Botschafters bei der polnischen Exilregierung, Owen O'Malley, an US-Präsident Roosevelt kommt zu dem Schluss: »Es gibt inzwischen einige Negativbeweise, die zusammengenommen ernste Zweifel an der russischen Version über das Massaker aufwerfen.«

Roosevelt und Churchill waren misstrauisch Stalin gegenüber, wussten aber, dass ihr Schicksal eng an seines gebunden war. Doch bei aller Rücksicht und allem Pragmatismus in Zeiten des Krieges liegt ein Schatten auf all jenen, die mit einem internationalen Pakt des Schweigens dafür sorgten, dass die Wahrheit über Katyn so lange geleugnet werden konnte.

GRAUSAME SZENEN Ein Plakat der Nazis zeigt die schrecklichen Ereignisse im Wald von Katyn. Während die Regierungen in London und Washington über das Verbrechen hinwegsahen, versuchten die Nazis daraus Kapital zu schlagen.

14 Der Raub im Isabella Stewart Gardner Museum

DAS RÄTSEL Wo sind die gestohlenen Meisterwerke?
WANN ES GESCHAH 18. März 1990

In einem der tollkühnsten Kunstraube der Geschichte wurden 13 Meisterwerke aus dem angesehenen Isabella Stewart Gardner Museum in Boston gestohlen. Die Diebe entkamen mit Bildern von Rembrandt, Vermeer, Degas und Manet, deren Wert vorsichtig auf 500 Millionen US-Dollar geschätzt wird. Auch ein Vierteljahrhundert später gibt es von den Bildern keine Spur.

Das Verbrechen wurde von zwei Männern begangen, die sich als Bostoner Polizisten getarnt hatten. Sie sagten dem Wärter, es habe einen Alarmruf gegeben, und er ließ sie pflichtbewusst ins Haus. Die Angreifer fesselten ihn mit einem Kollegen zusammen. Als am nächsten Morgen tatsächlich Alarm geschlagen wurde, hatten sie in aller Ruhe Kunstwerke aus mehreren Räumen entfernt. Die Werke (darunter Rembrandts »Sturm auf dem See Genezareth«) sind so berühmt, dass sie auf dem freien Markt unverkäuflich wären. Außerdem weist die Art, wie die Diebe vorgingen, auf eine Auftragsarbeit hin. Möglicherweise steht ein Superschurke mit einer privaten Kunstsammlung dahinter.

Die Bemühungen des FBI, die Meisterwerke zurückzubekommen, sind bisher gescheitert. Es besteht Grund zu der Annahme, dass die Beute einige Male durch Massachusetts, Connecticut und Philadelphia reiste, aber obwohl zumindest einige der Werke Anfang der 2000er Jahre gesehen wurden, ist die Spur wieder kalt.

2013 setzten das Museum und das FBI eine Belohnung von 5 Millionen Dollar für die unversehrte Rückkehr der Werke aus. Nachdem der Diebstahl mittlerweile verjährt ist, wurde auch vorgeschlagen, einem eventuellen Käufer Straffreiheit zuzusichern, wenn er mit den Behörden zusammenarbeitet. Doch nichts geschah. Der beste Tipp kam im Jahr 2010 und führte das FBI zu drei Männern mit Kontakten zum organisierten Verbrechen. Aber keiner von ihnen konnte verurteilt werden, und 2013 lebte nur noch einer von ihnen. Er streitet jede Tatbeteiligung vehement ab. Es scheint, als wären die Werke auf immer verschwunden.

Natürlich gibt es Verbrecher, die ganz genau wissen, wo die Bilder aus dem Gardner-Museum sind. Und man kann sich kaum vorstellen, wie sie jemals von ihrer heißen Ware profitieren wollen. Aber ob sie jemals den Mut aufbringen, die Schätze zurückzugeben, weiß niemand.

EIN SICHERES HAUS? Das Isabella Stewart Gardner Museum ist eine der größten Kunstsammlungen der USA und residiert in einem imposanten Gebäude im Zentrum von Boston. Die dortigen Sicherheitsvorkehrungen wurden bei dem Raub 1990 jedoch mühelos ausgehebelt.

VERLORENES MEISTERWERK
Manets Bild »Chez Tortoni«, gemalt zwischen 1878 und 1880, war nur eines der gestohlenen Stücke. Der Gesamtschaden beläuft sich auf 500 Millionen Dollar.

15 Liston gegen Ali

DAS RÄTSEL Hat Schwergewichtslegende Sonny Liston gegen seinen großen Rivalen gekniffen?
WANN ES GESCHAH 25. Mai 1965

Sonny Liston und Muhammad Ali boxten zwei Mal gegeneinander. Im ersten Kampf 1964 besiegte Ali (damals noch Cassius Clay) gegen alle Wahrscheinlichkeit den Champion Liston in der siebten Runde. Der zweite Kampf ein Jahr später dauerte nicht einmal eine Runde. Liston ging nach einem Schlag zu Boden, von dem Millionen Fans glauben, er habe ihn gar nicht getroffen. Hat Liston, wie viele meinen, einfach aufgegeben?

Der Begriff »Jahrhundertkampf« wird viel zu oft verwendet, aber der zweite Kampf Liston gegen Ali verdiente diese Bezeichnung durchaus. Am 25. Mai 1965 trafen die beiden Boxer in Lewiston, Maine, zum zweiten Mal aufeinander. Clay, der inzwischen den Namen Muhammad Ali angenommen hatte, war auf dem Weg zum Weltruhm.

Trotzdem ging Liston in der Mitte der ersten Runde zu Boden wie ein Sack Kartoffeln. Der Kampfrichter zählte ihn aus, aber die Zuschauer hatten das Gefühl, betrogen worden zu sein. Vor allem beklagten sie, dass es überhaupt nicht nach einem schweren Treffer ausgesehen hatte. Und so entstand die Legende vom sogenannten »Phantomtreffer«.

Viele glaubten einfach, Liston hätte gekniffen. Der berühmte Sportautor Jimmy Cannon sagte, Alis Schlag hätte »nicht einmal eine Weintraube platzen lassen«, andere Kommentatoren sprachen von einem unglaublich schnellen, vernichtenden Schlag. Gerüchte über die angebliche Aufgabe verfolgten Liston bis zu seinem Selbstmord 1971.

Wenn er tatsächlich aufgab, ist es natürlich möglich, dass man ihn dafür gut bezahlte. Andere Vermutungen besagen, dass Liston einigen wichtigen Unterweltgrößen etwas schuldete. Hat er mit diesem Kampf seine Schulden bezahlt? Eine weitere interessante Erklärung bezieht sich auf Alis religiöse und politische Aktivitäten. Er war vor Kurzem zum Islam konvertiert und hatte sich den Black Muslims unter Elijah Muhammad angeschlossen. Damit hatte er den berühmten schwarzen Bürgerrechtsaktivisten Malcolm x beleidigt, und es heißt, dieser habe sich rächen wollen. Konterten Elijahs Leute, indem sie Sonny (möglicherweise auf dem Weg über seine Familie) dazu brachten, den Kampf zu schmeißen? Im Boxsport ist vieles möglich.

2014 enthüllten inoffizielle Dokumente, dass das FBI auch schon beim ersten Kampf den Verdacht einer Manipulation gehabt hatte. 1966 wurde in einer Notiz an den damaligen FBI-Direktor J. Edward Hoover der Wettbürobesitzer Ash Renick aus Las Vegas beschuldigt, den Kampf manipuliert zu haben. Ali gegen Liston: War in dieser legendären Rivalität am Ende nichts, wie es schien?

TALE OF TAPE		
CLAY		LISTON
211	WEIGHT	213
6' 3"	HEIGHT	6' 1"
79	REACH	84
42½	CHEST (norm.)	44
44½	CHEST (exp.)	46½
34	WAIST	33
25	THIGH	25½
13	FIST	15½
17½	NECK	17½
15	BICEPS	17½
22	AGE	30

JAHRHUNDERTKAMPF Liston und Ali waren zwei der größten Boxer aller Zeiten, und ihre Kämpfe wurden weltweit beachtet. Warum war der zweite Kampf eine solche Enttäuschung?

16 Die irischen Kronjuwelen

DAS RÄTSEL Wer kannte den Dieb der irischen Kronjuwelen?
WANN ES GESCHAH 6. Juli 1907

Der St.-Patricks-Orden wurde im späten 18. Jahrhundert vom englischen König George III. gegründet, der zu dieser Zeit auch über Irland herrschte. Die Insignien des Ordens wurden als »irische Krone« bezeichnet. 1903 kamen die Kronjuwelen ins Schloss von Dublin, wurden dort aber vier Jahre später gestohlen und tauchten nie wieder auf. War der Dieb den Behörden bekannt? Wurde er geschützt, um einen Skandal zu vermeiden?

Die irischen Kronjuwelen waren mit fast 400 Edelsteinen besetzt, darunter Diamanten, Rubine und Smaragde. Sie standen unter dem Schutz des Statthalters in Ulster und wurden 1903 in einen eigens konstruierten Safe gebracht, um im Schloss von Dublin sicher aufbewahrt zu werden. Leider war der Safe aber zu groß für die Tür und wurde deshalb im Büro des Statthalters, Arthur Vicars, aufgestellt. Es gab zwar einige Schlüssel zu diesem Büro, aber nur einen Safeschlüssel, und der befand sich im Besitz von Vicars.

Irgendwann zwischen dem 11. Juni und dem 6. Juli 1907 wurden die Kronjuwelen jedoch gestohlen. Bald übernahm Detective Chief Inspector John Kane von Scotland Yard den Fall. Bis heute halten sich hartnäckige Gerüchte, dass er in seinem Bericht den Namen des Diebes nannte, dass dieser Bericht aber von den irischen Kollegen unterdrückt wurde. Eine Untersuchungskommission konnte den Dieb nicht fassen, beschuldigte aber Vicars, er habe nicht genügend Wachsamkeit und Sorgfalt an den Tag gelegt. Es gab alle möglichen Vermutungen. Einige beschuldigten irische Nationalisten, andere gingen von einer Verschwörung von Unionisten aus, die die liberale Regierung in London in Misskredit bringen wollten. Eine Theorie besagt, Vicars habe sich von einer schönen Frau bezirzen lassen, andere beschuldigten seinen Stellvertreter Francis Shackleton.

Shackleton war der jüngere Bruder des legendären Polarforschers Ernest Shackleton, aber ganz klar das schwarze Schaf der Familie. Jahre später wurde er wegen Betrugs verhaftet und musste den Rest seines Lebens unter anderem Namen verbringen. Nach einem Artikel, der 1908 in den USA veröffentlicht wurde, galt er (gemeinsam mit einem Komplizen) als der Dieb, hatte aber gedroht, Details über allerlei Vorgänge im Schloss preiszugeben, wenn man ihn verurteilte, darunter homosexuelle Beziehungen, die zu dieser Zeit illegal waren. Vicars, der zum Sündenbock der ganzen Geschichte gemacht wurde, trat zurück, verklagte aber später erfolgreich die Daily Mail wegen der Berichte. Als er 1921 von IRA-Kämpfern erschossen wurde, war er ein verbitterter Mann. Vielleicht hatte er allen Grund dazu.

IRISH STEW *Großes Bild:* Im beeindruckenden Schloss von Dublin lagerten die Kronjuwelen. *Kleines Bild:* Der unglückliche Statthalter Arthur Vicars wurde zum Sündenbock für den Diebstahl.

17 Die Protokolle der Weisen von Zion

DAS RÄTSEL Wer steckte hinter den gefälschten Dokumenten, die Jahrzehnte des grausamen Antisemitismus anfeuerten?
WANN ES GESCHAH Etwa 1903

Die »Protokolle der Weisen von Zion« sind eine Fälschung aus dem späten 19. oder frühen 20. Jahrhundert, die angeblich ein Treffen hoher jüdischer Führungspersonen wiedergeben, bei dem Pläne zur Erringung der Weltherrschaft diskutiert wurden. Obwohl schon 1921 feststand, dass es sich um eine Fälschung handelte, entwickelte der Text ein schreckliches Eigenleben und feuerte den Antisemitismus zuerst in Russland, dann weltweit an. Wer war dafür verantwortlich?

Die »Protokolle«, die 1903 erstmals veröffentlicht wurden, waren angeblich Aufzeichnungen über ein Treffen wenige Jahre zuvor. Sie sollten beweisen, dass es Pläne zur Errichtung einer jüdischen Weltherrschaft gab. Mittel dazu waren angeblich die Untergrabung der Moral von Nicht-Juden und eine Kontrolle der Banken und Medien. Das Dokument, das alte antisemitische Mythen wiedergab, erschien in mehreren russischen Ausgaben während der folgenden drei Jahre.

Zu dieser Zeit gab es eine Bewegung, die die Juden für die russische Niederlage gegen Japan 1905 und für die darauf folgende Revolution verantwortlich machte. Einige glauben, das Buch sei in Umlauf gebracht worden, um Zar Nikolaus II. davon zu überzeugen, dass seine Konzessionen an die Modernisierer eine jüdische Machtergreifung förderten. Nach der Oktoberrevolution 1917 wurde der Text von monarchistischen Russen in den Westen gebracht, die die Absicht hatten, Lenins siegreiche Bolschewiken und die Juden in einen Topf zu werfen. Er wurde in ganz Europa gelesen, ebenso in den USA, wo der Autofabrikant Henry Ford sogar persönlich eine Auflage von 500.000 Exemplaren finanzierte.

Aber schon 1921 war klar, dass es sich bei dem Dokument um eine Fälschung handelte. Catherine Radziwill, eine polnisch-litauische Fürstin, berichtete einem New Yorker Publikum, sie habe das Manuskript 1905 gesehen, das von zwei russischen Journalisten auf Veranlassung eines leitenden Mitglieds des russischen Geheimdienstes verfasst worden war. Sie galt nicht unbedingt als verlässliche Zeugin, aber ihre Aussage wurde bald durch eine Veröffentlichung in der ehrwürdigen *Times* gestützt. Dort hieß es, der Inhalt der »Protokolle« sei das Plagiat einer französischen Schrift aus dem Jahr 1864 von Maurice Joly, der damit die Regierung Napoleons III. angegriffen hatte. Dort wurde ein Gespräch zwischen Machiavelli und Montesquieu in der Hölle aufgezeichnet. Dieses Werk wurde von den Verfassern der »Protokolle« ausgeschlachtet, Machiavellis Worte wurden den sogenannten »Weisen von Zion«

"The Protocols"

WITH PREFACE AND EXPLANATORY NOTES

> The possession of these documents in Soviet Russia is punishable by immediate death.
>
> **WHY?**

EVERY PATRIOTIC AMERICAN MUST READ THESE PROTOCOLS

VERGIFTETE TINTE *Vorherige Seite:* Eine amerikanische Ausgabe der »Protokolle« von 1934, gedruckt von der »Patriotic Publishing Co.« in Chicago. *Oben:* Titelbild einer russischen Ausgabe von 1911

wahre Charakter des jüdischen Volkes enthüllt und ihre Ziele deutlich gemacht. Bis heute wird der Text in einigen Teilen der Welt als authentisches Dokument verkauft. Aber in den letzten Jahren wurde durch die Öffnung der russischen Archive die Identität eines der Hauptautoren öffentlich. Sein Name war Mathieu Golowinski, ein russischer Adeliger mit engen Verbindungen nach Frankreich. Als politischer Aktivist und Autor unterstützte er zunächst das Regime des Zaren, später jedoch die Bolschewisten. Irgendwann kam er mit geheimdienstlichen Tätigkeiten in Berührung und wurde wohl um die Jahrhundertwende von Pjotr Rachkowski damit beauftragt, die »Protokolle« zu schreiben. Rachkowski leitete das Büro des russischen Geheimdienstes in Paris. Golowinski kannte auch Charles Joly, den Sohn von Maurice Joly. Offenbar hatte Fürstin Catherine doch recht.

Doch selbst wenn damit die Frage nach dem Hauptautor geklärt ist, kann man kaum annehmen, dass Rachkowski sich die Sache allein ausgedacht hat. Wie weit reichten die Pläne in die Kreise der Herrschenden hinauf? Und welche anderen mächtigen Figuren in der russischen Gesellschaft waren an der Entstehung dieses hasserfüllten Werks beteiligt? Wenn man bedenkt, wie breit es gefördert wurde und wie schnell es um sich griff, liegt der Verdacht nahe, dass der Text das Ergebnis einer ausgedehnten, raffinierten Verschwörung war.

untergeschoben. Spätere Untersuchungen zeigten, dass andere Textpassagen aus dem Roman *Biarritz* stammten, der 1868 von dem deutschen Autor Hermann Goedsche veröffentlicht worden war.

Doch trotz all der überwältigenden Beweise fanden die »Protokolle« weiterhin ihre Leser, darunter auch Adolf Hitler, der das Werk als Rechtfertigung seiner antijüdischen Politik zitierte. Indem er gerade die Fälschungsbeweise als Hinweis auf die Echtheit interpretierte, schrieb er in seiner Hetzschrift *Mein Kampf,* hier werde der

Der vielleicht dunkelste Aspekt dieser Geschichte ist die Tatsache, dass das Dokument bis heute von interessierten Kreisen zitiert wird, obwohl die Fälschung längst bewiesen ist. Was als teuflischer Streich zur Ermutigung des müden Zaren Nikolaus II. gedacht war, wurde zu einem Werkzeug unsäglicher Verbrechen gegen die Juden.

18 Das Voynich-Manuskript

DAS RÄTSEL Wer verfasste das mysteriöse verschlüsselte Manuskript? Und warum?
WANN ES GESCHAH Frühes 15. Jahrhundert

In der Bibliothek der Universität Yale liegt eines der aufregendsten Bücher unseres Planeten: das Voynich-Manuskript, benannt nach dem polnischen Buchhändler, der es Anfang des 20. Jahrhunderts wiederentdeckte. Es enthält einen verschlüsselten Text, der bis jetzt nicht übersetzt werden konnte, außerdem einige erstaunliche esoterische Illustrationen. Einige betrachten das Manuskript als fantastische Fälschung, andere hoffen, es könne vielleicht große Weisheit enthalten.

Das Manuskript ist etwas kleiner als ein Schulheft und etwa 5 cm dick. Es enthält etwa 240 Pergamentseiten mit einem handgeschriebenen Text in einer unbekannten Sprache. Die meisten Seiten enthalten auch fremdartige Illustrationen und Diagramme. Mit Hilfe der Radiocarbon-Methode wird es auf die ersten vierzig Jahre des 15. Jahrhunderts datiert. Aufgrund der Illustrationen nimmt man an, der Text sei in fünf Abschnitte geteilt: Biologie, Astrologie, Pharmazie, Kräuterkunde und Rezepte.

Schon die Frage nach den Besitzern des Manuskripts lässt sich nicht leicht beantworten. Als Voynich es im Jahr 1912 in Italien entdeckte, fand er zwischen den Seiten einen Brief, in dem bestätigt wurde, dass der Kaiser des Heiligen Römischen Reiches, Rudolf II. (1552–1612) es einmal für 600 Dukaten (etwa 100.000 Euro nach heutiger Kaufkraft) erstanden hatte. Später kam es in den Besitz von Georg Baresch, einem Alchemisten, der im frühen 17. Jahrhundert in Prag tätig war. 1666 zeigte Baresch das Buch Athanasius Kircher, einem jesuitischen Gelehrten, der sich mit alten Sprachen gut auskannte. Kircher wollte das Buch kaufen, aber Baresch gab es nicht her. Stattdessen ging es nach Baresch' Tod an seinen Freund Johannes Marcus Marci über, den Rektor der Karls-Universität in Prag. Dieser übergab es dann zur genaueren Untersuchung an Kircher. Danach weiß man nichts über den Verbleib des Buches, bis Wilfred Voynich es in einer Verkaufsmasse des italienischen Collegio Romano entdeckte. Nach Voynichs Tod 1930 ging es durch einige weitere Hände, bis es im Jahr 1969 schließlich als Stiftung nach Yale kam.

Allgemein herrscht Einigkeit darüber, dass der Text etwa 170.000 Zeichen enthält, wobei einige unleserlich sind, sodass man die genaue Zahl nicht kennt. Linguisten vermuten, dass das Alphabet dieser »Sprache« aus 20 bis 30 Hauptzeichen besteht. Viele der weltweit führenden Kryptografen, darunter bekannte Code-Spezialisten aus dem Ersten und Zweiten Weltkrieg, haben Jahre ihres Lebens damit zugebracht, den Code zu knacken – bisher vergeblich.

BUCH DER WUNDER Es ist eines der schönsten Manuskripte auf Erden und ebenso eines der faszinierendsten. Es ist viel zu kompliziert, um ein Scherz zu sein. Aber welche Geheimnisse enthalten der Text und seine erstaunlichen Illustrationen?

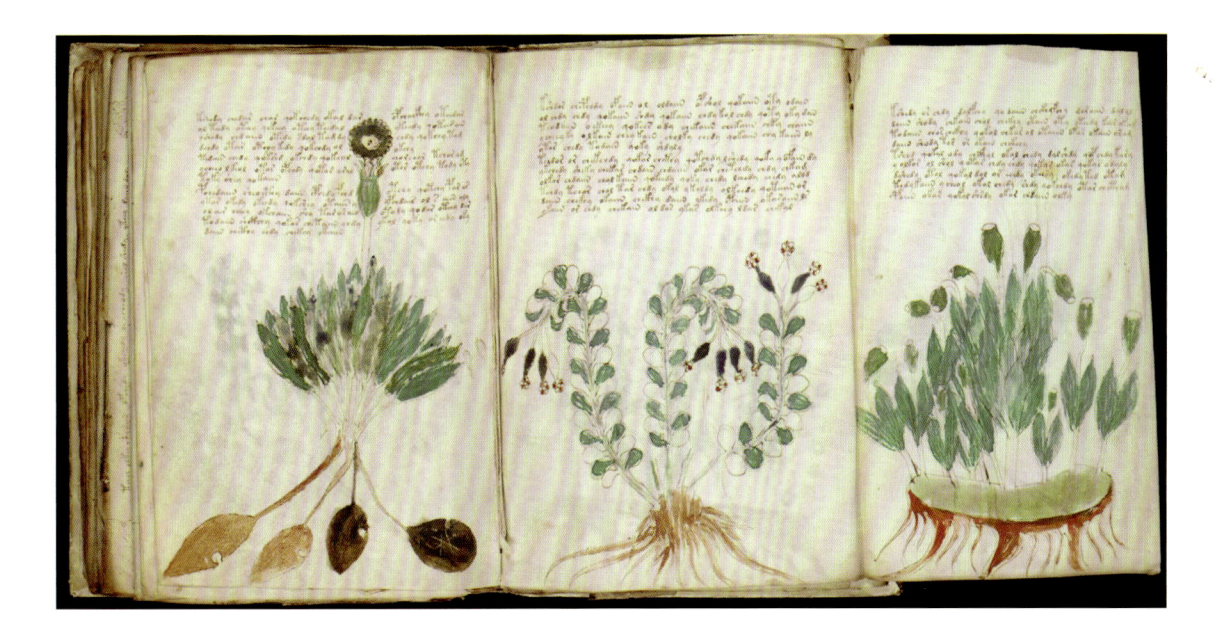

Weil hier so gar kein Fortschritt zu verzeichnen ist, glauben einige inzwischen, es gäbe gar nichts zu entziffern. Will sagen, sie vermuten, dass es sich um sinnlose Zeichen handelt und dass das Manuskript nur ein Streich war, um jemanden zu der Annahme zu verleiten, es enthalte irgendwelche Geheimnisse. Ob mit finanziellen Hintergedanken oder einfach aus Spaß, bleibt dahingestellt.

Unter den immer wieder erwähnten möglichen Autoren ist Roger Bacon, ein Franziskaner aus dem 14. Jahrhundert. Allerdings passen seine Lebensdaten nicht zur Datierung des Manuskripts. Auch Leonardo da Vinci wurde ins Spiel gebracht. Inzwischen geht man davon aus, dass John Dee (ein berüchtigter elisabethanischer Mathematiker und Astrologe) und Edward Kelley (Möchtegern-Alchemist und Komplize von Dee) die Schuldigen sein könnten. Sie sollen das Manuskript an Rudolf II. verkauft haben. Einige vermuten sogar, die beiden hätten das Buch gefälscht, um dem Kaiser Geld abzujagen.

Aber wenn das Manuskript eine Fälschung ist, sind seine Schöpfer über das übliche Maß weit hinausgegangen. In einer Zeit, in der relativ simple Fälschungen an den Höfen Europas Eingang fanden, hätten sie nicht so viel Zeit, Mühe und Kosten auf sich nehmen müssen, um ein Werk zu produzieren, das bis ins 21. Jahrhundert die Experten vor Rätsel stellt. Im Jahr 2003 hat Gordon Rugg, Computerspezialist an der Keele University in Großbritannien, ein Programm mit Hilfe einer Verschlüsselung aus dem 16. Jahrhundert entwickelt, von dem er behauptete, es könne in etwa drei Monaten Licht ins Dunkel bringen. Plötzlich war Edward Kelley wieder als Hauptschuldiger im Gespräch.

Doch nach wie vor besteht der Verdacht, dass der Text und seine vielen komplizierten Illustrationen viel zu komplex sind, um eine Fälschung zu sein. Verschiedene führende Linguisten haben mit Hilfe statistischer Analysen ein Muster herausgefunden, das bekannten Sprachen ähnelt. Ob die Symbole eine ganz neue Sprache oder einen Code darstellen, ist nach wie vor offen, aber alles lässt darauf schließen, dass der Text irgendeine Bedeutung hat. Die Suche nach der Wahrheit geht also weiter, und gerade darin liegt vielleicht der Zauber dieses Manuskripts. Die Lösung ist immer noch offen.

19 Die verlorene Literatur der Maya

DAS RÄTSEL Welche Geheimnisse enthielten die Maya-Texte, die die spanischen Missionare zerstörten?
WANN ES GESCHAH 12. Juli 1562

Der Niedergang der Maya-Kultur ist eines der großen Rätsel der Geschichte. Warum blühte eine der führenden Zivilisationen dieser Welt 2500 Jahre lang und brach dann plötzlich zusammen? Leider wissen wir nicht viel über die Maya, weil es zu einem furchtbaren Akt von Vandalismus kam. Was Diego de Landa uns geraubt hat, werden wir nie erfahren.

Dieses Rätsel fasziniert Historiker, Archäologen und Anthropologen seit Jahrhunderten: Wie kam es zum Niedergang der großen mittelamerikanischen Zivilisation der Maya im 8. bis 10. Jahrhundert? Krieg oder Bürgerkrieg, Krankheiten, Naturkatastrophen, Rückgang der Wildbestände, eine Invasion von Außerirdischen? Keine Idee war zu absurd. Heute nimmt man allgemein an, dass die Maya durch eine lange Dürreperiode in Bedrängnis gerieten, die ihrerseits durch die Abholzung der Wälder zustande kam.

Was auch immer zu dem Niedergang führte: Die Maya flohen in Scharen aus ihren Städten und kehrten nie zurück. Als die spanischen Eroberer im 16. Jahrhundert ankamen, waren ihre Nachkommen über ein Gebiet verstreut, das das heutige Belize, El Salvador, Guatemala, Honduras und Mexiko umfasste. Elemente der Maya-Kultur lebten bei ihnen weiter, ebenso eine riesige Menge von Texten und Denkmälern mit Inschriften in der komplizierten Maya-Schrift. Die Maya waren gute Naturwissenschaftler, Mathematiker und Architekten, ihre Kultur kannte eine starke Spiritualität. Alles in allem verfügten sie über ein hohes Maß an Weisheit, die sie uns hätten überliefern können. Aber unter den spanischen Eroberern war ein Mönch namens Diego de Landa, Bischof von Yucatán. Und er verfolgte eine ganz eigene Mission.

Einerseits lieferte de Landa ganz sicher die wichtigste ethnologische Studie der Maya mit seinem Werk Relación de las cosas de Yucatán (Über die Angelegenheiten von Yucatán). Andererseits war er voll religiösen Eifers und lehnte die Menschenopfer der Maya vehement ab. Am 12. Juli 1562 veranstaltete er eine Massenverbrennung von Büchern und Götzenbildern. Er behauptete, er habe 27 Texte verbrannt, andere gingen von hundert Mal so vielen Dokumenten aus. Wie hoch die genaue Zahl auch immer gewesen sein mag: Er löschte fast alle Aufzeichnungen der Maya-Sprache aus. Nur vier Bücher entgingen den Scheiterhaufen.

Seit dem 19. Jahrhundert ist die Sprache der Maya weitgehend entschlüsselt worden, nicht zuletzt durch diese wenigen Texte und spätere archäologische Funde. Aber was der Bischof in Flammen aufgehen ließ, ist für alle Zeit verloren.

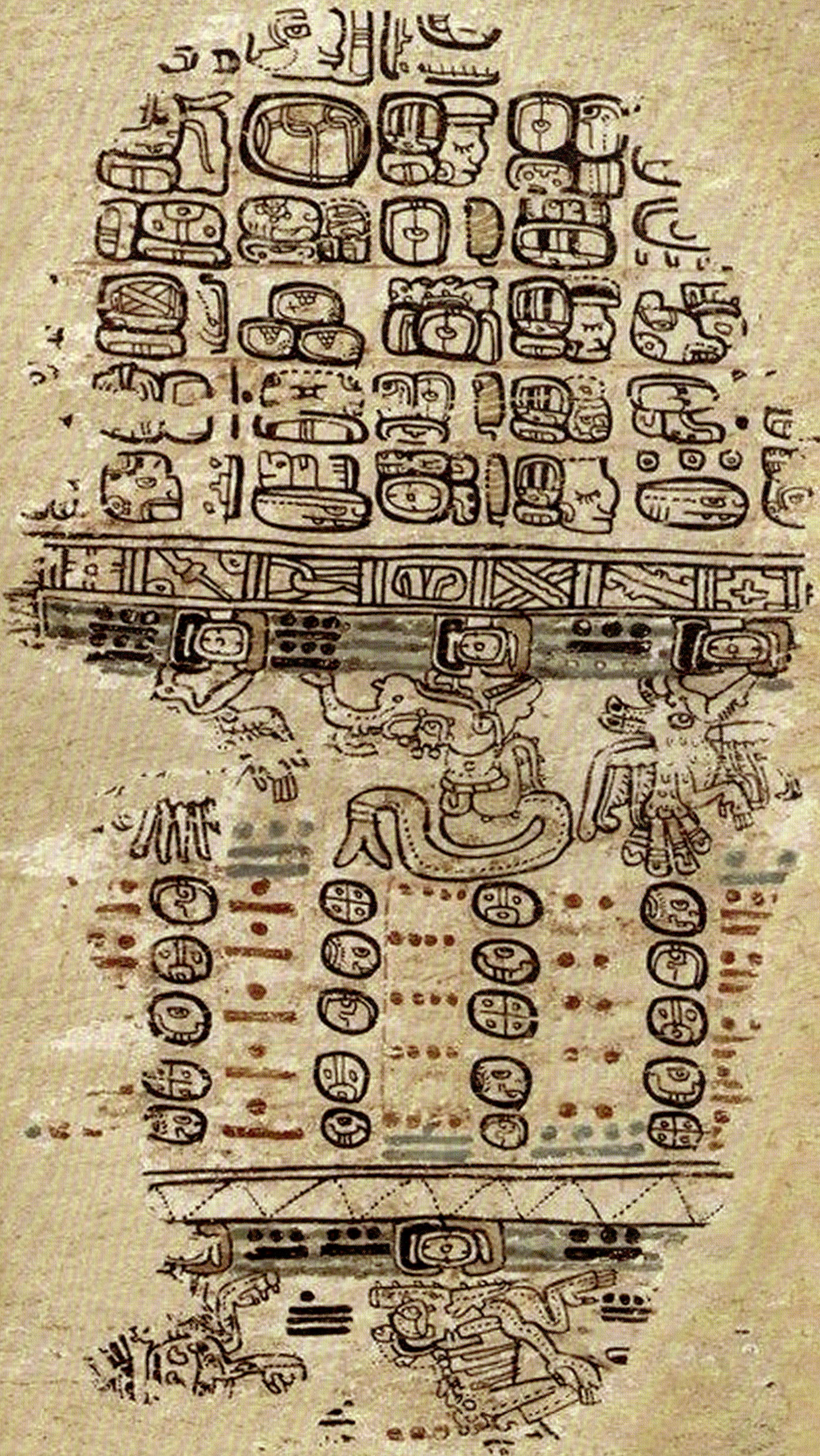

20 Der Kryptos-Code

DAS RÄTSEL Was bedeutet die vierte verschlüsselte Nachricht auf der Skulptur vor dem CIA-Hauptquartier?
WANN ES GESCHAH 1990

Auf dem Gelände der CIA in Langley, Virginia, steht eine Skulptur mit dem Namen »Kryptos«. Sie wurde von Jim Sanborn entworfen und trägt vier verschlüsselte Nachrichten, alle teuflisch schwer zu entschlüsseln. Drei sind inzwischen dekodiert, aber die vierte ist noch ein Geheimnis. Das ist umso bemerkenswerter, da doch jeden Tag viele der bedeutendsten Geheimdienst-Experten an ihr vorbeigehen.

Sanborn entwarf »Kryptos« (griechisch für »verborgen«) in Zusammenarbeit mit dem früheren CIA-Kryptologen Ed Sheidt. Er hatte zuvor den Wettbewerb über den 250.000-Dollar-Auftrag gewonnen. Wichtigster Bestandteil seines Entwurfs sind vier große, gebogene Kupferplatten, von denen jede eine Botschaft trägt, zusammengesetzt aus den 26 Buchstaben des lateinischen Alphabets und einigen Fragezeichen.

Sanborn gibt zu, dass der vierte Code besonders schwierig ist, erwartete aber, dass die ersten drei innerhalb weniger Wochen entschlüsselt würden. Tatsächlich dauerte es Jahre nach der Einweihung der Skulptur im November 1990. Im Jahr 1999 behauptete ein kalifornischer Informatiker, er habe den Code entschlüsselt, aber die CIA berichtete daraufhin, einer ihrer eigenen Leute hätte es ein Jahr früher geschafft. Es zeigte sich dann, dass die Ehre der National Security Agency gebührte – hier war ein Team bereits im Juni 1993 der Lösung auf die Spur gekommen.

Die erste Botschaft war ein poetisches Lob an Sanborn, die zweite bezog sich auf ein Objekt, das auf dem Grundstück in Langley verborgen war (den genauen Ort kannte der frühere CIA-Direktor William Webster. In der dritten ging es um Howard Carters Bericht über das Grab von Tutanchamun im Jahr 1922. Der Inhalt der vierten Botschaft, die aus 97 Zeichen besteht, ist nach wie vor ein Rätsel.

Armeen von professionellen und Hobby-Kryptologen arbeiten nach wie vor an dem Text. Sanborn hat inzwischen eine offizielle Website eingerichtet, auf der mögliche Lösungen verifiziert werden können – oder auch nicht. Im Jahr 2010 gab er sogar einen Hinweis in der Hoffnung, die Lösung zu beschleunigen. Zum 20. Geburtstag von Kryptos enthüllte er, dass die Buchstabenkombination »nypvtt« als »Berlin« gelesen werden könne. Doch nach wie vor ist der Code ein Rätsel. »Ich fände es großartig, wenn er geheim bliebe«, sagt Sanborn. »Vielleicht gebe ich in zehn Jahren noch ein paar Hinweise, und wenn ich dann noch da bin, vielleicht auch weitere zehn Jahre später.«

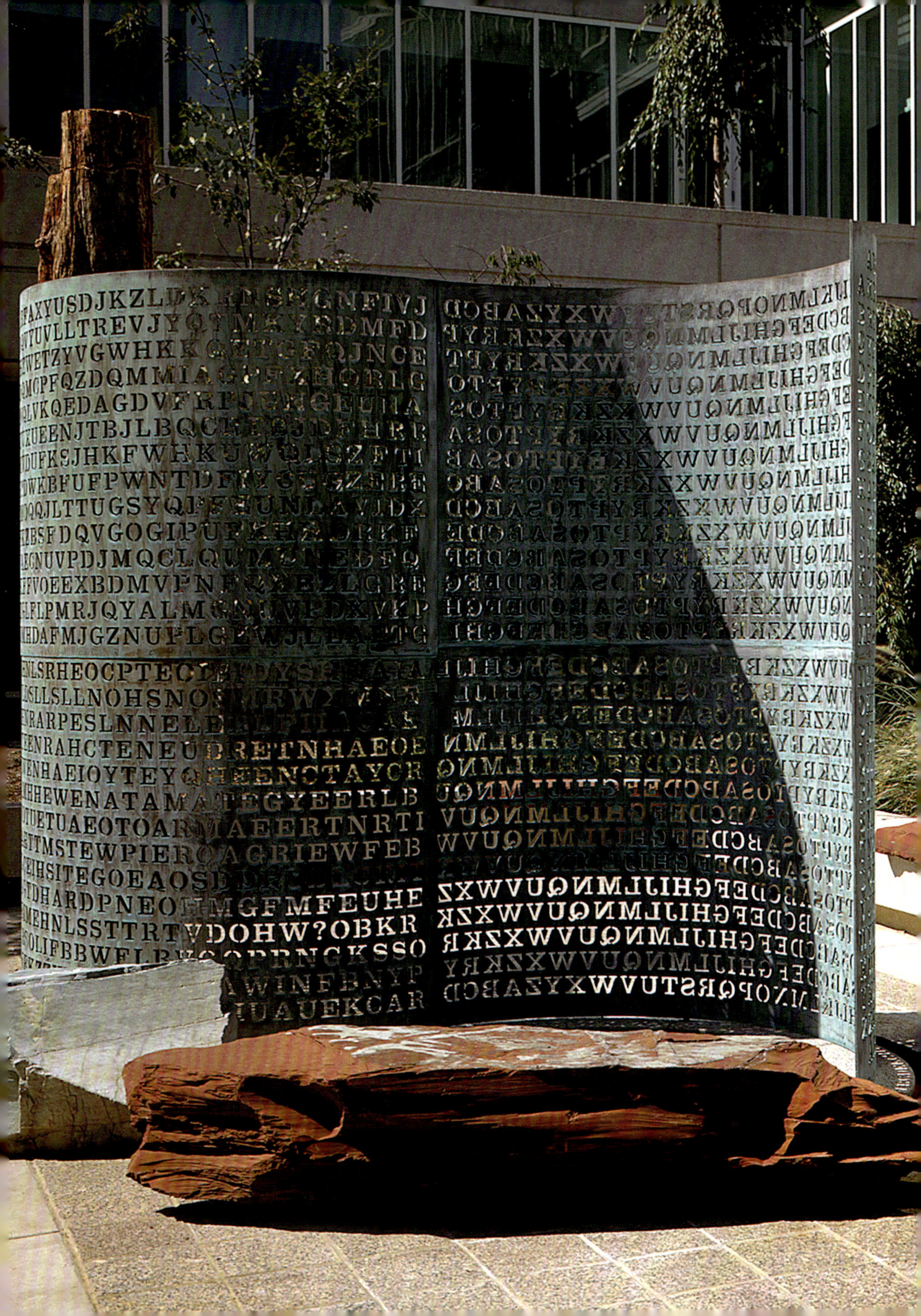

21 Die Inschrift von Shugborough

DAS RÄTSEL Was bedeutet die Buchstabenreihe auf einem Denkmal, das zu einem englischen Herrenhaus gehört?
WANN ES GESCHAH Mitte des 18. Jahrhunderts

Das Denkmal aus Stein und Marmor namens »Shepherd's Monument« steht auf dem Gelände von Shugborough Estate im englischen Staffordshire. An seiner Basis findet sich eine Inschrift aus acht Buchstaben: OUOSVAVV. In den Ecken befinden sich außerdem noch ein D und ein M. War diese Inschrift für eine Geheimgesellschaft? Was auch immer die Absicht war, die Bedeutung verwirrt selbst die genialsten Kryptologen.

Der 365 Hektar große Shugborough Estate ist der Stammsitz der Lords Lichfield. Er kam in den 1620er Jahren in den Besitz der Familie Anson und wurde in den 1740er Jahren stark erweitert. Die Arbeiten wurden zwar von Thomas Anson in Auftrag gegeben, finanziert wurden sie jedoch von seinem Bruder George, der als einer der erfolgreichsten Admiräle des Landes ein beträchtliches Vermögen erworben hatte.

Das Shepherd's Monument wurde in den Jahren 1748–63 errichtet und von Peter Scheemakers gestaltet, einem gefeierten flämischen Bildhauer. Abgesehen von der geheimnisvollen Buchstabenreihe zeigt es ein Relief nach einem Bild des Barockmalers Nicolas Poussin mit dem Titel »Die Hirten von Arkadien«. Poussins Original hängt im Louvre in Paris und zeigt eine Frauenfigur und drei Hirten vor einem Grab. Sie deuten auf eine Inschrift mit den Worten »Et in Arcadia ego«: Auch ich bin in Arkadien.

Aber was bedeuten die Buchstaben unter dem Relief? Das D am Anfang und das M am Ende weisen auf die Verwendung dieser beiden Buchstaben auf römischen Grabmälern hin. Dort dienen sie als Abkürzung für die Worte »Diis Manibus«: für die Götter. Die verbleibenden acht Buchstaben faszinierten Denker wie Josiah Wedgwood, Charles Dickens und Charles Darwin, aber niemand konnte sagen, was sie bedeuten.

Eine der populärsten Theorien besagt, der Code beziehe sich auf Geheimnisse der »Priory of Sion«, einer angeblichen Sekte in der Nachfolge des Templerordens. Sie sollen – so u. a. der Da-Vinci-Code-Autor Dan Brown – im Besitz kostbarer Reliquien sein, darunter des Heiligen Grals. Und sie sollen wichtiges Wissen über Jesus Christus in ihren Reihen hüten. Poussin wurde als führendes Mitglied dieser Gruppe betrachtet. Daraus ergibt sich die Vermutung, die Übernahme eines seiner wichtigsten Werke auf dem Shugborough Monument sei kein Zufall. Im Gegenteil: Sie sei der Schlüssel zu der Inschrift.

O·U·O·S·V·A·V·V

D   M

DIE HIRTEN Dieses Bild von Nicolas Poussin entstand 1637/38 und hängt heute im Louvre in Paris. Eine Wiedergabe des Bildes ist auf dem Shugborough-Denkmal zu sehen und gibt bis heute Rätsel auf.

Aber auch wenn die Inschrift auf den Heiligen Gral oder irgendein anderes Geheimnis hindeutet: Bisher ist niemand in der Lage gewesen, sie zu entschlüsseln. Ein anonymer Amerikaner mit offenbar militärischem Hintergrund hat mit einer komplizierten Dechiffrierungstechnik den Satz »Jesus H Defy« herausbekommen. Das H, so erklärte er, repräsentiere den griechischen Buchstaben Chi für Christus. Die Botschaft bedeute, Christus sei ein menschlicher Prophet gewesen und kein göttliches Wesen. War auch die Bruderschaft »Priory of Sion« dieser Ansicht? Der anonyme Kryptologe hatte offenbar große Fähigkeiten, aber es gehört schon einiges an Vertrauen dazu, wenn man annehmen will, dass er das Rätsel gelöst hat.

Mitte der 2000er Jahre machte sich eine Gruppe von Veteranen aus dem britischen Geheimdienst an die Arbeit. Sie hatten im Zweiten Weltkrieg den deutschen Enigma-Code geknackt, aber selbst sie konnten nur Vermutungen anstellen. Eine von ihnen, Sheila Lawn, griff auf eine Theorie aus den 50er Jahren zurück, nach der die Buchstaben für einen lateinischen Vers mit dem Wortlaut »Optima Uxoris Sororis Viduus Amantissimus Vovit Virtutibus« stehen:

»Beste Ehefrau, beste Schwester, Liebender Witwer verspricht tugendhafte Liebe«. Ist die Inschrift also lediglich eine Widmung von George Anson an seine verstorbene Frau?

Sheilas Ehemann und Bletchley-Kollege Oliver war stattdessen der Ansicht, die Verbindung zur »Priory of Sion« sei nicht von der Hand zu weisen.

Mit etwas Querdenken sind andere zu dem Schluss gekommen, die Buchstaben stünden für einen bestimmten Bibelvers oder ein Stück antike Dichtung. Der große Rätsellöser A.J. Morton glaubt, die Buchstaben seien überhaupt erst im 19. Jahrhundert dazugefügt worden und hätten gar nichts mit den ursprünglichen Auftraggebern zu tun. Inzwischen hat der Autor Peter Oberg behauptet, sie bezögen sich auf den angeblichen Schatz von Oak Island vor der Küste von Nova Scotia.

Antike Graffitis, Liebesdichtung, Wegweiser zu Reliquien oder Hinweise auf eine Sekte – die Wahrheit hinter der Inschrift bleibt ein Geheimnis. Wie Richard Kemp, der Geschäftsführer von Shugborough, so schön sagte: »Es könnte natürlich ein Familiengeheimnis sein, von dem jeder in der Familie weiß. Etwas ganz Unbedeutendes. Aber es ist wie mit dem Everest. Man steigt hinauf, weil er da ist. Hier gibt es einen Code, also will man ihn lösen.

22 Rosslyn Chapel

DAS RÄTSEL Welche Bedeutung haben die Steinmetzarbeiten in dieser schottischen Kirche?
WANN ES GESCHAH Um 1480

Die Kirche St Matthew the Apostle im schottischen Rosslyn ist ein mittelalterliches Meisterwerk voller Geheimnisse. Viele Spekulationen ranken sich um die Steinmetzarbeiten in ihrem Inneren, deren Bedeutung sich kaum erschließt. Man vermutet Verbindungen zu den Freimaurern und Templern, während Dan Brown in seinem *Da Vinci Code* behauptete, hier läge der Schlüssel zur Legende vom Heiligen Gral.

Rosslyn Chapel wurde 1446 von William St. Clair, dem Earl of Caithness gegründet, aber erst in den 1480er Jahren fertiggestellt. Sie enthielt viele Beispiele großartiger Steinmetzkunst, so den Prentice Pillar. Er wurde angeblich von einem kleinen Lehrling gestaltet, den sein Meister in einem Anfall von Eifersucht erschlug, als er sah, wie großartig er war. In die Wände der Kirche sind 120 bärtige grüne Männer gehauen, dazu 213 Würfel rund um die Decke, die 12 verschiedene geheimnisvolle Symbole tragen. Sind dies Hinweise auf große Geheimnisse, wie einige glauben?

Die Annahme, dass die Darstellungen auf einen Code der Templer oder Freimaurer hindeuten, wird von der Tatsache untergraben, dass die Kirche 130 Jahre nach der Auflösung der Templer und einige Jahrhunderte vor der Gründung der Freimaurer gebaut wurde. So kann man wohl auch die Vermutung verwerfen, es handele sich um Hinweise auf den Heiligen Gral.

Aber das heißt nicht, dass die Steinmetzarbeiten nicht andere, ähnlich faszinierende Botschaften tragen. Die grünen Männer z. B. deuten auf heidnische Bräuche hin, der Prentice Pillar ist mit einem ganz klar unbiblischen Drachen geschmückt. Formulierte William St. Clair ein komplexes Glaubenssystem, das mehr umfasste als sein nach außen hin katholischer Glaube? Einige sehen die Kirche als allegorische Geschichte mit den grünen Männern als Hauptmotiv. An der Ostseite der Kirche beginnend und dann rundherum werden die Männer immer älter. Die Ostseite beschäftigt sich mit dem neuen Leben, dem Frühling und so weiter. Im Norden sind die Männer alt, das Thema ist der Tod. Nach dieser Interpretation erzählt die Kirche eine Geschichte des Lebens an sich.

Andere Kommentatoren glauben, die Darstellungen seien vor allem wegen ihrer Abweichungen von allgemein anerkannten historischen Erzählungen interessant. Insbesondere soll die Kirche Bilder von Maiskolben und amerikanischen Kakteen enthalten, Pflanzen aus der Neuen Welt, die Columbus erst 1492 erreichte, mindestens ein Jahrzehnt nach der Fertigstellung der Kirche. Woher kannten die Erbauer diese amerikanischen Pflanzen? Einige Interpre-

GEHEIME BOTSCHAFTEN

GRÜNER MANN Eine der vielen seltsamen bärtigen Gestalten im Inneren der Kirche. Sind diese Köpfe mit ihrem heidnischen Anklang Hinweise auf die Geheimnisse von Rosslyn?

EIN ORT DES NACHDENKENS Die Kirche ist seit dem 15. Jahrhundert ein Wahrzeichen des schottischen Esk Valley. Soll ihre Architektur uns lange vergessene Wahrheiten näherbringen?

DER PRENTICE PILLAR Dieser spektakuläre Pfeiler gehört zu den besonderen Attraktionen. Mythen und Gerüchte ranken sich um ihn. Angeblich soll der Künstler erschlagen worden sein. Es gibt auch Hinweise auf Verbindungen zu den Freimaurern.

tatoren sagen, das sei nicht möglich und es handele sich um Varianten normaler mittelalterlicher Symbole. Andere vermuten, die Kirche sei eine Quelle seltenen, exotischen Wissens.

Die Würfel an der Decke sind am faszinierendsten. Eine sehr verlockende Theorie dazu wurde von Thomas und Stuart Mitchell entwickelt. Viele Jahre lang gingen sie davon aus, es handele sich um Musiknoten. Jedes der 12 rätselhaften Symbole auf den Würfeln stehe für ein Chaldni-Muster. Diese Muster wurden im 18. Jahrhundert von Ernst Chladni beobachtet. Sie entstehen in einem Pulver auf einer Metallplatte, wenn diese durch die Schallwellen eines bestimmten Tons vibriert. Ein tiefes A führt zu einer Art Rhombus, andere Töne bringen Sechsecke, Diamant- und Blütenformen hervor. Und alle diese Symbole finden sich auf den Würfeln. Kannten die Erbauer von Rosslyn die Chladni-Muster schon Jahrhunderte vor Chladni?

Nachdem sein Vater Thomas den potenziellen Code entschlüsselt hatte, schrieb Stuart Mitchell die Noten ab und machte ein Musikstück daraus, das seitdem in der Kirche aufgeführt wird. Es enthält einen Akkord, der als »Teufelsintervall« wegen seines schrägen Klangs von der katholischen Kirche verboten wurde. Hat St. Clair hier der katholischen Kirche einen weiteren Streich gespielt? Mitchell jr. spekuliert sogar, die Musik sei geschrieben worden, um eine physische Manifestation in der Kirche hervorzurufen, als sollte etwas »herausfallen, ein Safe beispielsweise«. Das lässt sich natürlich nicht beweisen, aber einige Würfel wurden in der Vergangenheit wohl falsch herum eingesetzt. Vielleicht ist einfach noch nicht die richtige Musik entstanden.

Ob die Steinmetzarbeiten in der Kirche nun Wegweiser zum Heiligen Gral sind, die Geschichte des Lebens erzählen oder etwas ganz anderes bedeuten: Sie faszinieren uns dauerhaft, und umso mehr, nachdem niemand bis heute sagen kann, was die Erbauer damit wirklich bezweckten.

23 Die Inschriften der Osterinsel

DAS RÄTSEL Enthalten die Inschriften auf Holztäfelchen Hinweise auf eine alte Sprache?
WANN ES GESCHAH Wahrscheinlich im 18. Jahrhundert

Die Osterinsel im Pazifischen Ozean ist ein wahres Wunderland. Besonders berühmt ist sie wegen ihrer etwa 900 riesenhaften Steinstatuen, die zwischen 1100 und 1700 entstanden. Ebenso rätselhaft sind aber die Holztafeln mit Inschriften, die man mit der verlorenen Rongorongo-Schrift in Verbindung bringt. Selbst die besten modernen Linguisten scheitern daran. Was enthalten diese Texte?

Die Rapa Nui bilden die Urbevölkerung der Osterinsel, und Rongorongo ist die Schrift ihrer Muttersprache. Europäische Besucher im 19. Jahrhundert schrieben von den zahlreichen hölzernen Artefakten mit Symbolen, die von geometrischen Formen bis zu Darstellungen von Menschen, Pflanzen und Tieren reichten. Viele Linguisten glauben, es handele sich um eine hochinteressante Form der Schrift. Und da auf den Nachbarinseln keine schriftlichen Aufzeichnungen existieren, müsste sie sich unabhängig entwickelt haben. Das wäre eine große Seltenheit in der Menschheitsgeschichte.

Es ist viel darüber diskutiert worden, wie alt diese Sprache sein mag. Viele Forscher glauben, sie habe sich erst nach der spanischen Eroberung im Jahr 1770 entwickelt. Wie auch immer: Ende des 19. Jahrhunderts war Rongorongo jedenfalls eine tote Schrift, die niemand mehr verstand. Diese traurige Entwicklung ist wohl das Ergebnis einer Mischung aus fremder kultureller Dominanz und dem Wunsch der Rapa Nui, ihre Geheimnisse zu bewahren. Die lokale Bevölkerung wurde im 19. Jahrhundert durch westliche Krankheiten und Angriffe peruanischer Sklavenhändler erheblich dezimiert. Außerdem unterdrückten Missionare die Sprache der Rapa Nui, die sie mit heidnischen Traditionen in Verbindung brachten, und zerstörten Gegenstände mit Rongorongo-Inschriften. Als Pater Joseph Eyraud sich in den 1860er Jahren daranmachte, die Sprache aufzuzeichnen, konnte ihm niemand mehr die Schriftstücke übersetzen.

Entweder war das Wissen wirklich verloren gegangen, oder die Rapa Nui wollten ihr Wissen niemandem anvertrauen, dessen Vorgänger ihre Kultur so rücksichtslos unterdrückt hatten. In den späten 1870er Jahren lebten auf der Insel nur noch etwa hundert Einheimische, und diejenigen, die Rongorongo lesen konnten, waren entweder tot oder deportiert worden. Heute gibt es nur noch 25 Holztafeln mit diesen Schriftzeichen. Keine davon befindet sich noch auf der Insel. Möglicherweise könnte uns Rongorongo viel erzählen, nicht nur über die Osterinsel, sondern über die Entstehung von Sprache an sich. Doch leider hat uns die kulturelle Überheblichkeit der Vergangenheit dieses Wissen geraubt.

INSEL DER PHANTASIE
Großes Bild: Die alten Riesenstatuen locken seit langer Zeit Besucher auf die Osterinsel. *Kleines Bild:* Eine Tafel mit Rongorongo-Schrift. Wird sie jemals entschlüsselt?

24 Die Felszeichnungen des Sego Canyon

DAS RÄTSEL Zeigen alte amerikanische Felszeichnungen Kontakte mit Außerirdischen?
WANN ES GESCHAH 6000–200 v. Chr.

Die spektakulären Sandsteinhänge des Sego Canyon im US-Bundesstaat Utah erzählen vom kulturellen und spirituellen Leben der amerikanischen Ureinwohner vor mehr als 8000 Jahren. Die Malereien und Ritzungen bilden drei Gruppen, deren älteste, die Felszeichnungen vom Barrier Canyon, seltsame Bilder enthalten. Viele Besucher fragen sich: Zeigen sie Kontakte mit Außerirdischen?

Die jüngsten Bilder im Sego Canyon stammen aus der Zeit zwischen 1300 und 1880 n. Chr. Sie werden Ute-Zeichnungen genannt und zeigen Menschen- und Tierdarstellungen. Älter sind die Fremont-Zeichnungen, die zwischen 600 und 1250 n. Chr. entstanden: Menschengestalten mit übergroßen Körpern und kleinen Köpfen.

Die Zeichnungen am Barrier Canyon umfassen Malereien und Ritzungen. Sie wurden von nomadisierenden Jägern und Sammlern archaischer Zeit angefertigt, Höhlenbewohnern, die vor Tausenden von Jahren hier lebten. Einige zeigen übergroße Menschengestalten bis zu einer Größe von 2,70 Metern mit Merkmalen wie dreieckigen Köpfen, fehlenden oder ausgehöhlten Augen und fehlenden Gliedmaßen. Andere Figuren sehen aus wie Geister oder haben seltsame Käferaugen und so etwas wie Antennen, die ihnen aus den Köpfen wachsen.

Insgesamt ähneln die Figuren im Barrier Canyon modernen Darstellungen von Außerirdischen so sehr, dass einige Betrachter glauben, sie würden genau das auch zeigen. Irgendwann in ferner Vergangenheit, so vermuten sie, haben die Menschen Kontakt zu außerirdischen Besuchern gehabt. Die Kunstwerke erzählen von diesem Kontakt und nutzen Techniken, die die Menschen von ihren außerirdischen Gästen gelernt haben.

Der akademische Mainstream ist jedoch anderer Meinung. Eine der größten Figuren, der sogenannte Heilige Mann, wird von kleineren Figuren umringt, die zum Teil Schlangen in den Händen halten. Keine Außerirdischen, sagen die Interpreten, sondern schamanistische Visionen, in Trancezuständen geboren. Die Bilder sind faszinierend und verstörend zugleich. Vielleicht waren sie wirklich das Ergebnis eines schlechten Trips. Doch eine kleine Gruppe von Begeisterten ist nach wie vor überzeugt, dass diese Felszeichnungen den Beweis liefern: Wir sind nicht allein im Universum.

ALTE KUNST Diese Beispiele von Fremont-Zeichnungen finden sich in Höhlen östlich des Green River in Utah. Sie stammen aus der Zeit um 600 n. Chr.

SELTSAME GESTALTEN Die Barrier-Canyon-Zeichnungen im Sego Canyon entstanden um 2500 v. Chr. Sie zeigen seltsame Figuren, die an moderne Darstellungen von Außerirdischen erinnern.

25 Das dritte Geheimnis von Fátima

DAS RÄTSEL Hat der Vatikan eine Botschaft der Jungfrau Maria an drei Kinder verschwiegen?
WANN ES GESCHAH 1917

Von Mai bis Oktober 1917 berichteten drei Kinder aus Portugal – Lúcia Santos, Jacinta Marto und Francisco Marto – von Begegnungen mit der Jungfrau Maria, die ihnen Geheimnisse offenbart habe. Die ersten beiden Geheimnisse wurden in den 40er Jahren veröffentlicht, das dritte sollte erst 1960 enthüllt werden. Tatsächlich wurde es erst im Jahr 2000 publik, und viele vermuten, dass es verfälscht wurde.

Die insgesamt sechs Begegnungen passierten auf einem Hügel unweit der Stadt Fátima. Das erste Geheimnis enthielt eine Höllenvision, die zumeist als Vorwegnahme des Zweiten Weltkriegs interpretiert wird. Das zweite sagte die Rückkehr Russlands zum Christentum voraus. Das dritte Geheimnis jedoch schien zu viel Sprengstoff zu enthalten, als dass man es gleich öffentlich machte.

Lúcia, die das Geheimnis aufschrieb, soll geglaubt haben, es würde 1960 besser verstanden werden. Doch als der Zeitpunkt gekommen war, gab der Vatikan nur eine Pressemitteilung heraus, in der es hieß, das Geheimnis würde wohl für immer versiegelt bleiben. Daraufhin erhoben sich natürlich Spekulationen: Was konnte so heikel sein, dass man es nicht veröffentlichte. In Zeiten des Kalten Krieges tauchten sofort Gedanken an Armageddon auf, die biblische Schlacht am Ende der Zeit. Andere Kommentatoren fragten sich, ob die Kirche selbst von einer schockierenden Botschaft betroffen sei.

Nach weiteren 40 Jahren voller Gerüchte und Murren beschloss Papst Johannes Paul II., das dritte Geheimnis im Jahr 2000 zu veröffentlichen. Doch die Enttäuschung war groß: In einer Allegorie auf Martyrium und Leiden sollte ein Mann in weißen Kleidern tot zu Boden fallen. Ging es um das Attentat auf Johannes Paul 1981? Aber selbst wenn, warum hielt der Vatikan so etwas geheim? Es gab viele Zweifel. War das das ganze Geheimnis? Andere Beobachter bemerkten, dass der Text vier Seiten umfasste, während Lúcia ihr Geheimnis auf ein einziges Blatt geschrieben hatte. Und sollte es nicht Worte der Jungfrau Maria enthalten? Davon war in der Verlautbarung des Vatikans nichts zu lesen.

Der Vatikan behauptet, er habe im Jahr 2000 das komplette dritte Geheimnis veröffentlicht. Viele geben sich damit sicher zufrieden, aber das lange Zögern führt zu der Frage, ob darüber schon das letzte Wort gesprochen ist.

HEILIGE KINDER
Kleines Bild: Statuen von Jacinta und Francisco Marto neben der Marienstatue in der Igreja de Sao Domingo, Lissabon. *Großes Bild:* Jacinta (links) und Lúcia dos Santos zur Zeit der Marienerscheinungen.

26 Das verschwundene Dorf

DAS RÄTSEL Verschwand die gesamte Bevölkerung eines Inuit-Dorfes in Kanada über Nacht?
WANN ES GESCHAH Erste Berichte 1930

Nunavut, das bis 1999 zu den kanadischen Northwest Territories gehörte, ist ein riesiges Gebiet im Norden des Landes. Es ist dünn besiedelt, die Landschaft trostlos, eisig und abweisend. Wer hier verloren geht, kann nicht damit rechnen, bald auf Menschen zu treffen. Aber verschwand hier im Jahr 1930 tatsächlich die Bevölkerung eines ganzen Dorfes?

Angesichts der harschen Umweltbedingungen ist es kein Wunder, dass die umherziehenden Trapper genau über die wenigen Daueransiedlungen Bescheid wussten. Schließlich brauchten sie gelegentlich einen Unterschlupf für die Nacht. Eine dieser Siedlungen war Anjikuni, ein Fischerdorf der Inuit am Kazan River.

Es heißt, Anjikuni sei einem Trapper namens Joe Labelle vertraut gewesen. Aber als er an einem Abend im Jahr 1930 hier ankam, traf er auf eine verstörende Szenerie. Sämtliche Dorfbewohner (insgesamt 25) waren spurlos verschwunden. Das Essen hing noch über den Herdgruben, Kleider waren mitten beim Flicken liegen geblieben, Wertgegenstände und wichtige Werkzeuge lagen unberührt da, sieben Hunde hatte man ihrem Schicksal überlassen. Labelle soll die Royal Canadian Mounted Police (RCMP) informiert haben, aber auch sie fand keine Spur der verschwundenen Menschen.

Die Geschichte wurde bald darauf von dem Journalisten Emmet E. Kelleher in *The Bee* veröffentlicht, einer Zeitung in Danville, Virginia. In der kanadischen Presse jedoch kam sie nicht vor. Im Jahr 1959 griff Frank Edwards sie in seinem Buch *Stranger than Fiction* wieder auf, und danach entwickelte sie ein gewisses Eigenleben. In den 70er Jahren wurde viel über das Schicksal der Dorfbewohner spekuliert, bis hin zu so verrückten Ideen wie einem Vampirangriff oder einer Entführung durch Außerirdische.

Die RCMP erklärte offiziell, es habe einen solchen Vorfall nie gegeben, das Dorf habe gar nicht existiert und sie sei nie in dieser Angelegenheit gerufen worden. Aber diese Behauptung widerspricht einem Bericht vom Januar 1931 vom Chef der RCMP, in der die Angelegenheit als Fälschung bezeichnet wird. Ein gewisser Sergeant J. Nelson sei mit der Untersuchung beauftragt gewesen. Andere meinen, tatsächlich sei alles von den Behörden vertuscht worden, weil die Wahrheit einfach zu schrecklich war.

Heute kann man kaum noch sagen, wer da wen im Jahr 1930 täuschte und warum. War die Anjikuni-Geschichte nur eine Erfindung eines Journalisten auf der Suche nach einer guten Story? Oder ist dort oben in Kanada doch etwas Schreckliches geschehen?

VERSCHWUNDEN? Es heißt, Anjikuni sei ein freundliches Inuit-Dorf gewesen, bis eine Tragödie über seine Bewohner hereinbrach. Oder handelt es sich doch nur um eine Zeitungsente?

GRÖNLAND

Anjikuni Lake

Hudson Bay

KANADA

Great Lakes

USA

AUSSENPOSTEN Wenn Anjikuni wirklich existierte, dann lag es im entlegenen, unwirtlichen Nordwesten Kanadas. Der Anjikuni Lake liegt an der Westgrenze von Nunavut, der größten, neuesten und bevölkerungsärmsten Provinz des Landes.

27 Das Verschwinden von Richter Crater

DAS RÄTSEL Was geschah in New York?
WANN ES GESCHAH 6. August 1930

Joseph Crater war ein eleganter Mann, Richter am Supreme Court in New York. Er schien alles zu haben – aber er wollte mehr. Nachdem er in jungen Jahren viel erreicht hatte, hieß es, er sei in schmutzige politische Geschäfte verwickelt gewesen. Obwohl er verheiratet war, umgab er sich mit schönen Frauen. Führten seine halb legalen Aktivitäten zu seiner Entführung mitten in New York?

Crater arbeitete hart an seiner Karriere, nachdem er 1916 an der Columbia University seinen Abschluss gemacht hatte. Er baute ein Netzwerk aus mächtigen Freunden auf. Im April 1930 wurde er vom damaligen Gouverneur und späteren Präsidenten Franklin D. Roosevelt zum Richter am New Yorker Supreme Court ernannt. Die Ernennung kam überraschend. Zyniker vermuteten, Crater habe die politische Führung der Stadt in der legendären Tammany Hall bestochen, um den Job zu bekommen.

Ende Juli, während seines Urlaubs mit seiner Frau Stella in Maine, bekam Crater eines Abends einen Anruf, der ihn offenbar erschütterte. Er weigerte sich, Stella davon zu erzählen, und sagte nur, er müsse nach New York zurück, um »mit den Kerlen zu reden«. Am nächsten Tag reiste er ab, begab sich in seine Wohnung an der Fifth Avenue, fuhr dann aber mit seiner Geliebten, der Tänzerin Sally Lou Ritzi, nach Atlantic City. Am 3. August war er zurück in New York, den 6. August verbrachte er zum größten Teil in seinem Büro, sortierte persönliche Unterlagen und zerstörte angeblich einige Papiere. Außerdem löste er zwei Schecks ein, die zusammen einen Wert von 5000 Dollar hatten (mehr als 75.000 Dollar nach heutiger Kaufkraft). Dann fuhr er mit zwei verschlossenen Koffern nach Hause.

An diesem Abend ging Crater mit Ritzi und William Klein, einem befreundeten Anwalt, zum Essen. Um 21.30 trennten sie sich, Crater wollte noch ins Theater. Danach wurde er nicht mehr gesehen. Vermisst gemeldet wurde er allerdings erst anderthalb Wochen später. Seine Freunde und Kollegen vermuteten, er sei im Urlaub, Stella nahm an, er habe geschäftlich zu tun.

Erst am 3. September informierte man die Polizei. Als die Geschichte öffentlich wurde, war sie eine Sensation. Angeblich wurde Crater immer wieder gesehen, an den verschiedensten Orten im Land. Keine dieser Sichtungen erwies sich jedoch als echt, die Polizei forschte vergeblich nach. Die Beamten stellten allerdings fest, dass Craters zwei geheimnisvolle Koffer fehlten und dass auch sein Bankschließfach geleert worden war. Trotzdem kam es zu keinem entscheidenden Durchbruch. Im Oktober 1930 kam das Gericht zu dem Schluss, es

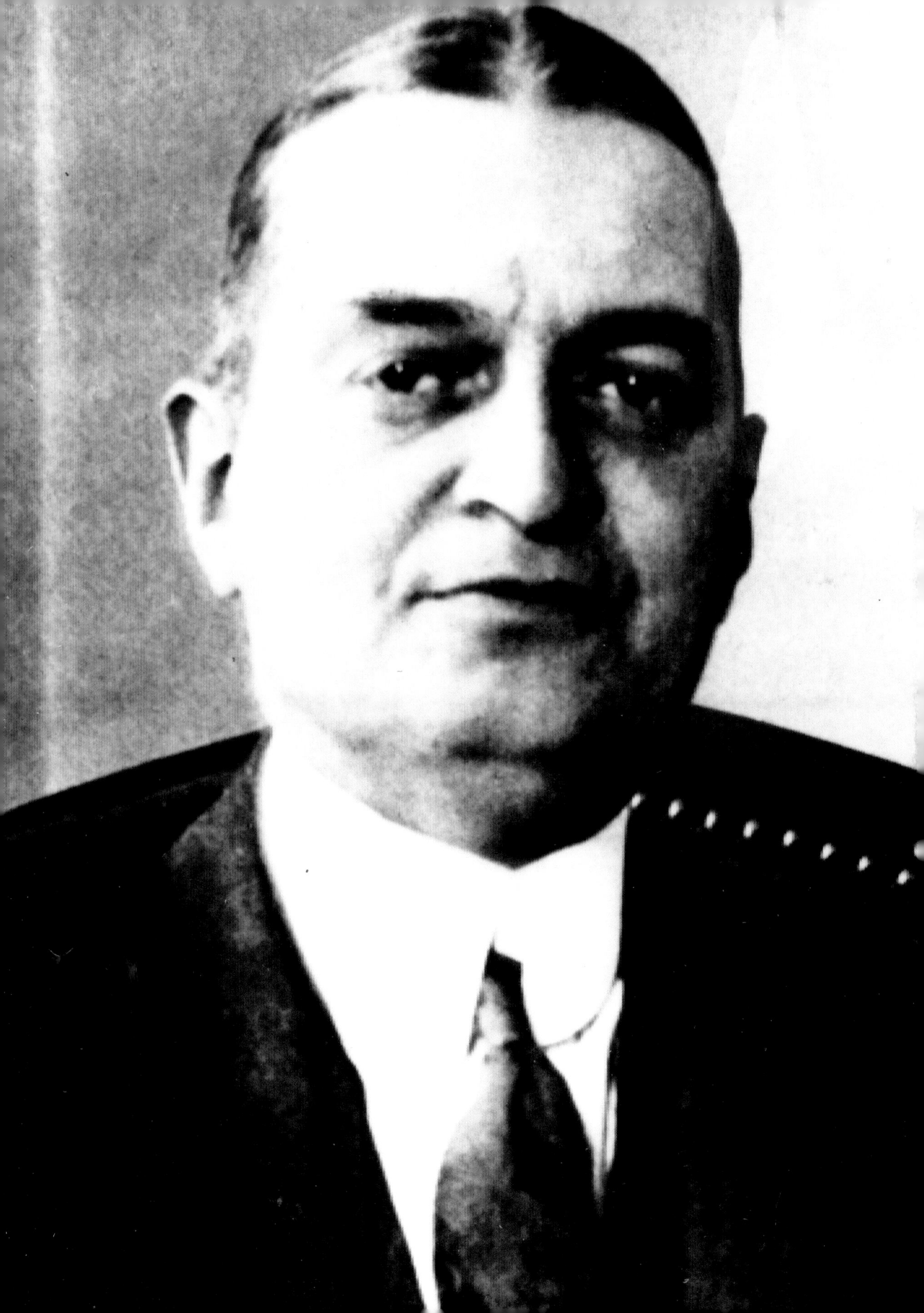

ROHDIAMANT JACK »Legs« Diamond war eine berüchtigte Gestalt in der Unterwelt und hatte Verbindungen zu Richter Crater. Dies ist ein Verbrecherfoto von 1930, aber im Zusammenhang mit Craters Verschwinden wurde er nie vor Gericht gestellt.

gebe keine ausreichenden Hinweise auf den Verbleib Craters. Es sei unklar, ob er noch lebe, ob er sich abgesetzt habe oder womöglich unter Gedächtnisverlust leide. Oder ob er Opfer eines Verbrechens geworden sei. 1939 wurde Crater für tot erklärt, die Polizei schloss die Akten im Jahr 1979.

Über das Schicksal des Richters gibt es zahlreiche Theorien. Einige glauben, er habe sich abgesetzt, um mit einer seiner zahlreichen Geliebten und reichlich Geld ein neues Leben anzufangen. Andere vermuten, er sei bis über die Ohren in schmutzige Geschäfte mit seinen Freunden in der Tammany Hall versunken. Verbindungen zu korrupten Politikern konnten nie bewiesen werden, aber man muss wohl davon ausgehen, dass seine Hände alles andere als sauber waren. Hat er womöglich Selbstmord begangen, weil man ihm auf die Spur gekommen war?

Seine Witwe war fest überzeugt, dass er ermordet worden war. Stella vermutete, ein Mädchen mit Kontakten zur Unterwelt habe versucht, ihn zu erpressen. Der Verdacht fiel eine Weile auf den Gangster Jack »Legs« Diamond, einen Bekannten von Crater. Hatte es Streit gegeben? Kurz hieß es, Diamond habe Crater in einer Brauerei ermordet, aber es gab keine Beweise.

Im Jahr 2005 jedoch starb eine gewisse Stella Ferrucci-Good im Alter von 91 Jahren in Queens. Sie hinterließ einen Brief, den man erst nach ihrem Tod öffnen sollte. Darin behauptete sie, ihr längst verstorbener Ehemann Robert Good und ein New Yorker Polizist namens Charles Burns hätten Crater gemeinsam mit dem Bruder von Burns ermordet und auf Coney Island im Meer versenkt. Das Motiv blieb unklar, allerdings hatte Officer Burns Kontakte zur Bandenkriminalität. Die Polizei nahm die Aussage durchaus ernst, konnte aber bisher nicht feststellen, ob etwas dran ist.

Crater führte offenbar ein Doppelleben, in dem Gangster, Prostituierte und Stadtpolitiker eine Rolle spielten. Ob er aus dem Weg geräumt wurde oder beschloss, sich aus dem Staub zu machen, ist unklar, aber viele Bekannte waren vermutlich froh, ihn nie wieder zu sehen.

28 Jimmy Hoffa

DAS RÄTSEL Was passierte mit dem berühmten amerikanischen Gewerkschaftsboss?
WANN ES GESCHAH Juli 1975

Am 30. Juli 1975 verschwand der mächtigste Gewerkschaftsboss der USA auf dem Parkplatz des Restaurants Machus Red Fox in einem wohlhabenden Vorort von Detroit. Man vermutet, er wollte zu einem Treffen mit zwei bekannten Gangstern. Hoffa tauchte nie wieder auf. Schmutzige Details aus seinem Leben und Spekulationen über sein Ende faszinieren die Öffentlichkeit seitdem immer wieder.

Jimmy Hoffa wurde am 14. Februar 1913 in Brazil, Indiana geboren. Mit 14 Jahren ging er von der Schule ab und arbeitete zunächst für einen Hungerlohn und unter übelsten Bedingungen in einem Lebensmittelgeschäft. Damit nicht zufrieden, begann er mit der gewerkschaftlichen Organisation seiner Kollegen, um ihre Rechte zu sichern. Viele von ihnen waren viel älter als Hoffa, aber seine Leidenschaft beeindruckte auch sie. Mit Mitte zwanzig war er eine der führenden Figuren in der International Brotherhood of Teamsters (IBT) geworden, einer Gewerkschaft der Lastwagenfahrer und Lagerarbeiter. 1958, nach sechs Jahren als Vizepräsident der IBT, wurde er zu ihrem Vorsitzenden gewählt. Dieses Amt hatte er 13 Jahre lang inne, und in dieser Zeit wuchs die Gewerkschaft auf 1,5 Millionen Mitglieder an.

Für viele war er ein Held, der dafür kämpfte, die Lebensbedingungen der Mitglieder zu verbessern, und der sich für Bürgerrechte einsetzte. Aber seine Karriere hatte auch eine dunkle Seite. Von Anfang an stand das Transportgewerbe in den USA unter der Kontrolle des organisierten Verbrechens. Um seine eigene Position zu sichern und für seine IBT-Mitglieder das Beste zu erreichen, ging Hoffa sozusagen ins Bett mit einigen sehr unangenehmen Zeitgenossen.

So kann es nicht überraschen, dass er sich mächtige Feinde machte. Als John F. Kennedy im Jahr 1960 Präsident wurde, ernannte er seinen Bruder Bobby zum Generalstaatsanwalt mit dem Auftrag, das organisierte Verbrechen zu bekämpfen. Bald darauf, im Jahr 1964, wurde Hoffa angeklagt, einen Richter bestochen zu haben. Das Urteil lautete acht Jahre Gefängnis.

Wenige Monate später gab es eine zweite Anklage, diesmal wegen Unterschlagungen von Geldern aus dem Pensionsfonds der Gewerkschaft, um Unterwelt-Bossen Darlehen zu geben. So kamen noch einmal fünf Jahre Gefängnisstrafe dazu. Ende 1971 jedoch begnadigte Präsident Richard Nixon Hoffa unter der Bedingung, dass er sich bis zum Jahr 1980 von allen gewerkschaftlichen Aktivitäten fernhielt.

LETZTE REISE Am 30. Juli 1975 fuhr Jimmy Hoffa mit seinem Pontiac angeblich zu einem Treffen mit Unterwelt-Bossen. Das Auto wurde später verlassen vor einem Restaurant in Detroit aufgefunden.

LETZTE SICHTUNG Hoffas rätselhafte Verabredung am 30. Juli sollte im Restaurant Machus Red Fox stattfinden. Es liegt in dem teuren Detroiter Vorort Bloomfield Hills.

Doch nicht nur das Weiße Haus wollte Hoffas Aktivitäten beschränken, auch innerhalb der Gewerkschaftsbewegung gab es viele, die genug von ihm hatten. Trotzdem blieb er eine wichtige Figur, bis er an einem Mittag im Juli 1975 in Detroit verschwand. Angeblich wollte er in dem Restaurant zwei Gangster treffen: Antony Giacalone und Antony Provenzano. Beide leugneten jedoch, dass ein solches Treffen stattgefunden hätte oder auch nur geplant gewesen sei. Hoffas Auto, ein 1974er Pontiac Grand Ville, wurde offen auf dem Parkplatz des Restaurants gefunden, aber sein Besitzer blieb verschwunden.

Die Gerüchteküche brodelte. Hatte jemand alte Rechnungen beglichen? Betrachteten Vertreter des organisierten Verbrechens Hoffas Wunsch nach einem politischen Comeback als Bedrohung ihrer eigenen Pläne? Einige vermuteten sogar, Hoffa habe sein Verschwinden inszeniert, um sein unrechtmäßig erworbenes Vermögen in Ruhe genießen zu können. Die meisten jedoch glauben, dass Hoffa auf Anordnung irgendeines Unterwelt-Bosses ermordet wurde. Sieben Jahre nach seinem Verschwinden wurde er für tot erklärt.

Es gab verschiedene Versuche, seine Leiche zu finden, in der Regel nach anonymen Hinweisen, aber auch das blieb ergebnislos. Angeblich wurde sein halb verbrannter Körper in einem Ölfass versteckt und in den Kofferraum eines Autos gepackt, das dann verschrottet und nach Fernost verschickt wurde. Eine andere Quelle berichtete im Jahr 2013, Hoffas Leiche sei mit einem Holzhäcksler zerstückelt worden.

Jimmy Hoffa war eine kontroverse Figur, er lebte gefährlich und hatte mit allzu vielen rücksichtslosen Leuten zu tun. Und er war ein Mann, der zu viel wusste. So ist es vielleicht nicht überraschend, dass er ein hässliches Ende nahm. Aber bis heute wissen wir nicht, was mit ihm geschah und warum er verschwand.

29 Der Valentich-Zwischenfall

DAS RÄTSEL Wurde ein junger Pilot über der australischen Bass Strait von einem UFO abgeschossen?
WANN ES GESCHAH 21. Oktober 1978

Frederick Valentich, ein 20-jähriger Pilot, befand sich 1978 auf einem Übungsflug, als er der Flugkontrolle von Melbourne meldete, über ihm befinde sich ein unidentifiziertes Flugobjekt. Danach brach der Kontakt ab, Valentich verschwand spurlos. War es ein Unfall, Selbstmord, oder gab es Fremdeinwirkung?

Valentich hatte etwa 150 Stunden Flugerfahrung, als er am 21. Oktober 1978 mit seiner Cessna startete. Kurz nach 19 Uhr berichtete er von einem unidentifizierten Flugobjekt etwa 300 Meter über ihm, aber der Kontrolltower konnte nichts feststellen. Valentich beschrieb ein leuchtendes Metallgebilde mit grünem Licht. Er hatte den Verdacht, der Pilot spiele mit ihm. Außerdem hatte die Cessna Probleme mit dem Motor. Als er das andere Flugzeug beschreiben sollte, sagte er: »Das ist kein Flugzeug, das ist ...« Dann brach seine Stimme ab. Ein paar Minuten später hörte man ein metallisches Geräusch, dann war Valentich verschwunden.

Vier Tage lang suchte man in einem Gebiet von 2500 Quadratkilometern nach ihm, ohne etwas zu finden. Eine Untersuchung des Department of Transport konnte keinen Grund für sein Verschwinden feststellen, vermutete aber einen tödlichen Ausgang. UFOlogen machten sich darüber her – gab es endlich einen Beweis für einen feindlichen UFO-Angriff? Selbst von Entführung durch Außerirdische war die Rede. Aber die Tatsache, dass Valentich selbst an UFOs glaubte, ließ die Alarmglocken schrillen. Einige Beobachter vermuteten, er habe den Zwischenfall inszeniert. Diese Vermutung wurde aber verworfen, nachdem 1983 Wrackteile in der Bass Strait gefunden wurden. Freunde und Verwandte verwarfen auch die Idee, er habe einen spektakulären Selbstmord begangen. Eine weitere Theorie besagte, er habe plötzlich die Orientierung verloren und sei abgestürzt – und das angebliche UFO sei nur die Spiegelung der Cessna im Wasser gewesen.

Der ursprüngliche Bericht des Department of Transport wurde erst Jahre später veröffentlicht, nachdem er zunächst angeblich verloren gegangen war. Warum das alles? Gab es doch Hinweise auf ein UFO? Könnte Valentich am Ende recht gehabt haben?

AUSTRALIEN

Melbourne

Geelong

Moorabbin Airport

AUF UND DAVON Eine Cessna von dem Typ, den auch Frederick Valentich flog, als er 1978 unweit von Melbourne in Australien verschwand.

VALENTICHS GEPLANTE FLUGROUTE

Cape Otway

KONTAKT ABGEBROCHEN

Bass Strait

King Island

HIMMELSKÖRPER Dieses Foto wurde von Roy Manifold aufgenommen. Es zeigt ein wolkenähnliches Objekt am Himmel, das angeblich am 21. Oktober 1978 mit hoher Geschwindigkeit aus dem Wasser beim Leuchtturm von Cape Otway schoss. Valentich verschwand in der Nähe etwa 20 Minuten später.

Currie

TASMANIEN

30 Jean Spangler

DAS RÄTSEL Was wurde aus dem aufstrebenden Hollywood-Sternchen?
WANN ES GESCHAH 7. Oktober 1949

Spangler war ein typisches Filmsternchen: Mitte 20, blaue Augen, sehr hübsch. Ein paar kleine Rollen hatten sie in die Nähe der Stars gebracht, aber vom Ruhm war sie weit entfernt. Sie war geschieden und hatte ein kleines Kind. An einem Herbstabend 1949 verließ sie das Haus, um ihren Exmann zu treffen. Danach wurde sie nie mehr gesehen. Ihre Handtasche wurde wenig später gefunden, sie enthielt eine rätselhafte Botschaft.

Jean Elizabeth Spangler wurde am 2. September 1923 in Seattle geboren und begann ihren Weg als Teilzeit-Model und Tänzerin in verschiedenen Nachtclubs. 1942 heiratete sie Dexter Benner, aber die Ehe war unglücklich, und nach nur sechs Monaten beantragte sie die Scheidung wegen Grausamkeit. Die beiden blieben trotzdem noch vier Jahre zusammen. In dieser Zeit wurde die gemeinsame Tochter Christine geboren.

Nach der endgültigen Trennung 1946 entbrannte ein wütender Streit um das Sorgerecht. Spangler siegte am Ende und zog mit ihrer Tochter in eine gemeinsame Wohnung mit ihrer Mutter, ihrem Bruder und ihrer Schwägerin in Park La Brea, Los Angeles. Nach ein paar Jahren bekam sie einige Nebenrollen in verschiedenen Filmen.

Am 7. Oktober 1949 gegen 17 Uhr verließ Jean das Haus und sagte ihrer Schwägerin Sophie, sie würde Benner treffen, um mit ihm über verspätete Unterhaltszahlungen zu sprechen. Danach wollte sie zu einem Nachtdreh des Films fahren, bei dem sie mitarbeitete. Eine Stunde später wurde sie zum letzten Mal gesehen, als ein Verkäufer in einem nahe gelegenen Laden sie sah, wie sie wohl auf jemanden wartete. Als sie am nächsten Tag nicht nach Hause kam, alarmierte Sophie die Polizei.

Natürlich wurde Dexter Benner sofort als Hauptverdächtiger behandelt, aber er sagte der Polizei, er habe seine Frau seit Wochen nicht gesehen. Seine zweite Frau bestätigte sein Alibi. Außerdem hatte es in dieser Nacht gar keinen Dreh gegeben. Jeans Familie bestand darauf, sie hätte sich nicht einfach davongemacht, weil sie ihr Kind dafür viel zu sehr liebte.

Am nächsten Tag entdeckte man einen Hinweis. Jeans Handtasche wurde in der Nähe eines Eingangs zum Griffith Park in Los Angeles gefunden. Die Träger waren abgerissen, als hätte man sie der Besitzerin entrissen, aber Jean hatte kein Geld bei sich gehabt, und deshalb schied Raub als Motiv aus. Allerdings enthielt die Handtasche etwas anderes Interessantes: eine Notiz mit dem Wortlaut: »Kirk, kann nicht mehr warten. Muss zu Dr. Scott. Das geht am besten, solange Mutter weg ist.« Jeans Mutter

RÄTSELHAFTES VERSCHWINDEN

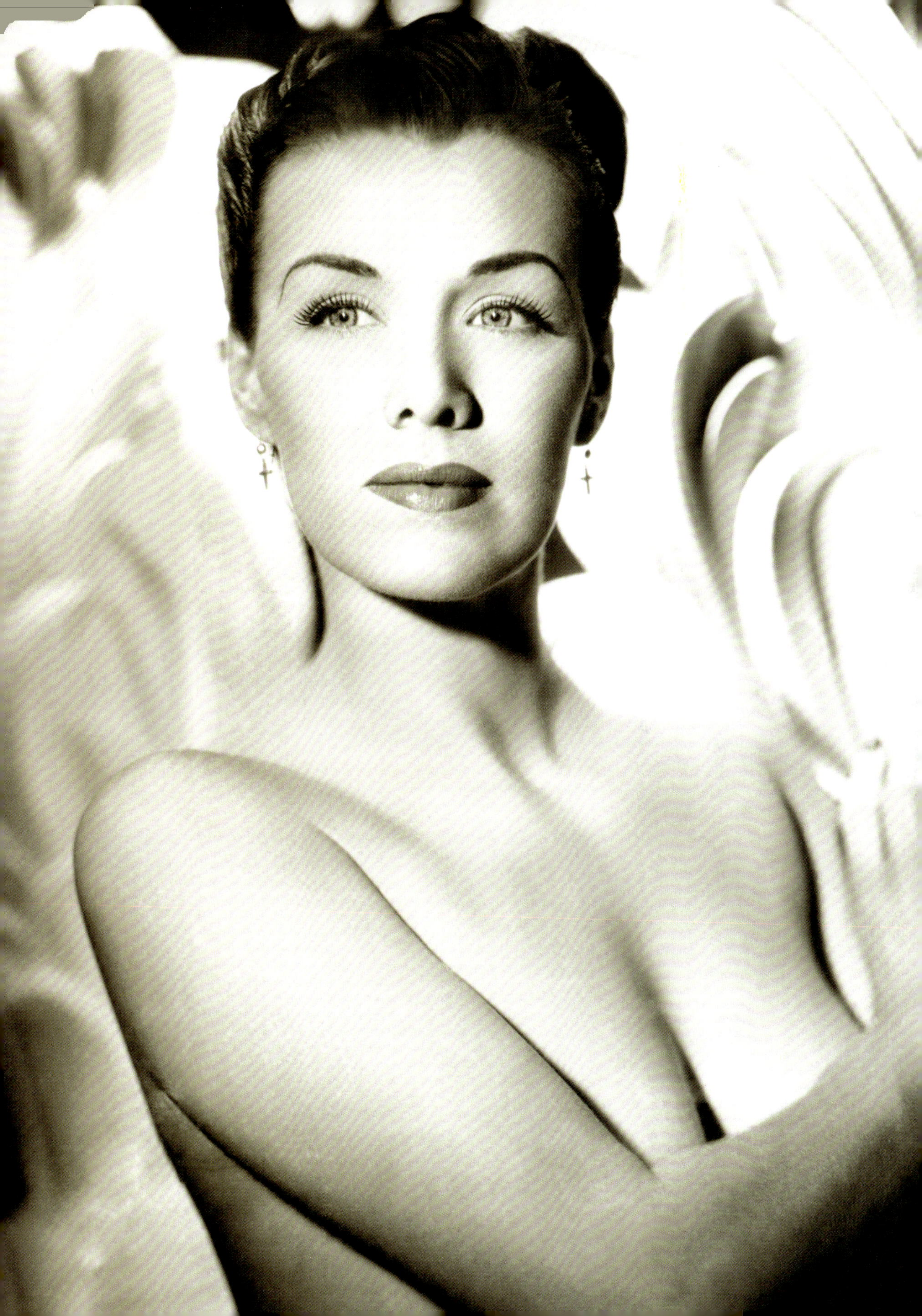

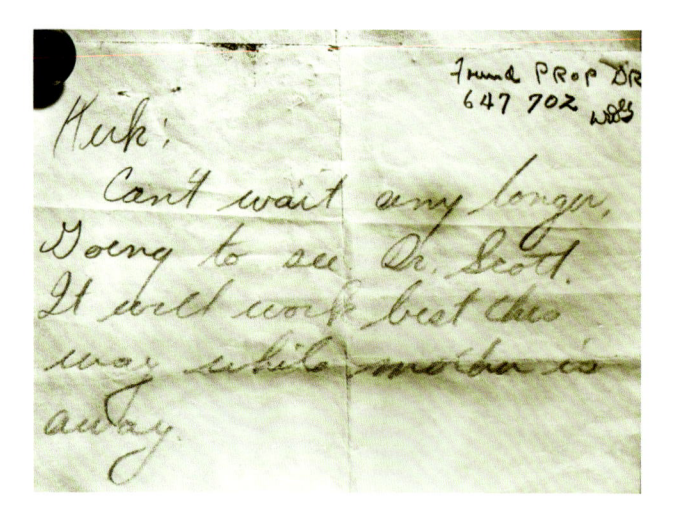

PUZZLETEIL Teil des Briefs, der in Jean Spanglers Handtasche gefunden wurde, mit Hinweisen auf »Kirk« und »Dr. Scott«. Wer waren diese beiden, und was wussten sie über Jeans Schicksal?

machte zu dieser Zeit einen Besuch in Kentucky. Aber wer war Kirk? Und wer war Dr. Scott? Waren sie beide in irgendeiner Weise verantwortlich für Jeans Verschwinden?

Inzwischen hatte die Presse Wind von der Geschichte bekommen, und die geheimnisvolle Botschaft war auf allen Titelseiten zu sehen. Dort mag sie auch der berühmte Schauspieler Kirk Douglas gesehen haben, der wenig später für seine Rolle in Champion für den Oscar nominiert werden sollte. Jean hatte in einem seiner letzten Filme als Statistin mitgewirkt. Er kontaktierte sofort die Polizei, um auszusagen, dass er sie nur flüchtig gekannt hatte und sicher nicht der Kirk war, auf den sich der Brief bezog. Natürlich hatte die Polizei ihn bereits im Auge gehabt, aber die Sache wurde schnell beigelegt.

Versuche, den wirklichen Kirk und den mysteriösen Dr. Scott zu finden, verliefen im Sande. Jean Spangler hatte sich eine Weile mit einem gewissen »Scotty« getroffen, der bei der Luftwaffe arbeitete. Er hatte sie geschlagen und bedroht, als die Beziehung endete. Aber das war nur eine sehr vage Verbindung. Auch in den Bars am Sunset Strip, in denen Jean verkehrte, war von einem schattenhaften »Doc« die Rede, der angeblich illegale Abtreibungen durchführte. Und es hatte zum Zeitpunkt ihres Verschwindens Gerüchte gegeben, Jean sei schwanger.

Selbst von allzu engen Kontakten mit dem berüchtigten Gangster Mickey Cohen war die Rede. Die Kontaktleute verschwanden wenige Tage nach Jean, sie wurden vermutlich ermordet. Auch diese Verbindung ließ sich nicht nachvollziehen. In der Folgezeit gab es immer wieder Meldungen über angebliche Sichtungen von Jean und einem der beiden Verbrecher, Little Davy Ogul, an Orten wie Kalifornien, Arizona und New Mexico. Aber keine dieser Angaben ließ sich je bestätigen.

Die Akte Jean Spangler wurde nie abgeschlossen. Gerade weil Hollywood-Hoffnungen, Filmstars, Gangster, zwei zornige Exmänner und ein angeblicher Engelmacher damit in Verbindung gebracht wurden, hat der Fall die Öffentlichkeit lange beschäftigt. Doch diejenigen, die die Antwort kennen, sind wohl leider längst nicht mehr am Leben.

31 Ambrose Bierce

DAS RÄTSEL Was geschah mit dem angesehenen amerikanischen Autor und Journalisten?
WANN ES GESCHAH 1914

Ambrose Bierce war Militär, Abenteurer und Autor. Ende 1913, im Alter um die 70 Jahre, reiste er in das vom Bürgerkrieg zerrissene Mexiko. Sein letzter Brief schließt mit der Zeile: »Was mich betrifft, so breche ich morgen mit unbekanntem Ziel auf ...« Er wurde nie wieder gesehen, und sein Verschwinden ist eines der größten Geheimnisse der amerikanischen Literatur.

Ambrose Bierce wurde 1842 in Ohio geboren. Im Bürgerkrieg kämpfte er auf Seiten der Union und wurde sogar in den Zeitungen erwähnt, weil er 1861 in der Schlacht von Rich Mountain unter Beschuss einen Kameraden rettete.

In seiner späteren Karriere als Autor spezialisierte er sich auf beißende Satire und Kurzgeschichten. Seine Texte waren düster, oft voller Schrecken. Seine wohl berühmtesten Werke waren *Des Teufels Wörterbuch* und die Bürgerkriegsgeschichte *Zwischenfall auf der Eulenfluss-Brücke*. In seinem Privatleben gab es einige Tragödien, zwei seiner drei Kinder starben früh, sein erster Sohn beging als Teenager Selbstmord und der zweite starb an Lungenentzündung. Seine Frau starb 1905, wenige Monate nach der Scheidung.

Im Oktober 1913 machte sich der verbitterte und alkoholabhängige Bierce auf, um einige Schauplätze des Bürgerkriegs wiederzusehen, darunter Louisiana und Texas. Dann reiste er nach Mexiko, in dem damals seit drei Jahren ein brutaler Bürgerkrieg tobte. Von da an lässt sich sein Weg kaum noch nachverfolgen. Weihnachten 1913 soll er einen Brief an eine seiner engsten Freundinnen geschrieben haben, Blanche Partington. Darin war von dem »unbekannten Ziel« die Rede.

Leider wissen wir zwar ziemlich sicher, dass er diesen Brief geschrieben hat, aber der Brief selbst ist nicht erhalten. So gibt es einige Spekulationen über diesen Teil der Geschichte. Aber wie auch immer: Danach verschwand Bierce spurlos. Was geschah mit ihm in Mexiko?

Eine Geschichte will wissen, dass er sich dem berühmten Revolutionsgeneral Pancho Villa anschloss und mit dessen Truppen nach Chihuahua ging. Von dort sei auch der Brief an Blanche Partington abgeschickt worden. Einige sagen, er sei danach in den Wirren des Bürgerkriegs verschwunden und möglicherweise während einer Belagerung Anfang 1914 umgekommen. Nach mindestens einer Quelle wurde er 1914 von Bundestruppen getötet, als sie von seiner Verbindung zu Villa erfuhren.

IM KAMPF VERSCHOLLEN?
Großes Bild: Truppen der mexikanischen Revolution auf einer Lokomotive.
Kleines Bild: Ambrose Bierce war ein großer Geschichtenerzähler. Fiel er dem mexikanischen General Pancho Villa zum Opfer?

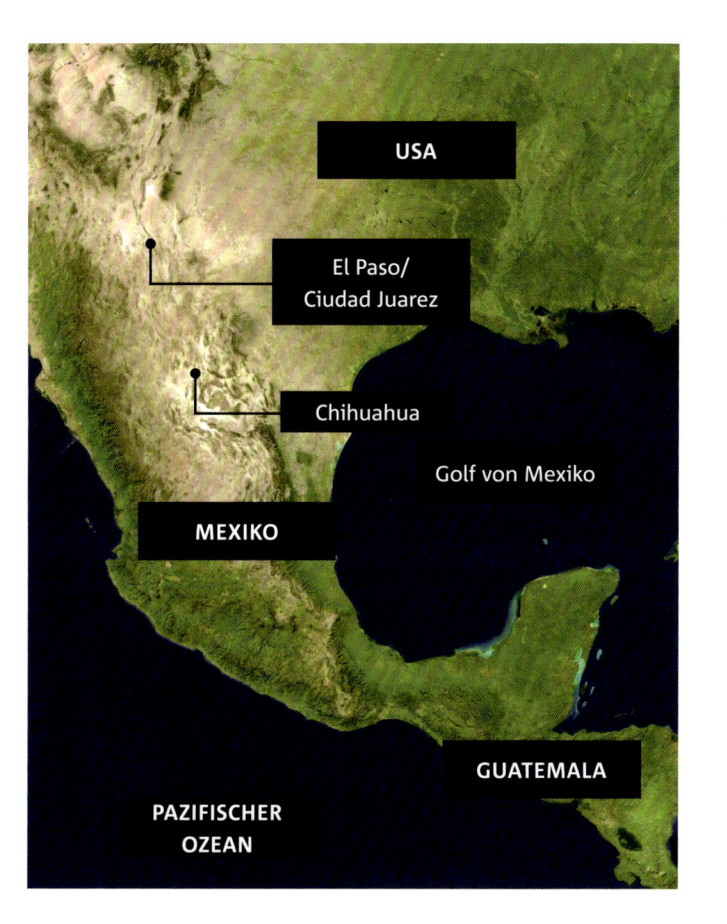

LETZTE REISE Bierce' Briefe und Untersuchungen nach seinem Verschwinden bestätigen, dass er die Grenze nach Mexiko von Texas aus überquerte. Von Ciudad Juarez reiste er mit Pancho Villas Revolutionsarmee bis nach Chihuahua.

Andere sagen, Villa selbst habe Bierce hinrichten lassen, weil dieser ihn zu heftig kritisierte. Diese Spur verfolgte auch Adolph Danziger de Castro, Autor einer obskuren Biografie von Bierce. Er behauptete, Villa getroffen und darüber mit ihm gesprochen zu haben. Bierce habe im Tequila-Rausch immer wieder zu wilden Tiraden angesetzt. »Ich kannte ihn«, habe Villa gesagt. »Er lebt nicht mehr.« Leider weiß man wenig über de Castro und die Vertrauenswürdigkeit seines Berichts.

Einige abweichende Stimmen bezweifeln, dass Bierce jemals den Rio Grande überquerte. Seine angebliche Reise nach Mexiko habe nie stattgefunden. Stattdessen habe er in einem Obdachlosenasyl in Kalifornien gelebt, um in der Nähe seiner Sekretärin und Geliebten sein zu können. Und noch verrücktere Theorien glauben, er habe als Spion internationale Intrigen gegen den Panamakanal beobachtet oder sich dem berühmten britischen Abenteurer F. A. Mitchell-Hedges angeschlossen. Die beiden, so heißt es, hätten in Mexiko Maya-Schätze gesammelt. Einige Versionen der Geschichte gehen davon aus, dass Bierce von Einheimischen als Geisel gehalten worden und als Gott verehrt worden sei.

Eine offizielle Untersuchung der US-Behörden auf Druck von Bierce' Tochter ergab nichts. Vielleicht hat Bierce angesichts seines Alters und der vielen Unglücke in seinem Leben Selbstmord begangen. Immer wieder hatte er erklärt, er halte den Freitod für einen edlen Akt. Sein Tod lenkte die Aufmerksamkeit wieder auf sein Werk und sicherte ein Erbe, auf das er gewiss stolz gewesen wäre. Eine faire Belohnung für die Konstruktion eines großen Geheimnisses um seinen Tod.

32 Buster Crabb – verschollen

DAS RÄTSEL Warum verschwand der britische Taucher?
WANN ES GESCHAH 19. April 1956

Lionel »Buster« Crabb war ein Marinetaucher, der sich die Sporen im Zweiten Weltkrieg verdient hatte und danach für den britischen Geheimdienst arbeitete. 1956 wurde er mit einer Geheimmission betraut, um ein sowjetisches Schiff zu untersuchen, das in Portsmouth lag. Er tauchte nie wieder auf. Noch Jahrzehnte später wird darüber spekuliert, was mit ihm passierte.

1909 geboren, schloss sich Crabb während des Zweiten Weltkriegs als Taucher der britischen Marine an. Er war zunächst in Gibraltar als Minen- und Bombensucher tätig, später in Italien. Für seine Tapferkeit im Krieg wurde er mehrfach ausgezeichnet. 1947 verließ er die Marine zum ersten Mal, um als Ziviltaucher zu arbeiten, schloss sich aber in den frühen 50er Jahren wieder den Streitkräften an. 1955 trat er endgültig aus. Wenig später ging er zum MI6, dem britischen Außen-Geheimdienst.

Im April 1956 kamen der sowjetische Staats- und Parteichef Nikita Chruschtschow und sein Premierminister Nikolai Bulganin in einer diplomatischen Mission nach Großbritannien. Sie reisten mit dem Panzerkreuzer *Ordschonikidse*, der an der Südküste Englands, in Portsmouth vor Anker ging. Die Briten wollten mehr über dieses Schiff wissen, weil es einen neuen Antrieb besaß, und Crabb wurde darauf angesetzt, es zu untersuchen. Am 17. April mietete er sich im Sally Port Hotel in Portsmouth ein, gemeinsam mit einem Kollegen, der sich unter dem falschen Namen Matthew Smith ins Gästebuch einschrieb. Am 19. April fuhr Crabb zum Hafen und machte seinen Tauchgang. Er wurde nie wieder gesehen. Zehn Tage später wurde er von der Admiralität als verschollen, vermutlich tot erklärt. Es hieß, er habe neue Unterwasserausrüstungen getestet, weit entfernt von dem sowjetischen Schiff, als das Unglück passierte. Mit dieser Fehlinformation sollten diplomatische Verwicklungen vermieden werden, denn Downing Street hoffte in der Nach-Stalin-Ära auf eine Verbesserung der Beziehungen zur Sowjetunion.

Aber was war passiert? Hatte es einen schrecklichen Unfall gegeben oder war Crabb umgebracht worden? Hatten ihn die Sowjets entführt oder war er übergelaufen? Crabb rauchte und trank, er war 1956 nicht mehr in Topform. Vielleicht war er den Strapazen der Mission nicht gewachsen oder seine Ausrüstung versagte. Ein Jahr später wurde ein Stück die Küste hinauf nahe Chichester in Sussex eine Leiche in Taucherausrüstung angeschwemmt. Da Kopf und Hände fehlten, was bei Wasserleichen häufig der Fall ist, konnte der Leichnam von Crabbs Exfrau und seiner letzten Freundin nicht identifiziert werden. Aber es gab einige Hinweise darauf, dass es sich

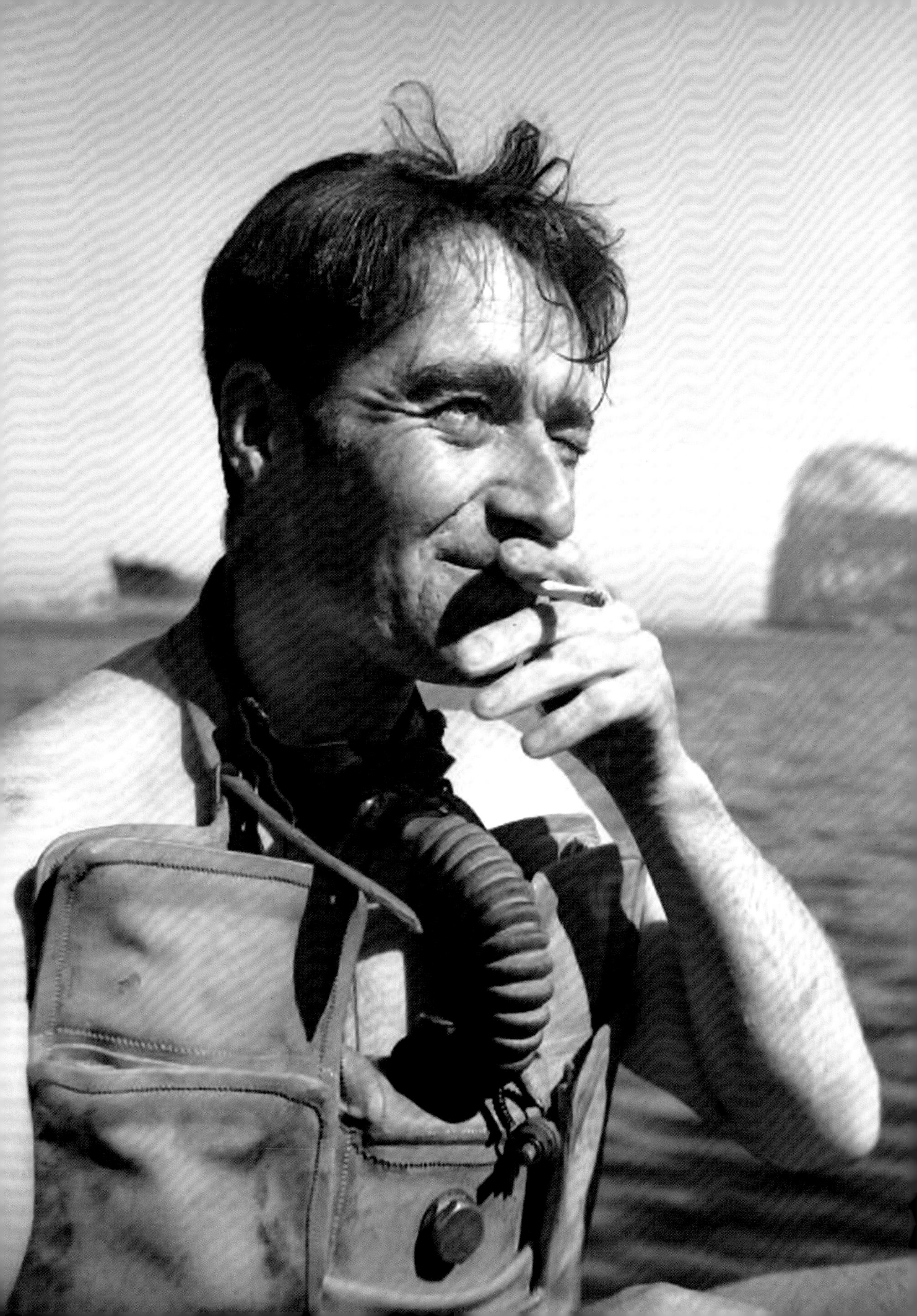

VERSCHWÖRUNG IM KALTEN KRIEG Der sowjetische Panzerkreuzer Ordschonikidse. Während einer Untersuchung dieses Schiffs in britischen Gewässern verschwand der Taucher Crabb.

tatsächlich um Crabb handelte. Offiziell wurde der Fall damit zu den Akten gelegt, auch wenn es einige Zweifel gab.

Unterlagen, die 2007 freigegeben wurden, zeigen, dass Crabb nicht allein tauchte. Wenn die Unfalltheorie zutrifft, hat sein Kollege nicht bemerkt, dass er in Schwierigkeiten geriet, oder konnte ihm nicht helfen. Manche vermuten sogar, gerade dieser Kollege habe Crabb umgebracht. Eine Theorie besagt, Crabb wollte zu den Russen überlaufen und der MI5 habe aus Angst vor der Peinlichkeit eines solchen Vorfalls dafür gesorgt, dass er verschwand. Diejenigen, die Crabb kannten, bestritten jedoch jede Vorstellung, er habe sich der »dunklen Seite« anschließen wollen. Doch so etwas soll schon vorgekommen sein.

Oder haben ihn die Russen doch umgebracht? Jahre später behauptete ein sowjetischer Taucher, er habe Crabb beim Anbringen einer Mine an dem Schiff ertappt und ihm die Kehle durchgeschnitten. Aber diese Version ist höchst unwahrscheinlich, denn die britischen Behörden hätten eine diplomatische Mission sicher nicht auf so ungeschickte Weise ins Straucheln gebracht. Möglicherweise wurde Crabb beobachtet und gefangen genommen. Möglicherweise wurde er nach Moskau gebracht und dazu gezwungen an sowjetischen Unterwasseroperationen teilzunehmen. Oder die ganze Geschichte wurde überhaupt vom MI6 inszeniert, damit Crabb gefangen genommen wurde und fortan als Doppelagent arbeiten konnte.

Es bleibt unklar, ob der britische Geheimdienst vom Schicksal des Mannes wusste. Jedenfalls sorgte man dafür, dass die Details geheim blieben. Tatsächlich führte die Episode zum Bruch zwischen dem Geheimdienst und Premierminister Anthony Eden, der das Gefühl haben musste, der Geheimdienst gerate außer Kontrolle.

33 Die Prinzen im Tower

DAS RÄTSEL Was geschah mit den Söhnen Edwards IV.?
WANN ES GESCHAH 1483

Als der englische König Edward IV. im April 1483 starb, war sein Sohn und Erbe Edward erst zwölf Jahre alt. Der zweite Sohn, Richard, Duke of York, war neun. Der Bruder des Königs, Richard, Duke of Gloucester, füllte das Machtvakuum. Seine Neffen wurden im Tower von London festgehalten, aber am Ende des Sommers verschwanden sie spurlos. Bis heute kennt niemand die Wahrheit über ihr Schicksal.

Gloucester erhob Anspruch auf den Thron, indem er behauptete, die beiden kleinen Prinzen seien unehelich geboren. Tatsächlich war die Ehe seines Bruders mit ihrer Mutter, Elizabeth Woodville, illegal, weil Edward IV. bereits einer anderen versprochen war. So wurde Gloucester im Juli 1483 als Richard III. gekrönt. Während der nächsten Monate sah man Edwards Söhne hier und da auf dem Gelände des Towers spielen, aber am Ende des Sommers wurden sie nicht mehr gesehen.

Wenig später kamen erste Gerüchte auf, sie seien ermordet worden. Richard galt als Hauptverdächtiger, denn wer auch immer einen Aufstand gegen ihn plante, würde sich sicher der beiden Jungen bedienen. Thomas Morus, Kanzler von Heinrich VIII., war von Richards Schuld überzeugt und behauptete 30 Jahre später, Richard habe seinen Getreuen Sir James Tyrrell mit der Tat beauftragt. Morus zufolge heuerte Tyrrell zwei Mörder an, die die Jungen in ihren Betten erschlugen.

Richard hatte die Gelegenheit und ein Motiv zu der Tat. Aber es gibt viele Historiker, die seine Schuld bezweifeln. Warum hätte Elizabeth Woodville Frieden mit Richard geschlossen, wenn sie wirklich glaubte, er habe ihre geliebten Söhne ermordet? Vielleicht war sie einfach nur pragmatisch und wollte die Zukunft ihrer übrigen Kinder sichern, indem sie sich Richard anschloss. Aber ist das wirklich vorstellbar?

Weiterhin gibt es keinen wirklichen Beweis für den Mord an den beiden Jungen. Es gab keine Leichen, niemand wurde auf frischer Tat ertappt. Richards Leben wurde danach sicher leichter, aber der Mord an zwei Königssöhnen ist eine riskante Sache. Vielleicht ließ er die Jungen am Leben, sorgte aber dafür, dass niemand sie sah. Vielleicht schickte er sie ins französische Exil, wo sie unter falschem Namen aufwuchsen.

Oder vielleicht starb der Kronprinz Edward in Wirklichkeit an einer Krankheit. Wir wissen, dass regelmäßig ein Arzt im Tower war. Starb Edward, während sein jüngerer Bruder überlebte? Wussten einflussreiche Kräfte, dass der neue König kein Kindermörder war? Das würde die Einigung zwischen Elizabeth Woodville und Richard

LEICHTES ZIEL? Richard III. hat einen schlechten Ruf und wird immer noch als Mörder der kleinen Prinzen beschuldigt. Er hatte ein Motiv, aber vielleicht war er auch das Opfer einer großen Intrige.

TOWER DES VERDERBENS Der Tower von London wurde von Wilhelm dem Eroberer im 11. Jahrhundert erbaut. In seiner langen, düsteren Geschichte ist nichts so mysteriös wie das Schicksal der beiden kleinen Prinzen.

erklären, und es wäre auch eine Erklärung dafür, dass Richard die Jungen nicht einfach zeigte, um den Verdacht zu zerstreuen. Abgesehen davon profitierte er ja davon, dass seine Thronrivalen nicht mehr existierten.

Doch selbst wenn wir davon ausgehen, dass die beiden Jungen ermordet wurden, ist Richard bei Weitem nicht der einzige mit einem Motiv. Richards großer Rivale und späterer Nachfolger auf dem Thron, Heinrich VII., wusste, dass die Prinzen seinen Anspruch ebenso bedrohten wie den ihres Onkels. Die Situation wurde noch komplizierter, als Heinrich ihre älteste Schwester heiratete, Elizabeth von York, um seinen Anspruch zu untermauern. Dazu musste er das Gesetz aufheben, das die beiden Prinzen für illegitim erklärte. Und dadurch wurde die Bedrohung noch größer – falls sie noch lebten. In dieser Zeit wurden Menschen wegen geringerer Dinge ermordet. Heinrich enteignete später seine Schwiegermutter Elizabeth Woodville – kam es zum Bruch, weil sie erfuhr, was er getan hatte?

Eine weitere Verdächtige ist Heinrichs Mutter Margaret Beaufort. Die Verdachtsmomente gegen sie sind gering, aber sie war als rücksichtslos bekannt, wenn es um die Interessen ihres Sohnes ging. Andere Beobachter deuten auf den Duke of Buckingham, einen ehemaligen engen Verbündeten von Richard III. Er wurde im November 1483 hingerichtet. Buckingham war für die Beaufsichtigung der Prinzen verantwortlich – hatte er seinen Dienst vernachlässigt und damit einen Streit mit seinem alten Freund ausgelöst? Oder war er schockiert, als er erfuhr, dass Richard die Jungen hatte töten lassen?

Richards Rolle in Bezug auf die beiden kleinen Prinzen verdient einen zweiten Blick. Man kann ihm den Mord nicht einfach anlasten, aus zwei Gründen: Zum einen wissen wir nicht, ob überhaupt ein Mord geschah. Zum anderen gibt es weitere Verdächtige. Kühle historische Analyse zeigt, wie viele rücksichtslose politische Kräfte zu dieser Zeit am Werk waren.

34 Die MV Joyita

DAS RÄTSEL Warum verließen Mannschaft und Passagiere ein »unsinkbares« Schiff?
WANN ES GESCHAH Oktober/November 1955

Am 10. November 1955 wurde das Handelsschiff *Joyita* verlassen im Südpazifik aufgefunden. Es wurde seit Wochen vermisst, aber obwohl es schwer beschädigt und teilweise unter Wasser war, trieb es immer noch ganz gut dahin. Allerdings fehlten 4 Tonnen Ladung und die gesamte Besatzung. Passagiere und Mannschaft blieben verschollen. Was hat sie dazu veranlasst, das Schiff zu verlassen, bevor Hilfe kam?

Die MV *Joyita* wurde 1931 als 21,3-Meter-Yacht für einen Filmregisseur gebaut, der sie nach seiner Frau benannte. Der Name bedeutet auf Spanisch »kleines Juwel«. Im Zweiten Weltkrieg wurde das Schiff von der US-Marine beansprucht, während es in Pearl Harbor lag, und als Patrouillenboot um Hawaii genutzt.

Nach dem Krieg kehrte die *Joyita* ins Zivilleben zurück. In den 50er Jahren wurde sie als Charterboot und leichtes Frachtschiff genutzt. Zu ihrer Schicksalsfahrt brach sie am frühen Morgen des 3. Oktober 1955 auf, Kapitän war »Dusty« Miller. Von Samoas Hauptstadt Apia ging es zu den Tokelau-Inseln, etwa 480 Kilometer entfernt. Die *Joyita* hatte eine 16-köpfige Besatzung und neun Passagiere an Bord, darunter zwei Kinder. Sie hatte medizinische Güter, Lebensmittel, Holz und leere Ölfässer geladen, und man ging davon aus, dass sie ihr Ziel in einigen Tagen erreichen würde. Dort würde sie Copra laden und zurückfahren.

Nach drei Tagen wurde die *Joyita* als vermisst gemeldet, obwohl kein Notruf empfangen worden war. Nach sechs Tagen durchsuchte eine Rettungsmannschaft 260.000 Quadratkilometer Ozeangebiet, aber vergeblich. Fast einen Monat, nachdem man das Schiff verloren gegeben hatte, entdeckte ein Handelsschiff die *Joyita*, die unbemannt etwa 1000 Kilometer von ihrer geplanten Route dahintrieb. Sie hatte schwere Schlagseite und war beschädigt, aber der Rumpf war heil. Da das Schiff mit Kork ausgekleidet war und die leeren Ölfässer für Auftrieb sorgten, bestand keine Gefahr, dass es sinken würde.

Aber tatsächlich fehlten nicht nur die Passagiere und die Besatzung, sondern auch die vier Rettungsboote und Rettungsflöße, ebenso das Logbuch, ein Großteil der Navigationsinstrumente und einige Waffen, die Kapitän Miller bei sich gehabt hatte. Die Uhren an Bord waren um 10.25 stehen geblieben, die Lichter waren an, sodass man vermuten musste, was auch immer dem Schiff passiert war, sei in der Nacht geschehen. Eine nachfolgende Untersuchung konnte nicht klären, warum alle

RÄTSELHAFTES VERSCHWINDEN

HALB GESUNKEN Die MV *Joyita*, halb unter Wasser und mit Schlagseite, wurde an Land geschleppt, nachdem man sie verlassen treibend im Südpazifik gefunden hatte.

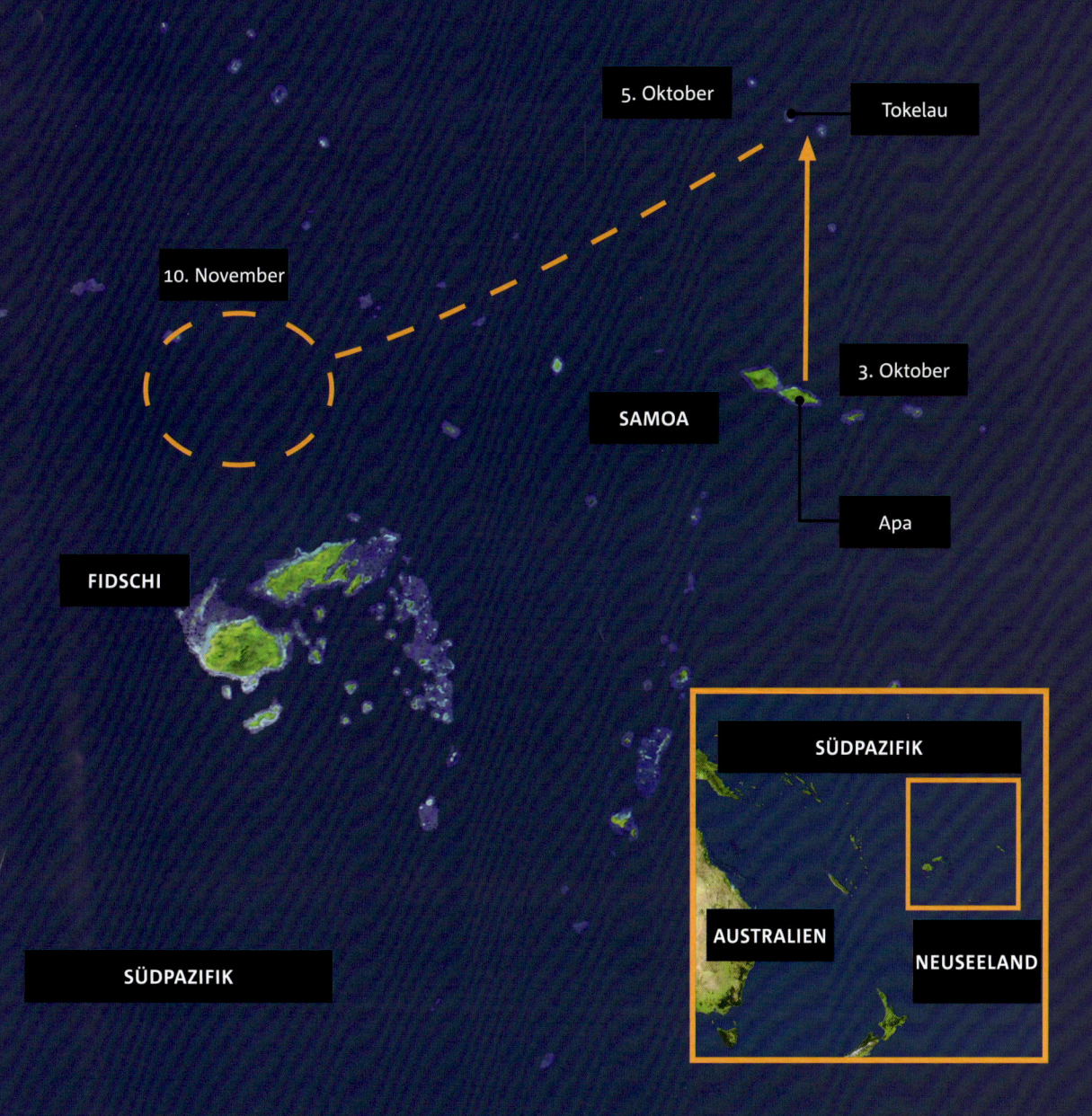

5. Oktober
Tokelau

10. November

3. Oktober

SAMOA

Apa

FIDSCHI

SÜDPAZIFIK

SÜDPAZIFIK

AUSTRALIEN

NEUSEELAND

KLAR SCHIFF Ein Foto vom Ruderhaus der *Joyita* während ihrer Zeit im Dienst der Marine. Später wurde sie von Kapitän »Dusty« Miller gekauft.

sen, das den anderen an Bord zu sagen? Einige blutige Verbände wurden auf dem Schiff gefunden, und sofort kam der Verdacht auf, dem Kapitän sei etwas zugestoßen. Hatte es eine Meuterei gegeben? Miller hatte Geldsorgen, vielleicht hatte er weiterfahren wollen, während seine Mannschaft der Ansicht war, man solle zurückfahren oder das Schiff erst reparieren. Es war auch bekannt, dass Miller mit seinem ersten Maat, Chuck Simpson, nicht gut zurechtkam. Hatte es eine Schlägerei gegeben, war einer der beiden über Bord gegangen oder verletzt worden? War niemand mehr an Bord gewesen, der für Ruhe sorgen konnte, als das Schiff leckte?

Auch von dunklen Mächten war die Rede. Einige der wilderen Erklärungen müssen wohl vor dem Hintergrund des Kalten Krieges gesehen werden. Man sprach von japanischen Fischern, die von der *Joyita* bei illegalen Aktionen beobachtet worden waren. Selbst der normalerweise zurückhaltende Daily Telegraph hielt die Japaner, diesmal übrig gebliebene Soldaten, für verantwortlich. Es wurde auch vermutet, ein sowjetisches U-Boot hätte die Besatzung und die Passagiere der *Joyita* entführt. Wahrscheinlicher ist die Annahme, es hätte einen Piratenangriff gegeben. Das würde erklären, dass ein Teil der Ladung und sämtliche Menschen fehlten.

Das Schiff wurde gerettet, lief jedoch noch zwei Mal auf Grund, bevor das Jahrzehnt endete. Schließlich gaben die Besitzer die *Joyita* auf, und damit endet die Geschichte dieses traurigen kleinen Schiffs. Es scheint, als wäre 1955 ein großer Fehler passiert, den mehr als zwei Dutzend Menschen mit ihrem Leben bezahlten. Aber wer diesen Fehler begangen hat, ist bis heute genauso unklar wie damals.

Menschen ihr Leben den unsicheren Flößen und Booten anvertraut hatten, während die *Joyita* ein viel sichererer Ort gewesen war. Der Exodus war, so ein offizieller Bericht, absolut unerklärlich.

Sofort begannen die Spekulationen. Es befand sich Wasser im Schiff, weil Leitungen gerissen waren und die Bilgenpumpe nicht funktionierte, aber Miller war erfahren genug, um zu wissen, dass man das Schiff deshalb nicht aufgeben musste. War er also womöglich nicht in der Lage gewe-

35 Das verschwundene Gold der Nazis

DAS RÄTSEL Was passierte mit den Schätzen aus Beutegold, die Hitlers Regime in den letzten Monaten des Zweiten Weltkriegs versteckte?
WANN ES GESCHAH 1940er Jahre

Der Zweite Weltkrieg war nicht nur brutal und voller Elend, er war auch ungemein kostspielig. Um ihre Kriegsmaschinerie zu finanzieren, häuften die Nazis riesige Goldreserven an, aber angesichts der bevorstehenden Niederlage 1945 versteckten sie große Teile davon. Einiges verschwand mit hochrangigen Einzelpersonen ins Ausland, aber ein erheblicher Teil wurde offiziell versteckt. In den Jahren nach 1945 haben zahllose Schatzsucher dem verlorenen Gold nachgespürt.

Während der späten 30er Jahre hatte die Wiederbewaffnung Deutschlands Goldreserven erheblich dezimiert. Zu Beginn des Zweiten Weltkrieges jedoch hatten die Nazis Gelegenheit, sich durch besonders üble Machenschaften mit neuen Reserven zu versorgen. Die Staatsgelder der besiegten Länder wurden geplündert, und vor allem die Vernichtungslager wurden zu einer verbrecherischen Einkommensquelle. Die unglücklichen Opfer wurden all ihrer Wertgegenstände beraubt, vom Trauring bis zu Uhren und Goldzähnen.

Es ist unmöglich, genaue Summen zu nennen, aber die Goldvorräte der Nazis beliefen sich mit Sicherheit auf Hunderte Tonnen. Einiges wurde direkt für Munition und andere Vorräte benutzt, das meiste jedoch wurde im europäischen Bankensystem gewaschen und in Fremdwährungen eingetauscht. Der größte Teil dieser Transaktionen wurde in der Schweiz abgewickelt. So geht man davon aus, dass etwa 100 Tonnen Goldbarren auf Schweizer Banken transferiert wurden. Nur 4 Tonnen kamen nach Kriegsende zurück.

Über die Jahre hat es immer wieder gerichtliche Versuche gegeben, die Banken zur Herausgabe des gestohlenen Goldes zu zwingen, aber die Erfolge waren bescheiden. Das Ausmaß, in dem sonst so respektable Banken an der düsteren Welt der Geldwäsche beteiligt waren, wurde in den 1990er Jahren offenbar, als ein Bericht des US-Finanzdirektors Emerson Bigelow aus dem Jahr 1946 veröffentlicht wurde. Bigelow schloss, dass auch die Vatikan-Bank große Mengen Nazigold aufbewahrt hatte. Bis heute streitet die Bank das ab.

Selbstverständlich ist es heute kaum noch möglich, das Nazigold aufzuspüren. Der durchschnittliche Schatzsucher muss sich also darauf verlassen, dass die Nazis einen Teil ihrer Beute nicht auf Bankkonten, sondern physisch an möglichst unzugänglichen Orten versteckten. Wir wissen beispielsweise, dass große Mengen Güter in aufgegebenen Bergwerken versteckt wurden, so in dem Merker-Salzbergwerk, wo US-Truppen auf ihrem Vormarsch 1945 ein Goldversteck fanden. Es gibt Gerüchte, dass auch im Leinawald bei Leipzig ein sol-

INSPEKTION General Dwight D. Eisenhower, Oberster Kommandant der alliierten Truppen und späterer US-Präsident, untersucht einen Koffer mit Nazigold aus einem Salzbergwerk in Thüringen.

GELDSEGEN Eine Expedition im Jahr 1959 förderte keine Goldbarren aus dem Toplitzsee zutage, sondern Kisten mit Dokumenten und Falschgeld, mit dem die britische Wirtschaft geschwächt werden sollte.

cher Schatz versteckt wurde, aber offizielle Versuche, ihn zu finden, mussten in den frühen 60er Jahren wegen der giftigen Dämpfe aus nahe gelegenen Bergwerken aufgegeben werden.

Viele glauben auch, dass führende deutsche Beamte Gold in einigen Seen in Deutschland und Österreich verstecken ließen. Die Einzelheiten gingen mit dem Tod der Männer verloren, aber man vermutet, dass Hermann Göring eine Ladung Gold im Stolpsee nördlich von Berlin versenken ließ. Die Arbeit wurde von KZ-Häftlingen erledigt, die danach am Ufer des Sees erschossen wurden, um das Geheimnis zu bewahren.

Auch im Toplitzsee im österreichischen Salzkammergut wurden wohl Milliardenwerte versenkt. Zeugen von damals behaupteten, sie hätten SS-Männer dabei beobachtet, wie sie Metallbehälter im eisigen Wasser versenkten. Zahllose Expeditionen wurden durchgeführt, um die Beute zu finden, aber der Toplitzsee ist 90 Meter tief und voll mit versunkenen Baumstämmen, die das Tauchen sehr gefährlich machen. Tatsächlich kamen schon mehrere Schatzsucher ums Leben. 1959 fand ein Team der Zeitschrift *Stern* zwar kein Gold, aber mehrere Kisten mit Geheimdokumenten und Falschgeld sowie eine Druckerpresse. Heute ist die Schatzsuche im Toplitzsee streng verboten, aber es gibt jedes Jahr einige Versuche.

Hier und da wurden Nazi-Schätze gefunden, und es wird wohl noch weitere derartige Funde geben. Aber es ist schon erstaunlich, wie effektiv die Nazi-Behörden waren, wenn es um das Verstecken ihrer Beute ging. Noch heute wird danach gesucht, aber viele hoffen wohl auch, dass das Nazi-Gold mit all den Schrecken, die damit verbunden sind, in Frieden ruht und nie wieder auftaucht.

36 Glenn Miller

> **DAS RÄTSEL** Wie kam der berühmte Bandleader auf dem Flug über den Ärmelkanal ums Leben?
> **WANN ES GESCHAH** 15. Dezember 1944

Der 40-jährige Glenn Miller leitete die beliebteste Big Band seiner Zeit, als er im Jahr 1944 verschwand. Mit Hits wie »In the Mood« hatte er während des Zweiten Weltkriegs die alliierten Truppen moralisch unterstützt und immer wieder Frontkonzerte gegeben. Sein Verschwinden auf dem Weg zu einem Konzert in Frankreich gab Anlass zu vielen Verschwörungstheorien.

Am 15. Dezember, einem sehr kalten, nebligen Tag, flog Miller mit einer Nooduyn »Norseman« C 64 von England nach Paris. Nach offizieller Lesart bekam das Flugzeug über dem Ärmelkanal Schwierigkeiten, möglicherweise durch einen Motorschaden oder Eis auf den Tragflächen. Jedenfalls stürzte es ins Meer, alle Insassen kamen ums Leben.

Doch weder das Wrack noch die Leichen wurden jemals gefunden. Glenn Millers Bruder Herb behauptete in den 80er Jahren, Glenn hätte Lungenkrebs gehabt und sei ein paar Tage nach der Landung in Frankreich in einem Lazarett gestorben. Die Geschichte vom Flugzeugabsturz sei erfunden worden, um Glenns Wunsch zu erfüllen, er möge »als Held sterben und nicht in einem elenden Krankenbett«. Aber trotz der Herkunft dieses Gerüchts gibt es kaum Beweise. Eine andere Hypothese lautet, Miller sei in eine Spionageaffäre verwickelt gewesen, möglicherweise gemeinsam mit dem großen britischen Schauspieler David Niven. Aber auch dies wird von vielen Kommentatoren stark bezweifelt.

Auf breiten Zweifel stieß auch die Theorie, Miller sei sicher in Frankreich gelandet, dann aber in einer peinlichen Situation gestorben, nämlich in den Armen einer Prostituierten. Um der Moral der Truppe nicht zu schaden, sei die Geschichte vom Flugzeugabsturz erfunden worden. Glaubhafter ist da schon die Idee, die Norseman sei unabsichtlich von den eigenen Leuten abgeschossen worden. Es gibt Hinweise auf eine Einheit britischer Lancaster-Bomber, die ihre Ladung aus Sicherheitsgründen über dem Kanal abwarf, nachdem ein Bombenangriff auf Deutschland abgebrochen worden war. Es gibt sogar Berichte von Augenzeugen, die einen Flugzeugabsturz dabei beobachtet haben wollen. Aber mehrere Forscher behaupten, es sei höchst unwahrscheinlich, dass die Norseman zur Zeit des Abwurfs in der Nähe war.

Natürlich glauben auch viele an die offizielle Version. Aber da weder das Flugzeugwrack noch seine Leiche jemals gefunden wurde, bleibt die Frage nach dem Tod des »King of Swing« wohl für immer offen.

SUPERSTAR! Glenn Miller wirkte immer wie der gut aussehende Nachbarjunge, und er war ein brillanter Dirigent. Beides zusammengenommen machte ihn zu einem Superstar der amerikanischen Musikszene in den 40er Jahren. Sein Tod war für die ganze Nation ein Schock.

FLUG OHNE WIEDERKEHR Miller flog mit einer Noorduyn »Norseman« C-64 wie dieser über den Ärmelkanal. Wurde er von den eigenen Leuten abgeschossen?

37 Louis Le Prince

DAS RÄTSEL Starb einer der großen Erfinder des Kinos für seine Kunst?
WANN ES GESCHAH 16. September 1890

Louis Le Prince ist einer der vergessenen Großen aus der Frühzeit des Kinos, aber für einige ist er ganz klar der »Vater der Kinematografie«. 1890 verschwand er in seinem Geburtsland Frankreich, kurz bevor er in die USA reisen sollte, um seine große Erfindung dort vorzuführen. Was ihm passierte, ist bis heute ein Rätsel, aber die Sache stinkt gewaltig.

1886 bekam Le Prince Arbeit im englischen Leeds, wo er heiratete, bevor er nach New York zog. Dort arbeitete er an der Entwicklung eines Apparats für bewegte Bilder. 1888 hatte er eine funktionsfähige Ein-Linsen-Kamera entwickelt, mit der er rund um Leeds Aufnahmen machte. Angeblich wurde hier das Kino geboren. Ende 1890 sollte der Film in New York vorgeführt werden, vier Jahre vor der Eröffnung des ersten Kinos durch Thomas Edison.

Im September 1890 befand sich Le Prince in Frankreich und sollte mit dem Zug von Dijon nach Paris fahren. Sein Bruder brachte ihn zum Bahnhof, aber als der Zug in Paris ankam, waren Le Prince und sein Gepäck verschwunden. Hatte er, wie einige vermuteten, den »perfekten Selbstmord« begangen, weil er schwere Geldsorgen hatte? Das ist unwahrscheinlich, denn der bevorstehende Durchbruch hätte ihm ein Vermögen eingebracht. Eine andere Theorie besagt, er hätte in Chicago ein neues Leben angefangen, nachdem seine Familie erfahren hatte, dass er homosexuell war. Aber auch dafür gibt es kaum Beweise.

Oder könnte sein Bruder, der letzte, der ihn lebend sah, ihm aus unklaren persönlichen oder finanziellen Gründen etwas angetan haben? Vielleicht die verführerischste Annahme besagt jedoch, das Le Prince ermordet wurde, damit er seine kinematografische Ausrüstung nicht zum Patent anmelden konnte.

Man weiß, dass er in Großbritannien ein Patent anmelden und wenig später nach New York reisen wollte. Man weiß auch, dass seine Familie später einen lang andauernden Rechtsstreit mit Edison über die Erfindung der Kinematografie führte. Nach seinem Verschwinden wurde Le Prince wie üblich sieben Jahre lang nicht für tot erklärt, sodass die Familie nichts unternehmen konnte. 1901 gewann Edison den Prozess, das Urteil wurde aber ein Jahr später aufgehoben: Edison war nicht der einzige Erfinder. Le Prince' Sohn Adolphus, eine Schlüsselfigur in dem Rechtsstreit, war zu diesem Zeitpunkt bereits tot – man hatte ihn erschossen. Seine Mutter war überzeugt, dass das der zweite Mord war, alles nur wegen der Erfindung des Films.

DER ERFINDER
Louis Le Prince ist heute weithin vergessen, aber er war ein Pionier der bewegten Bilder. Wurde er Opfer eines grausamen Verbrechens?

DIE KAMERA Le Prince' Ein-Linsen-Kamera aus dem Jahr 1888. Mit ihr filmte er Alltagsszenen in Leeds. Sie war die erste Filmkamera und hätte ihn reich und berühmt machen sollen.

38 Agatha Christie – die verschwundene Lady

DAS RÄTSEL Warum verschwand die Königin des Kriminalromans elf Tage lang?
WANN ES GESCHAH 3. bis 14. Dezember 1926

Agatha Christie beschrieb meisterhaft die dunklen Seiten der Seele. In mehr als 80 Kriminalromanen und Geschichtensammlungen mit Figuren wie Miss Marple, Hercule Poirot und Tommy & Tuppence wurde sie zum Allgemeingut. Die Gesamtauflage ihrer Bücher beträgt bis heute mehr als 2 Milliarden. Ihr unerklärtes Verschwinden im Jahr 1926 war eine Sensation.

Agatha Christie, die sechs Jahre zuvor mit dem Roman *Das fehlende Glied in der Kette* einen Überraschungserfolg gelandet hatte, war seit fast 12 Jahren unglücklich mit Colonel Archibald Christie verheiratet. Nach einem hitzigen Streit in ihrem Haus in Berkshire am 3. Dezember 1926 reiste er ab, um das Wochenende mit seiner Geliebten Nance Neele zu verbringen. Agatha informierte ihre Sekretärin, sie würde am selben Abend nach Yorkshire reisen. Doch wenig später wurde ihr Auto, ein Morris Cowley, in Newlands Corner in Surrey leer aufgefunden. Im Wagen fand man einen abgelaufenen Führerschein und einige Kleidungsstücke. Die Lady selbst war verschwunden. Es war wie in einem ihrer Bücher – und die Nation war entsprechend beunruhigt.

Sofort wurde spekuliert, sie habe Schluss gemacht und sich in einer nahe gelegenen Quelle namens Silent Pool ertränkt. Dann vermutete man, ihr Mann habe die Finger im Spiel. 1000 Polizisten und noch viel mehr Freiwillige suchten nach ihr, bis ein scharfäugiger Banjospieler namens Bob Tappin sie in einem Badehotel in Harrogate in Yorkshire entdeckte. Sie hatte sich dort unter einem falschen Namen angemeldet – Mrs Teresa Neele aus Kapstadt. Und es war sicher kein Zufall, dass sie den Familiennamen ihrer Rivalin wählte.

Damit war Colonel Christie nicht mehr verdächtig, aber natürlich wünschte sich die Öffentlichkeit eine Erklärung. Agatha litt angeblich unter Gedächtnisverlust. Tatsächlich stand sie unter starkem Druck, ihre Ehe war gescheitert, sie war chronisch überarbeitet und ihre Mutter war vor Kurzem gestorben.

Aber mit dieser Erklärung waren bei Weitem nicht alle zufrieden. Einige vermuteten einen Publicity-Gag, andere beschuldigten sie, sie hätte ihren Mann in Schwierigkeiten bringen wollen. Christie selbst gab nie eine Erklärung für ihr Verschwinden. Auch in ihrer Autobiografie kam die Episode nicht vor. Ob sie tatsächlich kurzzeitig ihr Gedächtnis verloren hatte oder ob Berechnung hinter der Sache stand, darüber machte sie keine Aussage. Und wer könnte auch etwas anderes von der Königin des Kriminalromans erwarten?

KEIN VERBRECHEN Großes Bild: Agatha Christie um 1925, ein Jahr vor ihrem Verschwinden. Kleines Bild: Das Hotel in Harrogate, in dem sie 1926 gefunden wurde.

NICHT SCHULDIG Archie Christie, hier auf einem Bild von 1915, kurz nach seiner Heirat mit Agatha. Er war nicht der perfekte Ehemann, aber die Anschuldigungen nach dem Verschwinden seiner Frau waren jedenfalls unbegründet.

39 Jim Thompson

DAS RÄTSEL Was geschah mit dem ehemaligen Spion und »Seidenkönig«?
WANN ES GESCHAH 26. März 1967

Das Berufsleben von Jim Thompson zerfällt in zwei Phasen. In der ersten Phase arbeitete er für das US Office of Strategic Services, den Vorgänger des CIA. Nach dem Zweiten Weltkrieg dann etablierte er sich als Retter der thailändischen Seidenindustrie und wurde dabei steinreich. Anfang 1967 brach er zu einem Spaziergang auf dem Land in Malaysia auf und kehrte nicht mehr zurück. Hatte ihn sein altes Leben eingeholt?

Thompson glaubte fest an die Nachkriegsmission der USA, die Demokratie in der ganzen Welt zu verbreiten. So unterstützte er in Südostasien, zumeist ohne offiziellen Auftrag, verschiedene Rebellengruppen. Doch allmählich kam er zu der Ansicht, die USA würden jegliche Feinde des Kommunismus unterstützen, ohne sich viel um Demokratie zu kümmern.

1948 siedelte sich Thompson in Bangkok an und gründete seine Thai Silk Company. Die Firma setzte moderne Technik ein und zahlte faire Löhne – und sie boomte. Bald trug Thompson den Spitznamen »Seidenkönig«. Am 26. März 1967 hielt er sich mit Freunden in einer Hütte in den Cameron Highlands in Malaysia auf. Gegen 15 Uhr brach er zu einem Spaziergang auf, wollte aber offenbar schnell zurückkehren, da er seine Jacke, seine Medikamente und seine Zigaretten im Haus ließ. Als er am späten Abend immer noch nicht zurück war, meldeten seine Freunde ihn als vermisst. Da er ein bekannter Mann war, wurde sofort im großen Stil nach ihm gesucht, aber vergeblich.

Offiziell hieß es, er habe sich wohl im Dschungel verirrt oder sei abgestürzt. Vielleicht war er auch von einem Tiger angefallen worden. Doch die wenigsten, die ihn kannten, konnten glauben, dass ein gewiefter Ex-Spion auf einem Nachmittagsspaziergang einfach so verloren ging. Manche vermuteten, er habe sein Verschwinden inszeniert, um nicht als homosexuell oder als Doppelagent enttarnt zu werden. Aber viele, die seinen Fall untersucht haben, sind überzeugt, dass Thompson seine Verbindung zum US-Geheimdienst nie ganz gekappt hat. Sie fragen sich, ob er zu einer letzten Mission aufbrach, die irgendwie schiefging. Oder wurde er von seinen eigenen Leuten ausgeschaltet, weil man ihn für ein Sicherheitsrisiko hielt? Das FBI hatte ihn auf seiner Liste von Personen mit »unamerikanischen Aktivitäten«.

Es gab auch Gerüchte über ein Geständnis eines anderen Mannes auf dem Sterbebett: Thompson sei bei einem Verkehrsunfall umgekommen und man habe ihn stillschweigend beerdigt. Vielleicht ist der Seidenkönig auf eine ganz banale Weise gestorben. Aber der Verdacht bleibt.

RÄTSELHAFTES VERSCHWINDEN

SEIDENKÖNIG Jim Thompson war in Thailand als Retter der Textilindustrie bekannt. Hielt er trotzdem Verbindungen zum Geheimdienst aufrecht?

40 Arthur Cravan

DAS RÄTSEL Starb der Mann, der sich so oft neu erfand, auf einem Boot vor der mexikanischen Küste?
WANN ES GESCHAH November 1918

Er war Dichter, Künstler, Boxer, Sänger und »Bürger von zwanzig Ländern«: Arthur Cravan lebte sein Leben wie ein Kunstwerk, geriet immer wieder in die Klemme und scheute sich nicht vor schockierenden Wendungen. Am Ende des Ersten Weltkriegs befand er sich in Mexiko und wollte zu einem Treffen mit seiner Frau nach Argentinien segeln. Aber er verschwand spurlos, und es gibt Zweifel, ob er wirklich ertrank.

Der Name Arthur Cravan war eine Erfindung, ein Pseudonym für Fabian Avenarius Lloyd. Nachdem er von einer englischen Militärakademie geflogen war, nahm er 1912 einen neuen Namen an, und es sollte nicht bei dem einen Namen bleiben. In den nächsten Jahren reiste er durch Europa und Amerika, gab das einflussreiche Kulturmagazin *Maintenant!* heraus und schrieb gelegentlich schockierende Gedichte. Auch seine öffentlichen Performances, die regelmäßig im Chaos endeten, waren berühmt. 1914 kündigte er in Paris an, er würde sich auf der Bühne mit einem Revolver erschießen. Zwei Jahre später boxte er in Spanien gegen den Schwergewichtsweltmeister Jack Johnson. Der Kampf endete sehr schnell, und Johnson meinte hinterher, sein Gegner sei wohl etwas außer Form gewesen.

1914 reiste Cravan in die USA, wo er seine spätere Frau kennenlernte, die Dichterin Mina Loy. 1917 nahm er an einer Ausstellung der New York Society of Independent Artists teil, in der Marcel Duchamp die Ära der modernen Kunst mit seinem signierten Urinal einleitete. Bei derselben Gelegenheit wurde Cravan betrunken von der Polizei von der Bühne gezerrt, als er sich bei einer Lesung nackt ausziehen wollte. Als die USA 1917 in den Krieg eintraten, zogen er und Mina nach Mexiko. Im November 1918 wollten sie nach Argentinien reisen, konnten sich aber nur ein reguläres Ticket leisten. So beschloss Cravan, er würde seiner Frau auf einem kleinen Segelschiff folgen. Doch sie trafen sich leider nie wieder. Er kenterte wohl und ertrank auf dem Weg von Mexiko. Seine Leiche wurde nie gefunden.

Jahrzehnte später wurde immer wieder berichtet, dass man ihn irgendwo auf der Welt gesehen habe. Cravan hatte sich immer dafür begeistert, seinen eigenen Tod zu »fälschen«, und so ist der Verdacht nicht völlig aus der Luft gegriffen. Man hat ihm sogar postum noch Werke zugeschrieben und vermutet, er sei der rätselhafte Autor B. Traven, der unter anderem den 1927 veröffentlichten Roman *Der Schatz der Sierra Madre* schrieb. Sicher hätte sich Cravan außerordentlich über die Spekulationen gefreut.

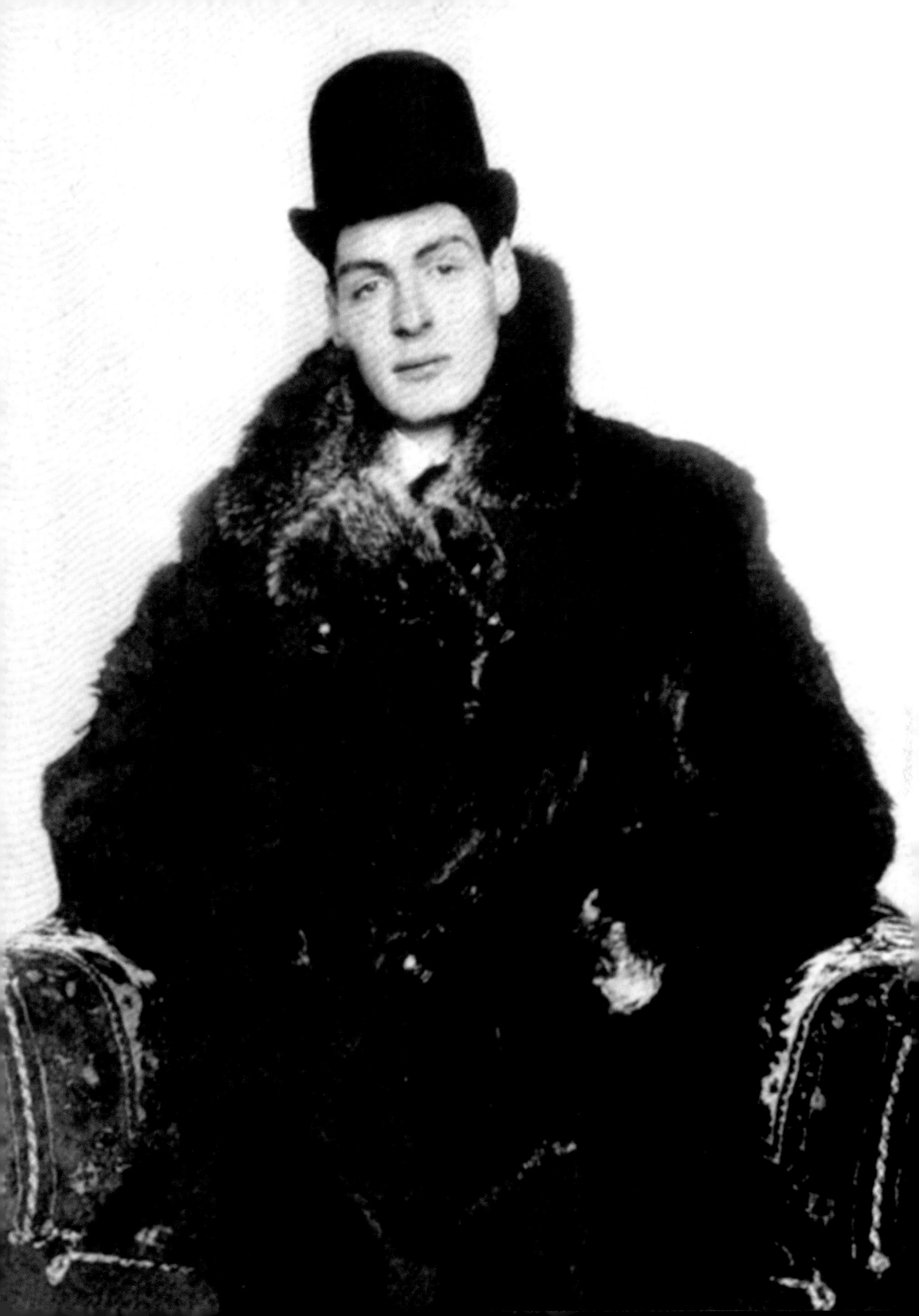

41 Die schwarze Dahlie

DAS RÄTSEL Wer war verantwortlich für den grausamen Tod von Elizabeth Short?
WANN ES GESCHAH Januar 1947

Am 15. Januar 1947 gingen Betty Bersinger und ihr kleines Kind im Leimert Park in Los Angeles spazieren. Auf einem leeren Grundstück an der Norton Avenue entdeckte Betty etwas, was sie für eine Schaufensterpuppe hielt. Doch es handelte sich um die nackte, zerstückelte Leiche der 22 Jahre alten Elizabeth Short. Und damit begann eine Mordermittlung, die bis heute ihre Faszination behalten hat.

Elizabeth Shorts kurzes Leben war vom Pech verfolgt. Sie war am 29. Juli 1924 in Boston geboren und hatte eine schwierige Kindheit, die durch Krankheiten und die Trennung ihrer Eltern geprägt war. Ihr Vater tat so, als hätte er Selbstmord begangen. So war es kein Wunder, dass sie auf die schiefe Bahn geriet und viel zu früh alkoholabhängig wurde.

Später zog sie ziellos durchs Land, von Massachusetts nach Florida, bevor sie schließlich in Südkalifornien landete. Sie arbeitete als Kellnerin, allerdings nicht regelmäßig. Aber die zierliche brünette Frau zog die Männer an und suchte sich spendable Verehrer. Nach ihrem Tod gab es Gerüchte, dass sie als Callgirl gearbeitet hatte, aber bewiesen wurde das nie.

Tatsächlich war es wohl so, dass sie gesundheitliche Probleme hatte, die intime Kontakte fast unmöglich machten. Sie hatte offenbar viele männliche Bekannte, und sie berichteten immer wieder dasselbe: Sie ließ sich zum Essen einladen, dann entschuldigte sie sich und verschwand.

Anfang 1947 jedoch war Elizabeth wirklich fast pleite und konnte nicht einmal mehr die geringe Miete für die Pension bezahlen, in der sie lebte. Durch Betty Bersingers makabre Entdeckung wurde sie dann zu einer tragischen Sensation. Ihre Leiche war an der Taille durchgesägt und ausgeblutet worden, danach waren ganze Fleischpartien entfernt worden. Der Rest wurde gewaschen und posierte mit den Händen über dem Kopf und gespreizten Beinen. Von den Mundwinkeln bis zu den Ohren hatte man ihr ein Lächeln ins Gesicht geschnitten, und an Armen, Beinen und Hals fand man Fesselmale.

Die Autopsie gab als Todesursache Verbluten an, dazu ein Schock nach mehreren Schlägen auf den Kopf. Die Medien hatten ihre Sensation, und es dauerte nicht lange, dann gab man Elizabeth den Beinamen »Schwarze Dahlie«: eine Anspielung auf einen populären Film dieser Zeit. Ob sie den Namen tatsächlich verwendet hatte oder ob es eine Erfindung der Journalisten war, ist kaum zu klären.

DIE GANZE WAHRHEIT
Robert »Red« Manly beim Test durch den Lügendetektor. Er war der Letzte, der Elizabeth Short in einem Hotel in Los Angeles lebend sah. Er bestand den Test.

UNVERGESSEN Elizabeth Shorts Grabstein, den ihre Eltern errichten ließen, ist das bewegende Zeugnis eines tragischen Lebens. Der Mord hat Los Angeles unauslöschlich geprägt.

Am 23. Januar 1947 schrieb ihr angeblicher Mörder einen Brief an den *Los Angeles Examiner,* und danach gab es alle möglichen Trittbrettfahrer. Die meisten wurden von der Polizei schnell aussortiert, aber Anfang Februar erhielt die Zeitung ein Paket mit Elizabeths persönlichen Gegenständen, darunter ein Adressbuch mit Kontaktdaten von 75 Männern. Alle wurden aufgespürt und vernommen, aber es kam zu keiner Anklage.

Die Polizei wollte unbedingt herausfinden, was in der rätselhaften Woche vor dem Mord geschah. Robert »Red« Manley gab an, er habe sie am 9. Januar in der Lobby des vornehmen Biltmore Hotel verlassen. Lange galt er als Hauptverdächtiger, aber er bestand den Test mit dem Lügendetektor. Andere Verdächtige waren Mark Hansen, ein Nachtclubbesitzer, bei dem Elizabeth Short 1946 ein paar Monate gewohnt hatte, den sie aber hatte abblitzen lassen. Dann gab es Jack Anderson Wilson, einen Alkoholiker, der angeblich dem Schriftsteller John Gilmore Einzelheiten über das Verbrechen erzählte, die nur der Mörder kennen konnte, der aber bei einem Hotelbrand starb, bevor man ihn verhaften und befragen konnte.

Im Jahr 2003 beschuldigte der ehemalige Polizist Steve Hodel seinen eigenen Vater, Dr. George Hodel. Die Polizei war überzeugt, dass der Mörder Arzt gewesen sein musste. 1997 beschuldigte der Journalist Larry Harnisch Dr. Walter Alonzo Bayley, einen Arzt, der in der Nähe des Tatorts lebte und dessen Tochter mit Elizabeths Schwester befreundet war. Harnisch behauptete, Bayley sei geisteskrank gewesen und habe deshalb gemordet. Aber Bayley war zum Zeitpunkt des Mordes 67 Jahre alt, ohne dass man ihm jemals etwas vorgeworfen hätte. Selbst Orson Welles wurde des Mordes bezichtigt.

Inzwischen ist wohl klar, dass dieses Verbrechen niemals aufgeklärt wird. Die schwarze Dahlie ist nur noch das traurige Symbol einer vergangenen Ära.

42 Der Vorfall am Dyatlow-Pass

DAS RÄTSEL Wie kam es zum Tod von elf gesunden jungen Abenteurern im Ural?
WANN ES GESCHAH 2. Februar 1959

Im Jahr 1959 verschwand eine Gruppe von Skiwanderern im Ural. Über einen Zeitraum von zehn Wochen wurden ihre Leichen gefunden, und alle trugen Zeichen einer panischen Flucht. Aber wovor? Der Schuldige wurde im All gesucht, beim sowjetischen Militär und in der Natur.

Die Reise begann Ende Januar 1959 und wurde von Igor Dyatlow geleitet, nach dem der Pass, an dem die Tragödie geschah, später benannt wurde. Er hatte am Polytechnischen Institut des Ural zehn Abenteurer um sich gesammelt, acht Männer und zwei Frauen. Das Ziel war eine Skiwanderung zum Berg Otorten im nördlichen Ural. Sie reisten mit dem Zug nach Swerdlowsk Oblast, von dort aus mit einem LKW nach Vischaj, dem letzten Außenposten der Zivilisation vor dem Otorten. Die Skitour startete am 27. Januar. Einer der Männer musste nach einem Tag wegen gesundheitlicher Probleme abbrechen. Am 1. Februar erreichten die übrigen die Ostseite des Cholat Sjachyl (»Toter Berg«). Sie waren zwar ein wenig von ihrer geplanten Route abgekommen, beschlossen aber, dort die Nacht zu verbringen.

Dyatlow wollte nach der Rückkehr der Expedition nach Vischaj mit Freunden am Institut Kontakt aufnehmen. Als das am 20. Februar noch nicht geschehen war, begann eine Gruppe von Freiwilligen die Suche. Bald nahmen auch Polizei und Armee daran teil. Sechs Tage später fanden sie das verlassene Lager am Cholat Sjachyl. Das Zelt war von innen zerrissen, schwer beschädigt und mit Schnee bedeckt. Wohin auch immer die Abenteurer verschwunden waren, sie hatten ihre Sachen dort zurückgelassen. Spuren im Schnee deuteten auf einen eiligen Aufbruch hin. Einige waren barfuß gelaufen, andere in Socken.

Wenig später wurden ein paar Hundert Meter vom Lager entfernt fünf Leichen gefunden. Sie waren nur spärlich bekleidet, einige waren offenbar geflohen, während andere wohl versucht hatten, zum Lager zurückzukehren. Die übrigen Leichen wurden erst am 4. Mai unter tiefem Schnee in einer Schlucht gefunden. Sie waren vollständig bekleidet, trugen allerdings zum Teil Sachen, die ihnen nicht gehörten.

Man konnte vermuten, dass die ersten fünf Opfer an Unterkühlung gestorben waren. Bei den anderen vier war die Erklärung nicht so leicht. Keiner von ihnen hatte äußere Verletzungen am Körper, allerdings wiesen drei von ihnen schwere Kopfverletzungen auf, die an einen Autounfall erinnerten. Eine der Frauen, Ljudmila Dubinina, hatte ihre Zunge verloren. Eine offizielle Untersuchung kam zu dem Schluss, die neun seien durch ein Naturereignis ums Leben gekommen. Aber dieser Schluss ließ immer noch viel Raum für Spekulationen.

SCHOCKIERENDER FUND Der Zustand der Leichen schockierte die Suchmannschaften. Fehlende Zungen und Augen, Hautverfärbungen und unerklärliche Verletzungen sorgen bis heute für Fragen.

DAS ZELT Die Suchmannschaften stellten fest, dass das Zelt der Gruppe von innen zerrissen worden war. Wir werden nie erfahren, was geschah.

IN MEMORIAM Niemand weiß, was in der Nacht vom 1. auf den 2. Februar 1959 geschah, aber Dyatlow und seine Gefährten sind unvergessen. Der Pass, an dem sie ihr letztes Lager aufschlugen, wurde nach dem Expeditionsleiter benannt.

Zunächst wurden die in der Region lebenden Mansi verantwortlich gemacht, aber diese Theorie lief ins Leere. Es gab keine Hinweise auf andere Menschen am Schauplatz des Unglücks, und die Leichen hatten keine Weichteilverletzungen. Aus demselben Grund konnte auch ein Angriff durch Tiere ausgeschlossen werden, obwohl man glaubt, vielleicht hätte sich ein Tier der Zunge von Ljudmila Dubinina bemächtigt.

Zur Zeit des Unglücks und einige Wochen danach gab es Berichte über orangefarbene sphärische Objekte am Himmel in der Region. Daraus schlossen manche, Außerirdische könnten für den Tod der jungen Leute verantwortlich sein oder das Militär sei involviert. Einige vermuteten Raketen aus militärischen Versuchen. Diese Theorie wurde umso interessanter, als bei einigen Opfern hohe radioaktive Belastungen und Hautverfärbungen festgestellt wurden.

Skeptiker weisen jedoch darauf hin, dass solche Verfärbungen auch durch das lange Liegen der Leichen verursacht sein könnten. Die radioaktive Belastung könnte von Thorium-haltigen Dochten in Campinglaternen herrühren. Die offiziellen Akten wurden erst 1990 veröffentlicht und waren unvollständig. Der genaue Zustand der Leichen und eventuelle Kontaminationen sind also nicht mehr nachzuvollziehen.

Vielleicht ist die wahrscheinlichste Erklärung, dass die Gruppe von einer Lawine getroffen wurde. Das würde die Flucht und die unpassende Kleidung ebenso erklären wie die Unterkühlungen und die Kopfverletzungen. Doch in dieser Region waren Lawinen selten, und selbst wenn diese Theorie viele Punkte abdeckt, bleiben doch viele Fragen offen.

43 Der Fuß am Strand

DAS RÄTSEL Woher stammten die abgetrennten Füße am Strand von British Columbia und Washington?
WANN ES GESCHAH Der erste Fuß wurde am 20. August 2007 gefunden.

Die Salish Sea ist ein Gebiet von Wasserstraßen, das sich vom südwestlichen British Columbia in Kanada bis zum nordwestlichen Ende des US-Bundesstaates Washington erstreckt. Am 20. August 2007 entdeckte ein Mädchen am Strand von Jedediah Island in British Columbia einen Sportschuh Größe 12. Darin befand sich ein Strumpf und darin ein Männerfuß. Dies war der erste von mehreren makabren Funden, die zu dunklen Theorien Anlass gaben.

Der erste Fund war verstörend, der zweite drei Wochen später – diesmal auf Gabriola Island, ebenfalls in British Columbia – rief echte Sorge hervor. Dabei hatte es erst begonnen. Ein dritter Fuß wurde im Februar 2008 auf Valdes Island gefunden, weitere vier bis zum Ende des Jahres, einer davon im August an der US-Küste.

Bis Mai 2014 waren mehr als zehn Füße an der Küste von British Columbia und Washington gefunden worden. So wurde ein grausiges lokales Rätsel zum internationalen Thema, aber es gab wenig Hinweise. Die Füße stammten von Männern und Frauen, sie waren oft stark verwest und hatten nur die eine Verbindung, dass sie alle in Sportschuhen steckten.

Was am Anfang für Verwirrung sorgte – dass nämlich nur die Füße auftauchten, keine anderen Körperteile –, ließ sich wissenschaftlich erklären. Der Fußknöchel ist ein ziemlich schwacher Punkt, und deshalb werden die Füße von Wasserleichen häufig abgetrennt. Die Sportschuhe dienten als »Bojen« und schützten vor gefräßigen Fischen. Und so konnten die Füße weite Strecken zurücklegen.

Aber zu wem gehörten sie? Am Anfang vermutete man ein Schiffs- oder Flugzeugunglück, aber die Zahl der Füße sprach dagegen. Die Schuhe stammten alle aus der Zeit vor 2004, also vermutete man, es könnte sich um Überreste von dem großen Tsunami in Asien 2004 handeln. Aber es gab auch den Verdacht, dass es sich um Mordopfer handeln könnte, entweder um Opfer eines verrückten Serienmörders oder um Schmuggler, die von der Mafia ermordet worden waren.

Einige Füße sind inzwischen verschiedenen Selbstmördern und Unfallopfern zugeordnet worden. Einige Fälle datieren bis 1987 zurück. Aber für misstrauische Beobachter bleiben Zweifel.

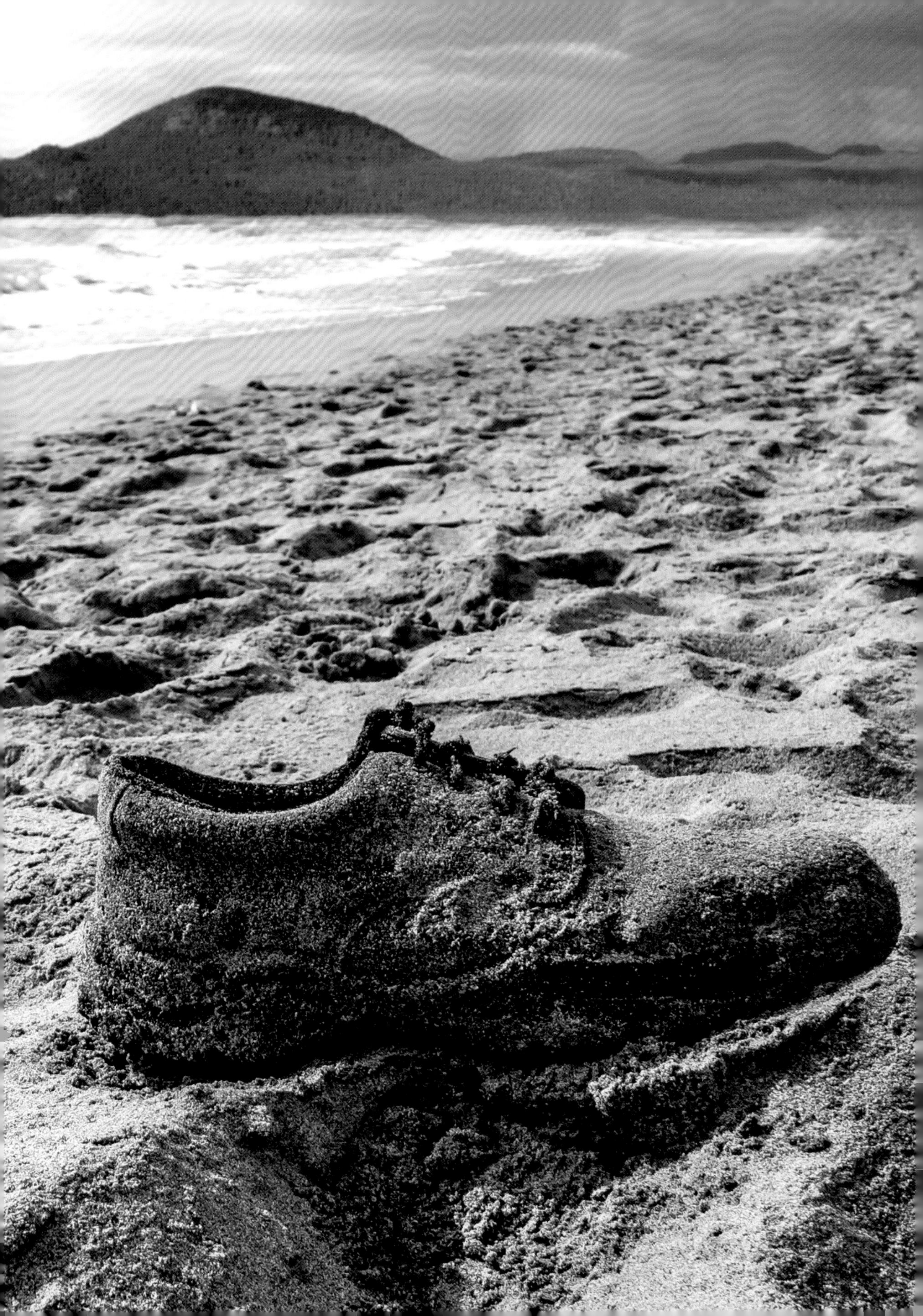

44 Der seltsame Tod des Edgar Allan Poe

DAS RÄTSEL Wer oder was brachte den großen amerikanischen Schriftsteller um?
WANN ES GESCHAH 7. Oktober 1849

Als Autor von Geschichten wie Der Mord in der Rue Morgue und Der vergiftete Brief war Edgar Allan Poe ein früher Meister der Kriminalgeschichte. Aber das größte Geheimnis umgibt doch seinen eigenen Tod. Im Oktober 1849 wurde er in vollkommen verwirrtem Zustand in Baltimore aufgefunden und erholte sich nie wieder. Was war geschehen?

Am 3. Oktober 1849 traf ein gewisser Joseph Walker Poe vor einer Kneipe an, offenbar im Delirium und, so Walker, in schlechtem Zustand und absolut hilfsbedürftig. Walker rief Dr. Joseph Snodgrass, der den Schriftsteller kannte, und Poe wurde ins Washington College Hospital in die Obhut von Dr. John Joseph Moran gebracht. Dort lebte er in einem Einzelzimmer ohne Besuch. Er konnte keine vernünftige Erklärung für das Geschehen geben. Am 7. Oktober morgens um fünf starb er. Er wurde nur 40 Jahre alt.

Was wir über Poes letzte Lebenstage wissen, stammt von den Ärzten Snodgrass und Moran. Snodgrass beschrieb sein Aussehen als »widerwärtig«. Sein Haar war verfilzt, sein Blick leer, und der sonst so elegante Autor trug schäbige Kleidung, die ihm sicher nicht gehörte. Moran hielt Poe auf der Station für unheilbare Alkoholiker.

Poe war ein paar Tage zuvor aus Richmond, Virginia gekommen und wollte nach New York. Was in der Zwischenzeit geschah, ist unbekannt.

Es gibt keine Krankenhausakten über Poes Tod, nicht einmal eine Todesurkunde. Und damit ist den Spekulationen Tür und Tor geöffnet. Einige vermuten, er sei einem alten Leiden erlegen. Andere vermuten Selbstmord und weisen auf eine Überdosierung des Schmerzmittels Laudanum im Vorjahr hin. Es gibt auch Hinweise auf eine Schwermetallvergiftung. Edwin J. Barton hat in seinem Buch *Midnight Dreary: The Mysterious Death of Edgar Allan Poe* versucht zu erklären, dass es ein Mordkomplott gab.

Trotzdem glauben die meisten, Poe sei an einer Alkoholvergiftung gestorben. Die Wahrheit ist schwer nachzuvollziehen, denn Snodgrass und Moran erwiesen sich als unzuverlässige Zeugen. Moran bauschte seine Version auf, um sein Publikum zufriedenzustellen. Er gab Poes letzte Worte zunächst mit »Herr, hilf meiner armen Seele« wieder, später mit diesen Worten: »Das Himmelsgewölbe umgibt mich, und Gott hat sein Gebot auf die Stirn jedes menschlichen Wesens und aller Fleisch gewordenen Dämonen geschrieben. Ihr Ziel sind die schäumenden Wogen der schieren Verzweiflung.« Ein passend poetisches Ende, aber wenig glaubhaft.

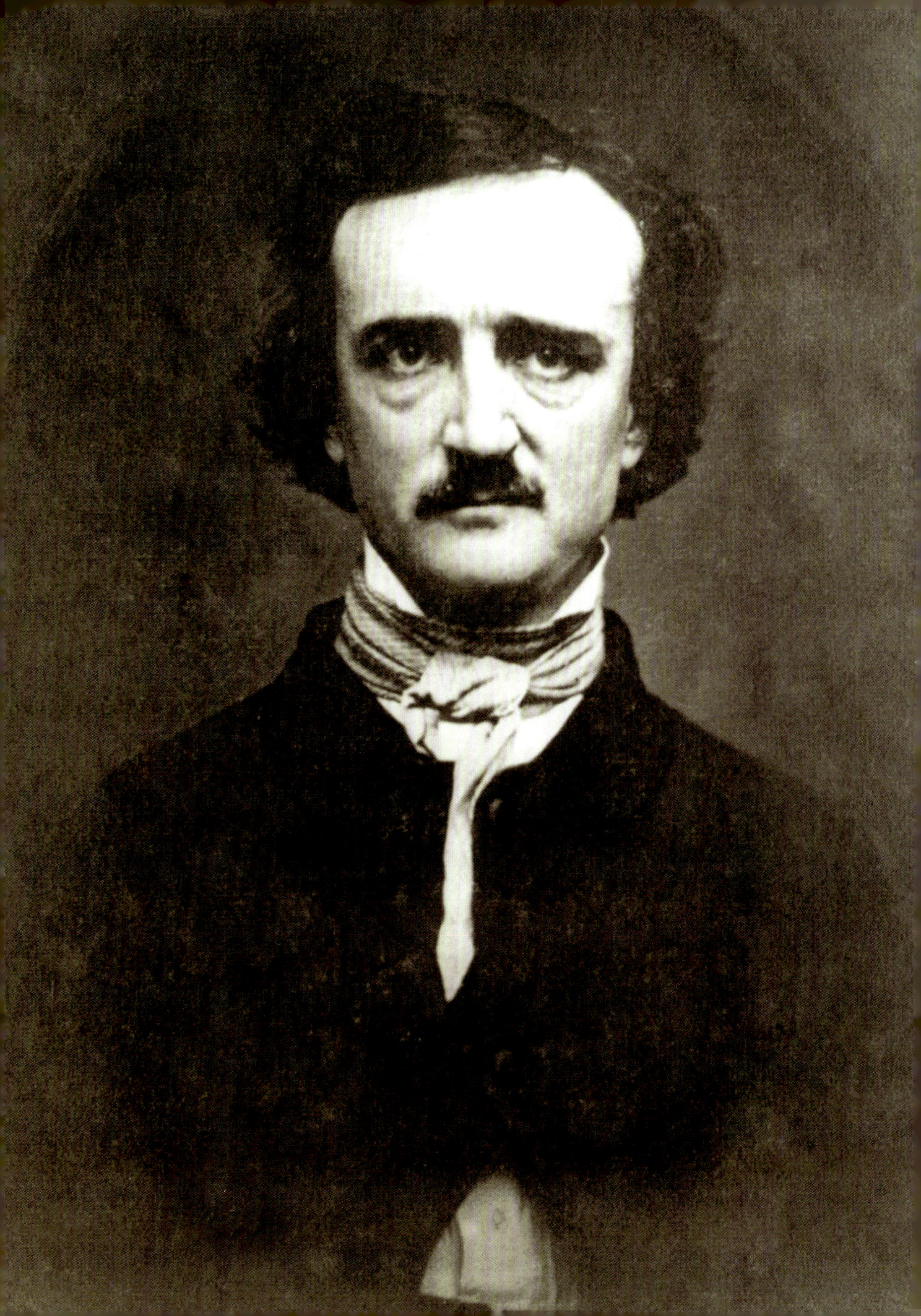

GRABMAL Das großartige Denkmal von Edgar Allan Poe in Baltimore, wo er den Tod fand. Noch heute erweisen ihm Fans dort die Ehre und legen an seinem Geburtstag Blumen nieder. Aber der Tod des Schriftstellers bleibt ein Rätsel.

Snodgrass war nicht viel besser. Er behauptete, in Walkers Brief sei davon die Rede gewesen, dass Poe »viehisch betrunken« war, was nicht den Tatsachen entsprach. Snodgrass war aber ein starker Befürworter der Abstinenzbewegung, und es diente seinen politischen Zielen, zu zeigen, was selbst aus einem großen Mann wie Poe durch den Alkohol werden konnte. Die Vorstellung, dass Poe sich dem Teufel Alkohol ergeben hatte, wurde auch von der düsteren Gestalt Rufus Wilmot Griswold vertreten, einem Konkurrenten von Poe, dem es irgendwie gelang, zu seinem Nachlassverwalter ernannt zu werden. Seine Doppelzüngigkeit wird besonders deutlich durch einen anonymen Nachruf, in dem er Poe als Säufer beschrieb. Eine Biografie, die er später schrieb, verfolgte dieselbe Linie, hier fügte er sogar noch Drogensucht hinzu. Obwohl gute Freunde von Poe Griswolds Darstellung heftig dementierten, wurden seine Anschuldigungen weithin akzeptiert.

Doch es gibt noch eine andere Theorie, die zwar fantastisch klingt, aber trotzdem wahr sein könnte. Poe war zur Zeit eines heftigen Wahlkampfs in Baltimore. Möglicherweise ist er Wahlfälschern in die Hände gefallen, die unschuldige Opfer entführten, mit Alkohol und Drogen betäubten und dann zu den Wahlurnen schleppten. Das könnte auch erklären, warum Poe in falschen Kleidern gefunden wurde.

Das Rätsel um Poes Tod bleibt, auch wenn viele Interessen hineinspielen. Man kann nur hoffen, dass er an all den Rätseln ein wenig seine Freude gehabt hätte.

NEVERMORE! In Gedichten und Geschichten wie Der Rabe (die Geschichte eines verzweifelten Liebenden, der durch den Besuch eines Raben in den Wahnsinn getrieben wird) zeigte sich Poe als Meister des Grauens. Die Rätsel um seinen Tod haben zu seinem Ruf noch beigetragen.

45 Michael Faherty in Flammen

DAS RÄTSEL Starb ein irischer Rentner tatsächlich durch Spontanentzündung?
WANN ES GESCHAH 22. Dezember 2010

Es taucht immer wieder in Filmen und Romanen auf, aber seit langer Zeit wird auch diskutiert, ob es so etwas wie menschliche Spontanentzündung wirklich gibt. Als ein Gerichtsmediziner im heutigen Irland erklärte, dass der 76-jährige Michael Faherty dadurch ums Leben gekommen sei, staunte die Weltöffentlichkeit. Das Urteil wurde kritisiert, aber was kann man dagegen sagen?

An einem frühen Morgen ein paar Tage vor Weihnachten 2010 erwachte ein Nachbar von Mr Faherty in Ballybane, Galway, vom Alarm des Rauchmelders. Aus Fahertys Haus kam Rauch, und der Nachbar alarmierte die Feuerwehr. Als die Männer ins Haus eindrangen, offenbarte sich ihnen ein trauriger Anblick. Mr Faherty lag tot und mit schweren Verbrennungen in seinem Wohnzimmer.

Doch in die Tragik mischte sich Staunen. Das Haus selbst war kaum beschädigt, abgesehen von der Stelle auf dem Boden, wo die Leiche lag. Die Feuerwehr fand auch im gesamten Haus keine Hinweise auf Brandbeschleuniger oder Einwirkung von Dritten. Tatsächlich lag die Leiche in der Nähe eines offenen Feuers, aber auch hier konnten die Ermittler keine Ursache feststellen. Eine Untersuchung des Todes wurde im September 2011 unter der Leitung des Gerichtsmediziners von West Galway, Dr. Claran McLoughlin, durchgeführt. Nach Durchsicht aller Expertenmeinungen und verschiedener wissenschaftlicher Texte kam er zu einem erstaunlichen Schluss: »Dieses Feuer ist gründlich untersucht worden und ich kann nur schließen, dass es in die Kategorie Spontanentzündung fällt. Dafür hinwiederum gibt es keine angemessene Erklärung.« In seinen 25 Dienstjahren hatte er noch nie ein solches Urteil gefällt.

Was also ist menschliche Spontanentzündung? Kurz gesagt, handelt es sich um ein Ereignis, bei dem eine Person in Flammen aufgeht, ohne dass eine äußere Hitzequelle dafür verantwortlich wäre. Der erste überlieferte Fall stammt aus dem Jahr 1663, als eine Frau in Paris angeblich verbrannte, obwohl der Strohsack, auf dem sie schlief, heil blieb. Viele Wissenschaftler halten die Vorstellung für kompletten Unsinn.

Eine andere Theorie besagt, dass die Opfer wie Dochte wirken. In diesen Fällen setzt eine Hitzequelle, z. B. Asche oder eine Zigarette, die Kleidung in Brand. Gleichzeitig platzt die Haut auf, und das Körperfett brennt weiter wie das Wachs einer Kerze. Auf diese Weise brennt der Körper, solange genug Fett da ist, dann stirbt das Feuer. Alles gut und schön, aber es gibt auch Fälle von angeblicher Spontanentzündung, in denen die inneren Organe keine Brandschäden aufweisen.

BRANDGEFÄHRLICH Seit Jahrhunderten wird die menschliche Spontanentzündung in Kunst und Literatur beschrieben, aber in der Naturwissenschaft ist man darüber geteilter Meinung. Viele Todesfälle durch Verbrennen lassen sich auch anders erklären.

Im Fall Michael Faherty schloss der Gerichtsmediziner nun aber den offenen Kamin als Ursache aus, und andere Hitzequellen gab es nicht. Und wiewohl nicht sehr häufig von Spontanentzündungen berichtet wird, gibt es durchaus solche Fälle: etwa 200 in den letzten 300 Jahren weltweit. Der Amerikaner Frank Baker ist einer der wenigen, die ein solches Ereignis überlebt haben. Nach eigener Aussage wollte er Mitte der 80er Jahre mit einem Freund angeln gehen, als er auf dem Sofa zu brennen begann. Die Flammen umgaben ihn, aber er konnte sie gemeinsam mit seinem Freund löschen, bevor sie bleibende Schäden verursachten. Sein Arzt sagte ihm, das Feuer habe sich von innen nach außen bewegt.

Menschen fürchten den Tod, die eigene Machtlosigkeit, die Unausweichlichkeit und Willkür. Für viele ist die Vorstellung einer Spontanentzündung ganz besonders schrecklich. Hinzu kommt, dass die Wissenschaft keine Erklärung kennt und dass es deshalb keine Vorbeugung gibt. Aber man kann doch nicht einfach sagen, dass etwas nicht existiert, nur weil die Wissenschaft es noch nicht versteht!

TATORTFOTO Es gibt nur wenige Fotos der Opfer von Spontanentzündungen. Dieses unheimliche Bild zeigt die sterblichen Überreste der 69-jährigen Mrs E. M., die im Januar 1958 in London tot aufgefunden wurde. Ihr Oberkörper lag im Kamin, aber die Temperaturen eines normalen Kaminfeuers hätten sie nicht zu Asche verbrennen lassen.

46 Der »Junge in der Schachtel«

DAS RÄTSEL Wer war das unbekannte amerikanische Kind?
WANN ES GESCHAH Februar 1957

Wenige Geschichten in diesem Buch sind tragischer als die des »Jungen in der Schachtel« aus Philadelphia. Es handelt sich dabei um die Leiche eines kleinen Kindes, das in den 50er Jahren in einer Pappschachtel dort aufgefunden wurde. Es gab keine Vermisstenmeldung, und niemand wurde je für seinen Tod zur Rechenschaft gezogen. Bis heute ist die Identität des Kindes offiziell unbekannt – ein Fleck auf dem Gewissen Amerikas.

Ende Februar 1957 fand ein Mann am Fox Chase in Philadelphia eine Schachtel. Darin lag, eingewickelt in eine Decke, der schwer verletzte nackte Körper eines Kindes. Experten schätzten das Alter auf drei bis sechs Jahre. Seltsamerweise waren die Fingernägel und das Haar sorgfältig, wenn auch laienhaft geschnitten. Eine Autopsie ergab, dass der Junge durch Schläge auf den Kopf gestorben war. Der Fall sorgte für große Aufregung, aber niemand konnte die Identität des Kindes feststellen. Alle Vermisstenregister wurden durchforscht, und auch eingehende Untersuchungen von Waisenhäusern brachten kein Ergebnis.

Die Listen möglicher Verdächtiger – Gewalttäter, bekannte Kindesmisshandler und auch eine Mutter, die bereits eine Kinderleiche hatte verschwinden lassen – wurden genau betrachtet, aber vergeblich. Einige Zeit verfolgte man die Theorie, gestützt durch einen psychisch Kranken, gestützt, dass die Antwort in einer Pflegefamilie zu suchen sei, aber der Ermittler, der diese Spur am intensivsten verfolgte, Remington Bristow, starb Anfang der 90er Jahre, ohne etwas Substanzielles gefunden zu haben.

Im Jahr 2002 wurde berichtet, dass eine Psychiaterin aus Ohio Kontakt mit der Polizei in Philadelphia aufgenommen habe. Eine Klientin von ihr, die nur als »M.« bekannt war, behauptete, ihre Eltern hätten in den 50er Jahren ein Kind mit nach Hause gebracht, um es sexuell zu missbrauchen. Die Mutter habe das Kind, das angeblich Jonathan hieß, eines Tages erschlagen, danach sei sie mit der damals zehnjährigen M. in eine Nebenstraße gefahren, und dort hätten sie die Leiche abgelegt. M. erzählte, ein Mann in einem Auto habe noch gefragt, ob sie Hilfe brauchten, weil er dachte, sie hätten eine Panne. Bei allen Fragen nach der Glaubhaftigkeit dieser Aussage passen doch viele Details zu den Ermittlungen aus dem Jahr 1957.

Es kann also sein, dass wir jetzt zumindest etwas über die Todesumstände des »Jungen in der Schachtel« wissen. Die Identität des Kindes und seiner Mörder bleibt jedoch schon aufgrund der ärztlichen Schweigepflicht im Dunkeln.

47 Wer war Jack the Ripper?

DAS RÄTSEL Wer war verantwortlich für die bekannteste Mordserie in der englischen Geschichte?
WANN ES GESCHAH 1888

Er ist wohl der berüchtigtste Mörder in der britischen Kriminalgeschichte, doch auch 125 nach seiner Schreckensherrschaft in London bleibt die Identität von Jack the Ripper ein Rätsel. Dutzende Verdächtige aus allen Gesellschaftsschichten wurden genannt. Doch selbst die moderne Technologie gibt uns keinen Aufschluss über die Identität des Mörders.

Die prüde Atmosphäre im »viktorianischen England« wurde 1888 erschüttert, als ein Serienmörder sein brutales Werk in Whitechapel begann, einer übel beleumundeten Gegend im Londoner East End. Seinen ersten bekannten Mord beging er Ende August an der Prostituierten Mary Ann Nichols. Danach gab es weitere vier Morde, die sicher mit ihm in Verbindung stehen. Alle Opfer waren Prostituierte: Annie Chapman (8. September), Elizabeth Stride und Catherine Eddowes (30. September) und Mary Jane Kelly (9. November). Weitere sechs Morde davor und danach werden oft mit dem Ripper in Verbindung gebracht, sind aber umstritten.

Der Ripper griff seine Opfer mit einem Messer an, und in vier der fünf sicheren Fälle (mit Ausnahme von Elizabeth Stride) wurden die Leichen übel verstümmelt. Dabei zeigte der Mörder ausgeprägte Kenntnisse im Umgang mit dem Messer und in Anatomie, sodass die Polizei annahm, es handele sich um einen Mediziner oder Metzger. Doch trotz allen öffentlichen Drucks kam es nie zu einer Anklage.

Die Suche nach dem Mörder war sehr intensiv. Mehr als 100 Verdächtige wurden untersucht, darunter auch vollkommen irrationale. So glauben heute nur noch Wenige, der Mörder sei Queen Victorias Enkel Albert Victor, Duke of Clarence, gewesen, der durch die Syphilis wahnsinnig geworden war. Durchaus skeptisch darf man auch sein, was eine Verschwörung entweder der Königsfamilie, der Polizei, der Freimaurer oder des damaligen Premierministers Salisbury angeht, die angeblich die Existenz eines unehelichen Kindes von Albert Victor mit einer einfachen Verkäuferin vertuschen wollten. Ein weiterer Verdächtiger mit Verbindungen ins Königshaus war der Geburtshelfer der Königin, Sir John Williams, der beschuldigt wurde, die Opfer für medizinische Versuche getötet zu haben. Auch dies ließ sich nie beweisen.

Ein weiterer »Promi« unter den Verdächtigen ist der Maler Walter Sickert, dessen düstere Werke als Wiedergaben der Tatorte kritisiert wurden. Die Kriminalschriftstellerin Patricia Cornwell hält ihn für schuldig, aber nur wenige »Ripper-Forscher« glauben ihr.

IM SCHATTEN Im Herbst 1888 verbreitete Jack the Ripper Angst und Schrecken in den Straßen des übel beleumundeten Viertels Whitechapel im Osten von London. Bis heute wirft er seinen Schatten auf die Stadt.

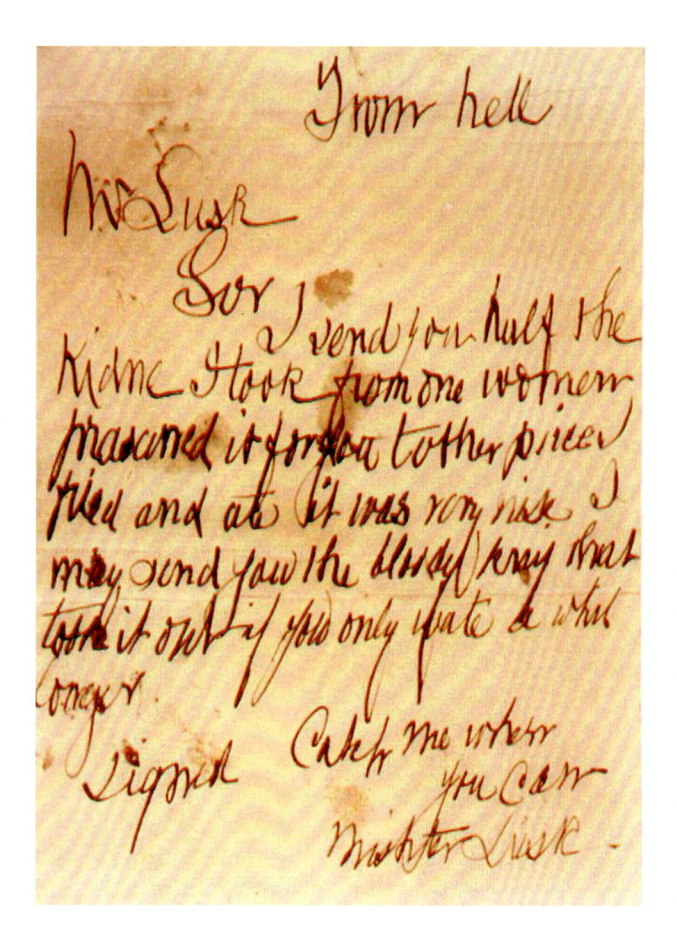

WERK DES TEUFELS? Die Echtheit der Briefe, die angeblich vom Mörder geschickt wurden, wird seit langer Zeit diskutiert. Wurden sie von einer Frau geschrieben?

Wir wissen allerdings, dass die Polizei am Eddowes-Tatort ein Graffiti fand, das übersetzt lautete: »Die Juden werden nicht ohne Grund verdächtigt.« Da man antisemitische Hetze fürchtete, wurde die Inschrift auf höheren Befehl entfernt. War sie ein Beweismittel oder nur ein böser Streich? Die Verbrechen riefen natürlich alle möglichen Trittbrettfahrer auf den Plan. So kam es auch zu einigen Briefen, die angeblich vom Mörder stammten.

Doch einige sind bis heute überzeugt, dass manche Briefe echt waren. Wenn das so ist, dann sollten wir nicht nach Jack the Ripper suchen, sondern nach Jill. Mitte der 2000er Jahre führte ein australischer Forscher namens Ian Findlay DNA-Tests an einigen wahrscheinlich echten Tatortfunden durch und behauptete danach, es habe sich möglicherweise um eine Mörderin gehandelt. Diese These stützt auch der Autor John Morris in seinem Buch *Jack the Ripper: The Hand of a Woman*. Er deutete auf Lizzie Williams, die Ehefrau des schon erwähnten Sir John.

Eine bunte Mischung anderer Schattengestalten spielt ebenfalls noch eine Rolle. Im Jahr 2014 wurde ein Tuch, das möglicherweise am Eddowes-Tatort gefunden wurde und möglicherweise dem Opfer gehörte, in Verbindung mit Aaron Kosminski gebracht, einem jüdischen Immigranten aus Polen, der als Kind entsetzliche Pogrome miterlebt hatte und schwer traumatisiert war. Nachdem man ihn mit den Ripper-Morden in Verbindung brachte, wurde er in eine psychiatrische Klinik eingewiesen. Aber die DNA-Analyse ist ohnehin zweifelhaft. Der Fall ist nach wie vor offen.

Wer auch immer für die schrecklichen Verbrechen verantwortlich war, muss ganz klar verrückt gewesen sein, aber immerhin so klug, seine oder ihre Identität geheim zu halten. Ob es dabei Hilfe von oben gab, bleibt für immer ein Geheimnis.

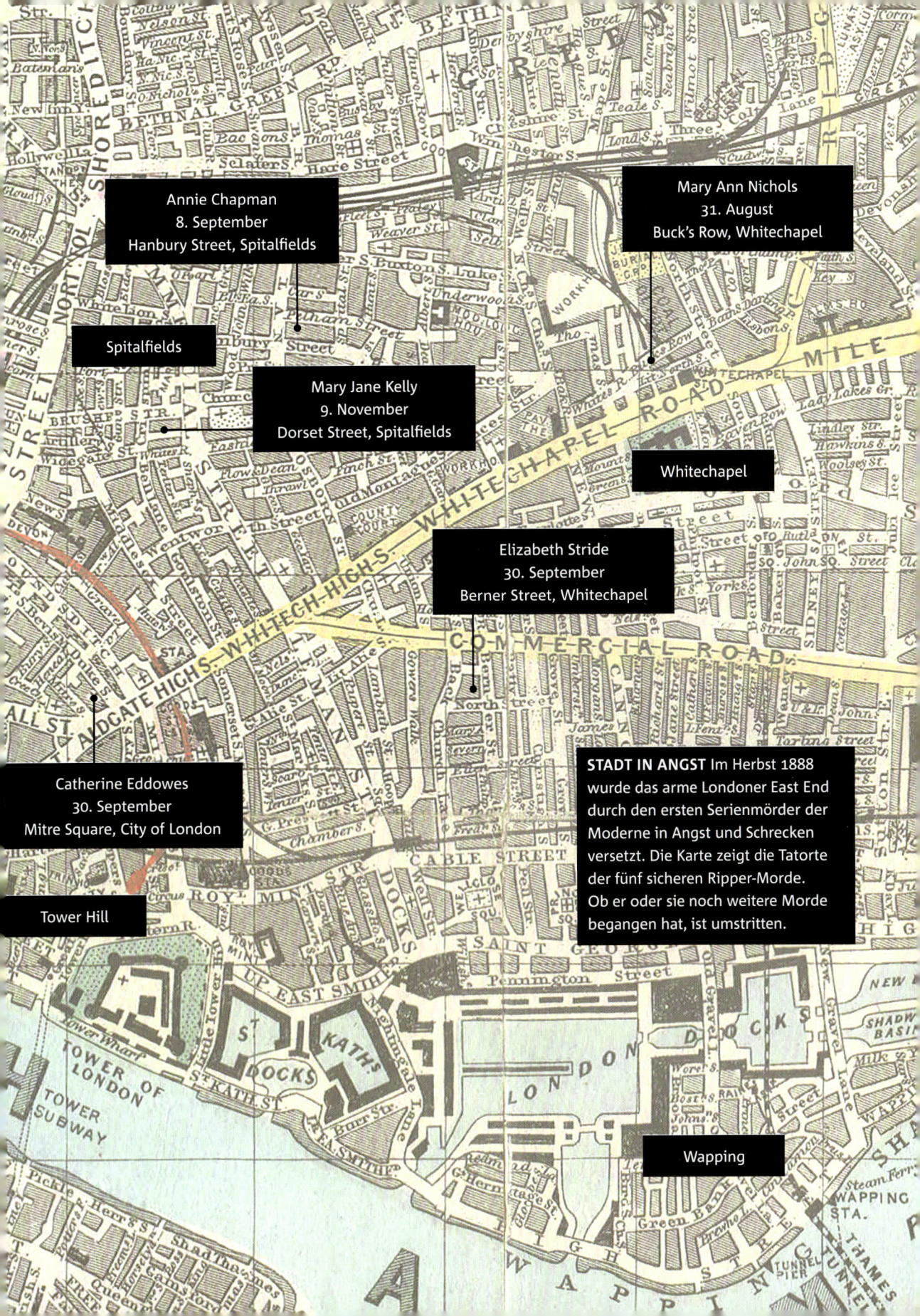

Annie Chapman
8. September
Hanbury Street, Spitalfields

Mary Ann Nichols
31. August
Buck's Row, Whitechapel

Spitalfields

Mary Jane Kelly
9. November
Dorset Street, Spitalfields

Whitechapel

Elizabeth Stride
30. September
Berner Street, Whitechapel

Catherine Eddowes
30. September
Mitre Square, City of London

STADT IN ANGST Im Herbst 1888 wurde das arme Londoner East End durch den ersten Serienmörder der Moderne in Angst und Schrecken versetzt. Die Karte zeigt die Tatorte der fünf sicheren Ripper-Morde. Ob er oder sie noch weitere Morde begangen hat, ist umstritten.

Tower Hill

Wapping

48 Der Tod von Lee Harvey Oswald

DAS RÄTSEL Warum ermordete Jack Ruby den angeblichen Kennedy-Attentäter?
WANN ES GESCHAH 24. November 1963

Das Attentat auf US-Präsident John F. Kennedy am 22. November 1963 hinterließ tiefe Wunden in der Seele Amerikas. Es hat mehr Verschwörungstheorien auf den Plan gerufen als jedes andere Verbrechen in der Geschichte. Lee Harvey Oswald wurde nach wenigen Stunden verhaftet. Doch als er am nächsten Tag in Begleitung der Polizei abgeführt wurde, tauchte ein Nachtclubbesitzer aus Dallas aus dem Schatten auf – Jack Ruby – und erschoss ihn. Warum?

Oswald wurde zunächst als Einzeltäter mit kommunistischen Neigungen bezeichnet. Heute geht man weithin davon aus, dass es eine Verschwörung zur Ermordung des Präsidenten gab. Einige machen unzufriedene Exilkubaner verantwortlich, andere beschuldigen Leute von der politischen Rechten oder die Geheimdienste. Auch das organisierte Verbrechen wird ins Spiel gebracht. Und mitten in all diesen Verbindungen steht der seltsame Jack Ruby, der Oswald vor den Augen eines Millionenpublikums an den Fernsehgeräten tötete. War er tatsächlich, wie er behauptete, außer sich vor Trauer über Kennedy? Wollte er der Welt beweisen, »dass Juden Mut haben« oder Jackie Kennedy den Prozess ersparen?

Viele weigern sich zu glauben, dass er einfach nur die Gelegenheit ergriff, sich an dem Kennedy-Mörder zu rächen. In Rubys Familie gab es Fälle von psychischen Krankheiten, er selbst neigte zu gewalttätigen Ausbrüchen, an die er sich danach nicht mehr erinnerte. Er trug auch immer eine Waffe bei sich, da er oft große Geldmengen aus seinem Nachtclub transportierte. Aber ist das nicht alles ein bisschen zu einfach?

Ruby war ein Berufsverbrecher mit Verbindungen zum organisierten Verbrechen. Sorgten diese Leute für die Ermordung Kennedys, weil seine Regierung ihnen das Handwerk legen wollte? Einige vermuten, Ruby sei zu unzuverlässig gewesen, als dass man ihn damit beauftragt hätte, Oswald zu erledigen. Doch vielleicht glaubten Rubys Verbindungsleute, er könnte die Polizei vor Ort manipulieren? Oder wurde er zu dem Mord gezwungen, um eine alte Schuld zu bezahlen?

Ruby starb 1967 an Krebs, während seine Berufung gegen den Mordprozess noch lief. In einem Fernsehinterview aus dem Jahr 1965 sagte er: »Es ist bei Weitem nicht alles ans Tageslicht gekommen. Die Welt wird nie erfahren, was wirklich passiert ist, was mich dazu gebracht hat. Die Leute, die ein Interesse daran hatten, mich in diese Lage zu bringen, werden niemals zulassen, dass alles bekannt wird.«

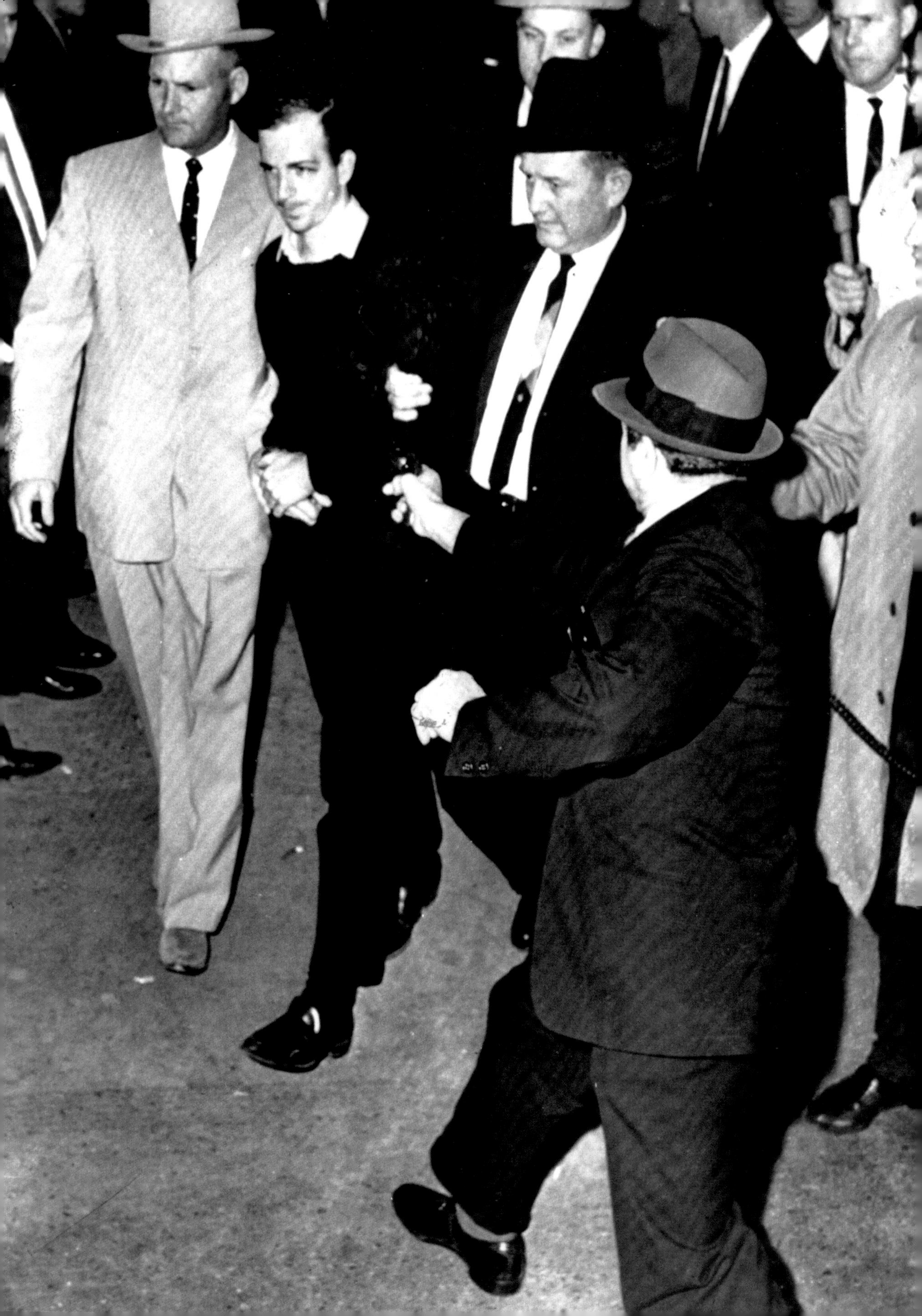

49 Alfred Loewenstein

DAS RÄTSEL Wie konnte es passieren, dass der reichste Mann der Welt aus einem Flugzeug fiel?
WANN ES GESCHAH 4. Juli 1928

Alfred Loewenstein galt für einige Zeit als reichster Mann der Welt. Er war rücksichtslos und hatte viele Feinde. Am 4. Juli 1928 ging er während eines Flugs über den Ärmelkanal in seinem Privatflugzeug zur Toilette. Minuten später wurde er vermisst, eine der Außentüren stand offen. Seine Leiche wurde 15 Tage später gefunden. War es Selbstmord, ein schrecklicher Unfall oder Mord?

Loewenstein wurde 1877 in Belgien geboren und kam während des Ersten Weltkriegs nach London, wo er mit Aktienhandel sehr reich wurde. Verschiedene Kritiker beschuldigten ihn krimineller Machenschaften, außerdem galt er als arrogant und ohne jede Ethik. Doch er sammelte ein Vermögen von etwa 12 Millionen US-Dollar an. Einen Teil des Geldes gab er schlicht für ein gutes Leben aus. Er befand sich an Bord seines Privatflugzeugs (eines der ersten mit Toilette) und flog von Croydon nahe London nach Brüssel, als er dem Ruf der Natur folgend in den hinteren Teil der Kabine ging, vorbei an einer Außentür. Als er nach einigen Minuten nicht zurückkam, suchte sein Sekretär nach ihm und stellte fest, dass die Toilette leer war und dass die Außentür offen stand. In der Annahme, Loewenstein sei aus dem Flugzeug gefallen, weil er die beiden Türen verwechselt habe (Bekannte attestierten dem reichen Mann gelegentliche geistige Abwesenheit), berichtete der Sekretär den Mitreisenden von seiner traurigen Entdeckung. An Bord waren der Pilot, ein Mechaniker, ein Diener und zwei Stenografinnen. Das Flugzeug landete an einem einsamen Strand in der Normandie und blieb dort aus ungeklärten Gründen eine halbe Stunde stehen. Danach meldete man den Vorfall dem nächsten Flugplatz. Loewensteins Leiche wurde am 19. Juli vor Boulogne gefunden.

Die Nachricht von seinem Tod sorgte für einen kurzzeitigen Börsencrash, und die Gerüchteküche brodelte. Das britische Luftfahrtministerium schloss einen Unfall aus, da man während des Fluges die Außentür gar nicht versehentlich öffnen konnte. Stattdessen wurden Loewensteins Angestellte verdächtigt, ihn ermordet zu haben, möglicherweise in Absprache mit Familienmitgliedern. Die halbe Stunde an dem Strand in der Normandie habe man gebraucht, um die Spuren zu verwischen. Andere vermuteten Selbstmord wegen finanzieller Schwierigkeiten oder bevorstehender Anklagen wegen Korruption. Seltsamerweise nahm Loewensteins Witwe nicht an seiner Beerdigung teil. Er wurde anonym bestattet. Ist das ein Hinweis auf einen inszenierten Tod? Wenn man der reichste Mann der Welt ist, kann alles Mögliche passieren.

REICHER MANN Alfred Loewenstein genoss das gute Leben. Hier steigt er gerade in sein Privatflugzeug ein. War sein Tod ein Unfall oder steckte mehr dahinter?

50 Der Mord an Olof Palme

DAS RÄTSEL Wer ermordete den schwedischen Ministerpräsidenten?
WANN ES GESCHAH 28. Februar 1986

Schweden gilt als wohlhabendes, selbstbewusstes und friedliches Land. So war der Schock umso größer, als der Ministerpräsident Olof Palme im Jahr 1986 auf offener Straße in Stockholm erschossen wurde. Ein Verdächtiger wurde verurteilt, später aber wieder freigelassen. Bis heute gibt es eine Vielzahl von Theorien über diejenigen, die Palmes Tod wünschten. Die Spuren führen nach Osteuropa, Südamerika, Afrika und Asien.

Am Abend des 28. Februar 1986 spazierten Palme und seine Frau Lisbet nach einem Kinobesuch durch die Stadtmitte der schwedischen Hauptstadt. Palme war immer stolz auf sein ganz normales Leben gewesen und wollte keine Leibwächter. Plötzlich tauchte ein einzelner Angreifer auf, erschoss Palme aus nächster Nähe und verletzte Lisbet. Passanten riefen die Polizei und versuchten, den Ministerpräsidenten zu retten. Der Attentäter floh zu Fuß.

Etwa 25 Zeugen sagten bei der Polizei aus, aber niemand hatte den Attentäter aus der Nähe gesehen. Die meisten beschrieben ihn als einen Mann zwischen 30 und 50 Jahren, etwa 1,80 groß, mit dunkler Jacke und einem außergewöhnlichen, leicht hinkenden Gang. Die Mordwaffe war wohl ein Revolver der Marke Smith & Wesson. Man fand eine solche Waffe 2006 in einem See im mittelschwedischen Dalarna, und obwohl es deutliche Hinweise darauf gibt, dass es sich um die Mordwaffe handeln könnte, lässt sich das nach so vielen Jahren im Wasser nicht mehr zweifelsfrei feststellen.

1988 verhaftete die Polizei einen Berufsverbrecher namens Christer Pettersson, dessen langes Vorstrafenregister auch einen Totschlag in den 70er Jahren enthielt. Lisbet Palme identifizierte ihn als den Attentäter, er wurde angeklagt und zu lebenslanger Haft verurteilt. 1989 kam er jedoch nach einem Berufungsverfahren frei. Es hatte Formfehler bei der Gegenüberstellung gegeben, es gab keine Mordwaffe – und kein Motiv.

Pettersson starb 2004. Zwei Jahre später wurde in einer TV-Dokumentation von einigen seiner Bekannten behauptet, er habe die Tat gestanden. Sein beabsichtigtes Opfer sei ein Drogenhändler gewesen, der in der Gegend wohnte und Palme sehr ähnlich sah. Später wurde diese Aussage bezweifelt, aber es könnte sein, dass das folgenschwerste Verbrechen der schwedischen Geschichte einfach auf einer Verwechslung beruhte.

EIN OFFENER FALL
Der Mord an dem schwedischen Ministerpräsidenten Olof Palme im Jahr 1986 schockierte ganz Europa. Trotz intensiver Ermittlungen blieb die Identität des Mörders unklar.

FEHLSCHUSS Der Berufsverbrecher Christer Pettersson wurde wegen des Mordes angeklagt und nach einer Berufungsverhandlung freigelassen. Viele glauben, hinter dem Mord stünden andere Kräfte.

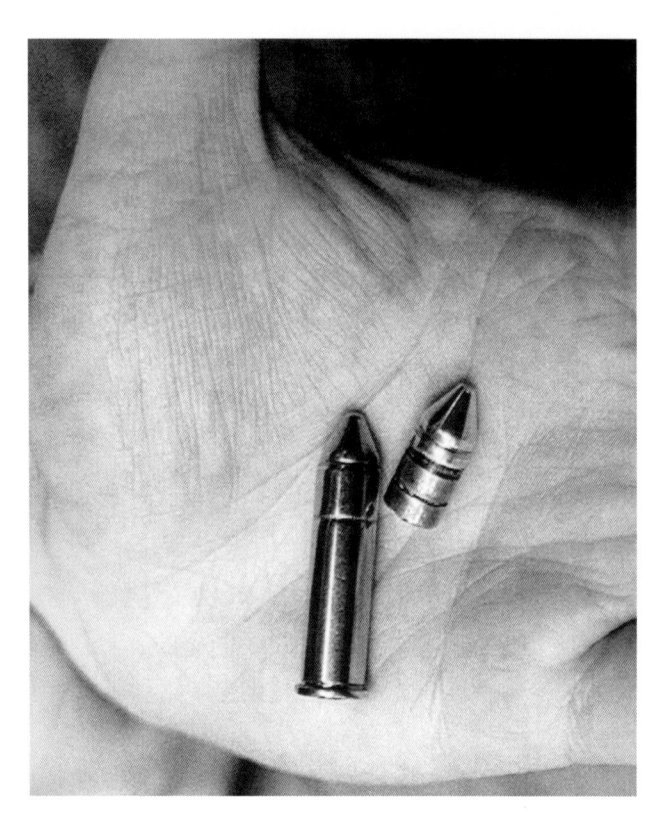

DIE KUGEL Olof Palme wurde von einer solchen Kugel getötet, die aus einer 0.357 Winchester Magnum abgefeuert wurde. Damit begann die größte Mordermittlung der schwedischen Geschichte.

Andere Ermittler sind jedoch nach wie vor überzeugt, dass Palme das Opfer einer Verschwörung war. In einer Zeit, in der rechte Politiker wie Reagan und Thatcher auf dem Vormarsch waren, blieben Palme und seine Sozialdemokraten standfeste Linke. Als Vorkämpfer der Menschenrechte auf der internationalen Bühne hatte Palme sicher jede Menge Feinde im In- und Ausland.

Einige glauben, der Mord sei das Werk rechter Extremisten oder gar unzufriedener Polizisten. Der Autor Stieg Larsson, der nach seinem Tod mit seiner »Millennium«-Serie weltberühmt wurde, hatden Fall intensiv studiert und nahm an, es habe sich bei dem Mörder um einen psychisch kranken Rechtsextremen gehandelt. Der Verdächtige, den er im Blick hatte, wurde tatsächlich von der Polizei befragt, hatte aber ein Alibi. Die Frau, die ihn mit diesem Alibi versorgte, hat sich allerdings später von ihm getrennt und ihre Aussage zurückgezogen. Trotzdem wurde der Mann nie angeklagt.

Eine andere Theorie besagt, dass Palme von Attentätern aus dem Umfeld des jugoslawischen Geheimdienstes getötet wurde, die kroatische Separatisten im Visier hatten. Andere vermuten kurdische Separatisten hinter der Tat. Dann gibt es eine Version der Ereignisse, die eine Verbindung zu einem großen Deal schwedischer Waffenfabrikanten mit der indischen Regierung sehen. Bei diesem Deal war es zu massiven Bestechungen gekommen. Wurde Palme umgebracht, bevor er den Deal stoppen konnte?

Doch in den Augen der meisten Kommentatoren ist eine Verbindung nach Südafrika besonders wahrscheinlich. Eine Woche vor seinem Tod hatte Palme vor einer Anti-Apartheid-Konferenz gesprochen und die Abschaffung des Apartheidsystems gefordert. Schweden hatte Nelsons Partei, den Afrikanischen Nationalkongress (ANC) mit finanziert, und es gab Gerüchte, dass auch Gelder aus der Sowjetunion über Schweden gelaufen waren. Ein früherer leitender Polizeibeamter aus Südafrika, Colonel Eugene de Kock, hat 1996 ausgesagt, Palme sei das Ziel von Attentätern im Auftrag der Apartheid-Regierung gewesen. Diese Aussage wurde von führenden Polizeibeamten dieser Zeit gestützt, allerdings gab es Diskrepanzen, was die Identität des Attentäters anging.

51 Roberto Calvi – der Bankier Gottes

DAS RÄTSEL Wer tötete den »Bankier Gottes« – und warum?
WANN ES GESCHAH 18. Juni 1982

Roberto Calvi leitete eine der größten italienischen Banken und stand in Kontakt mit den Mächtigen des Landes. Doch sein Tod war elendig: Seine Leiche wurde an einem trüben Morgen im Jahr 1982 gefunden, sie hing unter der Blackfriars Bridge in London. Selbstmord oder Mord? Es gab, so wurde bald klar, jede Menge Leute, die Calvis Tod wünschten, aber bis heute ist unklar, was damals geschah.

Roberto Calvi leitete die Banco Ambrosiano, die zweitgrößte Privatbank Italiens. In diesem Zusammenhang gab es schon lange vor seinem Tod immer wieder Skandale und Kontroversen. 1978 wurde die ehrwürdige Institution wegen illegaler Devisengeschäfte von der Staatsanwaltschaft untersucht, 1981 bekam Calvi dafür eine vierjährige Bewährungsstrafe und eine Geldstrafe in Höhe von umgerechnet mehreren Millionen Euro. Doch solange das Berufungsverfahren lief, durfte er seinen Posten in der Bank behalten.

Calvi wusste jedoch besser als jeder andere, dass die Aussichten der Bank düster waren. Tatsächlich lief ihre Zeit ab. Anfang Juni 1982 schrieb er an Papst Johannes Paul II. einen Brief. Die Bank des Vatikan war der größte Aktionär der Banco Ambrosiano, daher auch Calvis Spitzname »Bankier Gottes«. Calvi wusste, seine Bank war überschuldet, einige vermuten Schulden im Wert von 1,5 Milliarden Euro. In dem Brief warnte er den Papst, ein Zusammenbruch der Bank würde der katholischen Kirche schweren Schaden zufügen.

Am 10. Juni 1982, wenige Tage nach diesem Brief, verließ Calvi Italien mit falschen Papieren. Man vermutet, dass er sich in die Schweiz begab und von dort aus mit einem gecharterten Privatflugzeug nach London flog. Gegen 7.30 am Morgen des 18. Juni fand ein Postarbeiter seine Leiche an einem Gerüst unterhalb der Blackfriars Bridge. Seine Kleidung war mit Steinen beschwert, in seinen Taschen steckte Bargeld im Wert von 15.000 Euro.

Im Juli 1982 kamen die britischen Ermittler zu dem Schluss, es handele sich um Selbstmord. Aber Calvis Familie war davon nicht überzeugt. Eine zweite Untersuchung im Jahr darauf kam zu keinem abschließenden Urteil. Die Familie war überzeugt, dass Roberto ermordet worden war, und finanzierte eine weitere Untersuchung im Jahr 1990. Dazu wurde auch die Leiche exhumiert. Mit neuesten forensischen Mitteln konnte gezeigt werden, dass Calvis Schuhe keine Farb- oder Rostpartikel von der Brücke trugen, wie man es hätte erwarten können, wenn er auf das Gerüst geklettert wäre, um sich zu erhängen. Es zeigte sich auch, dass der Wasserstand des Flusses an

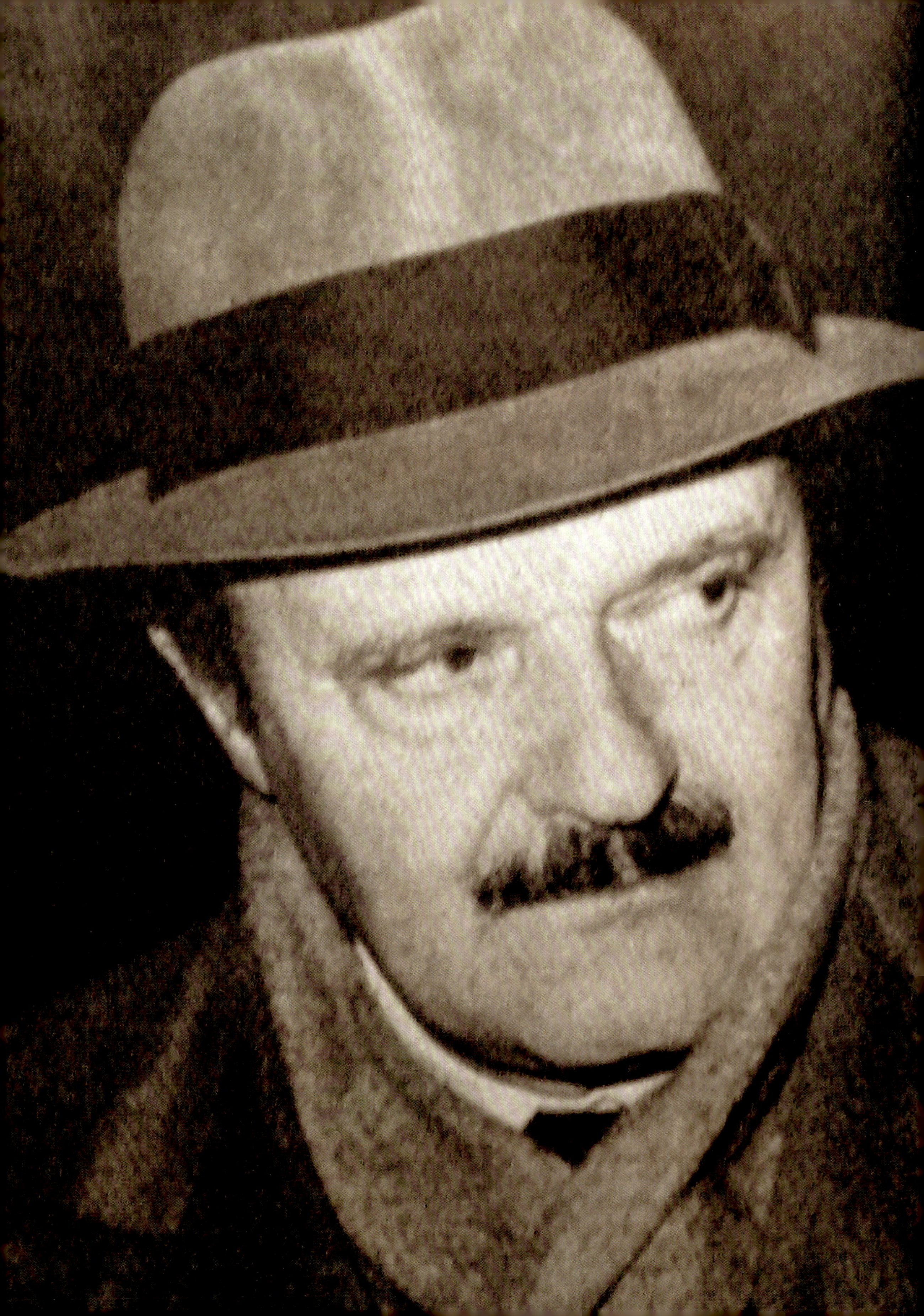

UNTER DER BRÜCKE *Bild links:* Roberto Calvi besaß geheimes, gefährliches Wissen. *Bild oben:* Blackfriars Bridge überquert die Themse in London. Hier starb Calvi einen elenden Tod.

diesem Morgen es zugelassen hätte, ihn von einem Boot aus an das Gerüst zu hängen. Außerdem gab es keinerlei Anzeichen dafür, dass Calvi die Steine in seinen Taschen berührt hätte. Und die Verletzungen an seinem Hals passten nicht zu einem Tod durch Erhängen.

Allmählich deutete alles auf Mord hin, und zwar vor dem Erhängen. Aber wer hatte Grund zu einer solchen Tat? Es wäre vermutlich einfacher, diejenigen aufzuzählen, die kein Motiv hatten. Viele prominente Gestalten innerhalb des italienischen organisierten Verbrechens hatten bei einem Zusammenbruch der Banco Ambrosiano Geld zu verlieren. Außerdem gab es die Verbindung zum Vatikan und die Drohung schweren Schadens für die katholische Kirche. Wie viel hatte die Vatikan-Bank von den Machenschaften Calvis gewusst? 1984 zahlte die Vatikan-Bank ein kleines Vermögen an mehr als 100 Gläubiger der Banco Ambrosiano, als »moralische Wiedergutmachung«.

Es zeigte sich auch, dass Calvi ein Mitglied der berüchtigten Freimaurer Loge P2 gewesen war. Diese Loge war ein Sammelbecken einflussreicher Männer, die in düstere Machenschaften verwickelt waren. Einige gingen so weit, sie als »Staat im Staate« zu bezeichnen. Es gab Spekulationen, dass Calvi aus Angst, für den Zusammenbruch seiner Bank verantwortlich gemacht zu werden, gedroht hatte, einige Geheimnisse auszuplaudern, wenn ihm seine alten Freunde nicht halfen. Hat er mit dieser Drohung sein eigenes Todesurteil unterschrieben? Einige sehen Symbole der Freimaurer in den Steinen und dem Geld in seinen Taschen. Auch die Blackfriars Bridge soll mit Absicht ausgesucht worden sein, weil die Mitglieder der P2 oft als »frati neri«, als schwarze Mönche bezeichnet wurden.

In den Jahren nach Calvis Tod haben verschiedene Unterweltgestalten auf frühere Komplizen gedeutet. 2005 wurden fünf Leute aus dem organisierten Verbrechen wegen Mordes an Calvi angeklagt, aber 2007 wurden alle wegen Mangels an Beweisen freigesprochen. Die Annahme liegt nahe, dass es eine ganze Reihe von Personen gibt, die genau wissen, was dem »Bankier Gottes« widerfuhr. Aber keiner von ihnen kann oder will darüber sprechen.

UNAUFGEKLÄRTE MORDE UND TODESFÄLLE

52 Die Borden-Morde

DAS RÄTSEL Brachte die stille Lizzie Borden ihre Eltern mit einer Axt um?
WANN ES GESCHAH 4. August 1892

Dieser Prozess ergriff ganz Amerika. Ein angesehenes Ehepaar, Andrew und Abby Borden, war in Fall River, Massachusetts, erschlagen worden. Ihre Tochter Lizzie, eine stille Sonntagsschullehrerin, wurde des Verbrechens angeklagt. Sie wurde freigesprochen, der Mörder wurde nie gefunden, doch Lizzie litt für den Rest ihres Lebens unter gesellschaftlicher Ächtung. War sie eine Mörderin oder unschuldig?

Am 4. August 1892 hörte das Dienstmädchen der Bordens, Bridget Sullivan, Lizzies Schrei aus dem Wohnzimmer, wo die Leiche ihres Vaters lag. Elf Mal hatte man mit einer Axt auf ihn eingeschlagen. Im oberen Stockwerk lag Abbys Leiche, die 19 Schläge erhalten hatte. Bald stellte die Polizei fest, dass es Spannungen in der Familie gegeben hatte. Lizzie sprach z. B. recht kühl von ihrer Stiefmutter als »Mrs Borden«. Auch zwischen Lizzie und ihrer Schwester Emma auf der einen und ihrem Vater auf der anderen Seite war es zum Bruch gekommen, weil Abbys Familie Wertgegenstände erhalten hatte. Schließlich hatte es Streit wegen einiger Tauben gegeben, die Lizzie liebte und die Andrew getötet hatte.

Angeblich hatte Lizzie am Tag zuvor versucht, Gift zu kaufen, und eine Freundin der Familie berichtete, sie habe Lizzie einige Tage später in der Küche ertappt, wie sie ein fleckiges Kleid verbrennen wollte. Nach einer Woche wurde Lizzie, die sich auch sonst verdächtig benahm, festgenommen. Der Prozess begann drei Monate später.

Da es kaum Beweise gab, wurde Lizzie nach einer Stunde freigesprochen. Aber bei ihrer Heimkehr nach Fall River wurde sie von vielen früheren Bekannten geschnitten, die von ihrer Schuld überzeugt waren. Ein Anwalt forderte sie sogar auf, zu erklären, wie sie es geschafft hatte, davonzukommen, nachdem ihr nach dem Prozess nichts mehr passieren konnte.

Doch ihre Verteidiger wiesen auch auf einige andere Verdächtige hin, darunter das Dienstmädchen Bridget, das angeblich in Lizzie verliebt war, wie heutige Kommentatoren vermuten. Dann gab es da John Morse, den Bruder von Lizzies verstorbener Mutter, der eine Weile bei der Familie lebte. Der Schriftsteller Arnold Brown wies auf einen unzufriedenen unehelichen Sohn hin, andere sprachen von David Anthony, einem Verehrer von Lizzie, und vom Arzt des Ortes, Seabury Bowen, der offenbar Streit mit den Bordens hatte. Irgendjemand hat diesen Mord begangen. Es ist vielleicht unfair, nur Lizzie zu beschuldigen.

HINTER RESPEKTABLEN FASSADEN *Großes Bild:* In diesem Haus in Fall River wurden Andrew und Abby Borden erschlagen. *Kleines Bild:* Hat die brave Lizzie Borden wirklich den grausamen Doppelmord begangen?

53 Auf der Spur des Zodiac

DAS RÄTSEL Wer war der Serienmörder, der Kalifornien in Schrecken versetzte?
WANN ES GESCHAH Ende der 60er Jahre

Der Zodiac-Killer oder kurz: der Zodiac, soll in der Hippie-Zeit in Nordkalifornien mindestens 5 Personen ermordet und zwei weitere Mordversuche begangen haben. Doch in Briefen an die Polizei behauptete ein angeblicher Mörder, er habe 37 Menschen umgebracht. Manchmal enthielten seine Briefe kryptische Zeichen, und er versprach, sich zu stellen, wenn diese Zeichen entschlüsselt würden. Doch man fasste ihn nie, und das Rätsel bleibt.

Der Zodiac, wie er sich selbst nannte, begann mit seiner Schreckensherrschaft kurz vor Weihnachten 1968, als er das Teenagerpärchen Betty Lou Jensen und David Faraday in einem Auto an der Lake Herman Road erschoss. Der letzte Mord, der ihm zugeschrieben wird, geschah am 11. Oktober 1969, als er den 29-jährigen Taxifahrer Paul Stine in San Francisco erschoss. In der Zwischenzeit griff er zwei weitere Paare an, einmal mit einer Schusswaffe in Vallejo und einmal mit einem Messer am Lake Berryessa. Bei beiden Angriffen überlebte einer der Partner.

Danach wurde der Zodiac immer wieder mit Verbrechen in Verbindung gebracht. Er rief einige Male sogar bei der Polizei an und forderte, die Zeitungen sollten seine Briefe abdrucken, die in vier Fällen Codes enthielten, mit deren Hilfe man ihn finden könne. Doch nur eins dieser Zeichen wurde entschlüsselt, und es handelte sich nur um eine Bemerkung über die Freuden des Tötens. In den Briefen erklärte der Zodiac, er wolle sich mit den Morden eine Armee von Sklaven für sein Leben nach dem Tod erschaffen. Die Briefe enthielten Details über die Morde, die die Polizei nicht veröffentlicht hatte.

Zahllose Verdächtige gab es im Laufe der Jahre, normalerweise auf der Grundlage von Indizien. Arthur Leigh Allen wurde von dem Bestsellerautor Robert Graysmith beschuldigt und später von der Polizei vernommen, aber es gab keine stichhaltigen Beweise. 2009 behauptete ein Anwalt in Kalifornien, Robert Tarbox, er habe 1972 Besuch von einem Seemann erhalten, der sich als der Zodiac bezeichnete und angab, er wolle aufhören zu morden. Doch die Identität des Seemannes blieb unbekannt. 2014 gab ein gewisser Randy Kenney an, sein Freund Louie Myers habe ein Jahr vor seinem Tod 2002 die Morde gestanden. Doch bis heute ist der Zodiac-Fall ungelöst. Wenn der Mann nicht längst tot ist, muss er heute ein alter Mann sein. Und vielleicht freut er sich immer noch an der Angst, die er vor langer Zeit ausgelöst hat.

UNAUFGEKLÄRTE MORDE UND TODESFÄLLE

WANTED

SAN FRANCISCO POLICE DEPARTMENT

90-69   WANTED FOR MURDER   OCTOBER 18, 1969

ORIGINAL DRAWING   AMENDED DRAWING

Supplementing our Bulletin
developed the above amended

WMA, 35-45 Years, approxima
Red Tint, Wears Glasses.

Available for comparison:

ANY INFORMATION:
Inspectors Armstrong & Toschi
Homicide Detail
CASE NO. 696314

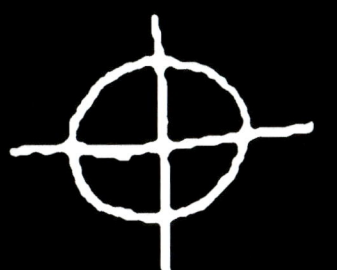

GESICHT EINES MÖRDERS *Großes Bild:* Die Polizei von San Francisco brachte dieses Phantombild in Umlauf, nachdem Zeugen den Mann gesehen hatten. *Links:* Dieses Symbol benutzte der angebliche Zodiac-Mörder in seinen Briefen.

THOMAS J. CAHILL
CHIEF OF POLICE

54 Der Mann von Somerton

DAS RÄTSEL Wer war der Tote am Adelaide Beach? Und welche Verbindung hat er zu einer alten persischen Handschrift?
WANN ES GESCHAH
1. Dezember 1948

Am Abend des 30. November 1948 entdeckte ein Paar einen gut angezogenen Mann am Somerton Beach unweit der australischen Stadt Adelaide. Er hob seinen Arm, dann ließ er ihn wieder fallen. Ein weiteres Paar sah den Mann eine halbe Stunde später, aber da bewegte er sich nicht mehr, und sie nahmen an, er schlafe. Am nächsten Morgen war er eindeutig tot, gestorben an einem Herzversagen, das auf eine Vergiftung zurückging.

Der Tote hatte keine Papiere bei sich, nur eine Zigarettenschachtel, die aber Zigaretten einer anderen, teureren Marke enthielt. Bei der Untersuchung wurde festgestellt, dass er ein Gift genommen hatte, das sehr schnell wieder aus dem Körper verschwindet. Möglicherweise hatte er es über die Zigaretten aufgenommen. Dann wurde im April 1949 ein kleines, aufgerolltes Stück Papier in einer eingenähten Geheimtasche im Hosenbund des Mannes gefunden. Darauf stand »Tamám Shud«, es ist zu Ende: die letzten Worte eines persischen Textes aus dem 12. Jahrhundert namens »Rubaiyat des Omar Khayyam«. Wenige Wochen später erklärte ein Mann, er habe ein Exemplar des Textes in seinem Auto gefunden, das er offen in der Nähe des Schauplatzes geparkt hatte. Der Text war in Neuseeland gedruckt, aber es fand sich kein weiteres Exemplar. Auf der Rückseite war die Telefonnummer einer Frau notiert, die in der Nähe von Somerton Beach lebte. Sie hieß Jessica Thompson und erklärte, sie habe ein Exemplar des Textes einem gewissen Alfred Boxall 1945 übergeben. Doch alle Hoffnungen, den Fall jetzt lösen zu können, schwanden dahin, als Boxall lebend und gesund und im Besitz des Buches aufgefunden wurde.

Schwach konnte man auch fünf unterstrichene Buchstaben erkennen, die auf einen Code hindeuteten, der jedoch ungelöst ist. Alles wies darauf hin, dass der Tote mit Spionage in Verbindung stand. Diese Vermutung wurde durch eine Aussage von Jessica Thompsons Tochter aus dem Jahr 2013 gestützt, ihre Mutter habe die Polizei angelogen: Sie hätte gewusst, wer der Tote war, und dasselbe sei auch bei höheren Behörden der Fall.

Um die Sache noch komplizierter zu machen, wurde drei Jahre vor dem Toten von Somerton in einem Park in Sydney ein gewisser George Marshall tot aufgefunden. Er hatte ebenfalls ein Exemplar des persischen Textes bei sich, angeblich eine siebte Auflage, obwohl in dem entsprechenden Verlag nur fünf Auflagen gedruckt worden waren. War es reiner Zufall, dass mindestens zwei Männer starben, die rätselhafte Ausgaben dieses Textes besaßen? Mrs Thompson und einige andere haben es wohl gewusst.

GEHEIME BOTSCHAFT Diese seltsame Ansammlung von Buchstaben wurde in einem alten persischen Text unterstrichen, der in einem Auto unweit des Fundortes deponiert wurde.

TOTENMASKE Ein Foto des Mannes, der am Somerton Beach gefunden wurde. Wer war er, woher kam er und was machte er in Australien?

55 Die Tragödie von Mayerling

DAS RÄTSEL Was führte zu dem rätselhaften Tod des Habsburger Thronfolgers?
WANN ES GESCHAH 30. Januar 1889

An einem Wintertag Anfang 1889 wurden die Leichen eines Mannes und einer Frau in einer Jagdhütte in Mayerling unweit Wiens gefunden. Aus dem tragischen Todesfall wurde ein Skandal internationalen Ausmaßes, denn es handelte sich um Prinz Rudolf von Österreich, den Thronfolger des österreichisch-ungarischen Kaiserreichs, und seine 17-jährige Geliebte, die Baroness Mary Vetsera. Warum wurde der Tod der beiden vertuscht?

Der 30-jährige Rudolf, Sohn von Kaiser Franz Josef I. von Österreich, war unglücklich mit Stephanie von Belgien verheiratet. Sie wusste wohl von seiner Affäre mit der jungen Mary. Rudolf wollte am 30. Januar auf die Jagd gehen, aber als sein Diener kam, um ihn zu wecken, fand er die Leichen der beiden mit Schusswunden vor. Es gab keinen unmittelbaren Hinweis auf Einwirkung Dritter. Wenige Stunden später wurde Marys Leiche weggebracht und im Geheimen beerdigt. Als die Nachricht sich dann verbreitete, hieß es lediglich, der Prinz sei tot aufgefunden worden und entweder an einem Herzanfall oder durch Gift gestorben. Die wichtigsten Zeugen wurden vom Kaiserhof mit Schweigegeldern bestochen.

Doch es dauerte nicht lange, da kam die Wahrheit ans Licht. Es wurde nie offiziell zugegeben, dass Rudolf seine Geliebte umgebracht hatte, und auch ein Selbstmord wurde ausgeschlossen, da Rudolf dann ein christliches Begräbnis verweigert worden wäre. Der Kaiser gab dem Papst gegenüber zwar zu, dass sich sein Sohn umgebracht habe, sprach aber von einem verwirrten Geisteszustand. Rudolf wurde also in der Familiengruft beigesetzt, und der Vatikan ließ die eigenen Untersuchungen des Falls auf sich beruhen.

Es ist verführerisch anzunehmen, dass die beiden Liebenden gemeinsam Selbstmord begingen: Rudolf hatte viel Sinn für makabre Romantik. Doch es gibt auch andere Erklärungen für ihren Tod. Nur eine Kugel wurde abgefeuert, man kann also vermuten, dass Mary auf andere Weise umkam. Erschlug Rudolf sie im Streit und nahm sich dann aus Reue das Leben? Starb sie bei einer verpfuschten Abtreibung? Oder war Rudolf ein unschuldiges Opfer und wurde von Staatsfeinden (wie sein Vater vermutete) oder übel meinenden Kräften im eigenen Umfeld ermordet? In seinem Bestreben, den Namen der Familie zu schützen, opferte Franz Josef ganz offenbar die Wahrheit. Die Chancen, dass man heute noch erfährt, was wirklich geschah, sind äußerst gering.

GESCHEITERTE LIEBE
Großes Bild: Die junge Mary Vetsera eroberte das Herz des österreichischen Kronprinzen. *Kleines Bild:* Rudolf in einem Porträt von Eugen Felix. Niemand weiß, was wirklich in Mayerling geschah.

56 Das Geheimnis des Kaspar Hauser

DAS RÄTSEL Wer war der geheimnisvolle junge Mann, der Anfang des 19. Jahrhunderts in Nürnberg auftauchte?
WANN ES GESCHAH 1828

Kaspar Hauser war etwa 16 Jahre alt, als er im Mai 1828 durch die Straßen von Nürnberg irrte. Er behauptete, er sei in einer kleinen, dunklen Zelle aufgewachsen, und bis heute weiß niemand, wer er wirklich war. Am 17. Dezember 1833 starb er an einer Stichwunde, und seitdem fragt man sich, ob er ein verwirrter Adeliger, ein Fantast oder jemand ganz anderer war.

Hauser trug bei seiner Ankunft in Nürnberg einen unsignierten Brief bei sich, in dem es hieß, er sei seit 1812 in der Obhut des Briefschreibers gewesen und habe eine rudimentäre christliche Erziehung erhalten, jedoch nie das Haus verlassen dürfen. Nun wolle der Junge zur Kavallerie gehen wie sein Vater. Ein zweiter Brief, angeblich von Hausers Mutter, nannte seinen Namen und das Geburtsdatum (30. April 1812), aber beide Briefe waren in derselben Handschrift verfasst. Hatte Hauser beide Briefe selbst geschrieben?

In den nächsten Jahren lebte er in der Obhut verschiedener Personen. Zuerst dachte man, er sei halb wild in einem nahe gelegenen Wald aufgewachsen, später berichtete Hauser, er habe seine Kindheit in einer kleinen halbdunklen Zelle verbracht, wo er niemanden zu sehen bekam außer einem gelegentlichen Besucher, der ihm beigebracht habe zu laufen, seinen Namen zu schreiben und in bayerischem Dialekt zu sagen: »Ich will zur Kavallerie wie mein Vater.« Angesichts dieser bizarren Geschichte gab es viele Spekulationen über seine Herkunft. Einige vermuteten, er sei das Mitglied eines Königshauses im Exil, vielleicht aus dem Hause Baden, aus England oder Ungarn. Andere hielten ihn für einen Hochstapler. Der britische Adelige Lord Stanhope hatte besonderes Interesse an ihm und vermutete Verbindungen nach Ungarn, kam aber zu dem Schluss, die Aussagen des Jungen seien nicht glaubhaft.

Am 14. Dezember 1833 erlitt Hauser eine Stichwunde in die linke Brustseite. Er erklärte, ein Fremder habe ihn in einem nahe gelegenen Garten angegriffen. In seiner Tasche fand sich ein rätselhafter Vers in Spiegelschrift, der auf die Identität des Angreifers hinwies. Bald kam der Verdacht auf, er habe sich die Verletzung selbst zugefügt und auch den Vers selbst geschrieben. Wie auch immer: Hauser starb noch am selben Tag. Vielleicht war er ein Schwindler, vielleicht auch geisteskrank. Vielleicht war er auch von hoher Geburt. Aber ob er das selbst wusste, lässt sich bezweifeln. Sein Grabstein fasst sein Leben gut zusammen: »Hier liegt Kaspar Hauser, Rätsel seiner Zeit, unbekannt die Herkunft, geheimnisvoll der Tod.«

UNBEKANNTE HERKUNFT *Großes Bild:* Eine Darstellung des angeblichen Mordanschlags auf Kaspar Hauser in Nürnberg am 13. Dezember 1833. *Kleines Bild:* Fünf Jahre zuvor war Hauser in die Stadt gekommen, niemand wusste, woher.

57 Robert Maxwell – Unfall auf See?

DAS RÄTSEL Wer oder was tötete den Medienzaren?
WANN ES GESCHAH 5. November 1991

Nach seiner Flucht aus der besetzten Tschechoslowakei erfand sich Jan Hoch selbst neu als Robert Maxwell und stieg die Leiter der britischen Gesellschaft hinauf. Er war Mitglied des Parlaments, später baute er ein Medienimperium auf. Als er auf seinem Boot vor den Kanarischen Inseln tödlich stürzte, blieben viele unbeantwortete Fragen. War er krank gewesen, hatte er wegen finanzieller Schwierigkeiten Selbstmord begangen oder brachten ihn seine Feinde um?

In den frühen 90er Jahren war Maxwell bekannt als Eigentümer der Mirror Group Newspapers. Doch sein Kartenhaus stand vor dem Zusammenbruch. Nach seinem Tod zeigte sich, dass er den Pensionsfonds seiner Angestellten veruntreut hatte, um finanzielle Löcher zu stopfen. Seinen letzten Lebenstag, den 5. November 1991, verbrachte er an Bord seiner Yacht Lady Ghislaine. Bei Einbruch der Nacht wurde seine Leiche 25 Kilometer vom Boot entfernt im Wasser gefunden. Drei Pathologen scheiterten an der Feststellung der Todesursache, aber am Ende hieß es, er sei nach einem Herzinfarkt ertrunken. Tatsächlich hatte er gesundheitliche Probleme, aber viele fanden diese offizielle Erklärung ein wenig zu einfach.

So wurde von Selbstmord wegen einer bevorstehenden Betrugsanklage gesprochen, obwohl nur wenige, die ihn kannten, so etwas für möglich hielten. Heute wissen wir allerdings, dass er auch wegen angeblicher Kriegsverbrechen im Zweiten Weltkrieg unter Verdacht stand. Als Jude, der im Holocaust viele Familienmitglieder verloren hatte, war er aus dem Krieg als hochdekorierter Held hervorgegangen. All das stand jetzt auf dem Spiel. Aber hätte er sich deshalb umgebracht?

Andere spekulierten, er sei von ausländischen Agenten umgebracht worden. Maxwell hatte lange als Kurier zwischen dem Ostblock und Israel gearbeitet und komplizierte Deals eingefädelt, sogar Waffenlieferungen. Er wusste viele gefährliche Dinge. Angesichts der drohenden Anklagen hatten vielleicht seine internationalen Kontaktleute Anlass dazu, ihn aus dem Weg zu räumen. Eine Variante dieser Spekulationen, vertreten von Autoren wie Gordon Thomas und Martin Dillon, hält Maxwell für einen israelischen Spion. Vielleicht hatte er von seinen Auftraggebern in Israel ein hohes Schweigegeld verlangt und war deshalb vom Mossad ermordet worden.

Wie auch immer er gestorben sein mag, Maxwell hinterließ ein Geflecht, das wohl nie entwirrt werden wird.

NARRENSCHIFF *Großes Bild:* Der jugendlich wirkende Robert Maxwell mischte die britische Medienwelt gründlich auf. *Kleines Bild:* Maxwells Yacht, auf der er vor den Kanarischen Inseln zu Tode kam.

58 Die angebliche Autopsie eines Außerirdischen

DAS RÄTSEL Ein berühmt-berüchtigter Filmstreifen, von dem seine Urheber behaupten, es handle sich authentisches Dokumentarmaterial
WANN ES GESCHAH 1995

Für all jene, die fest daran glauben, dass Außerirdische auf der Erde gelandet sind, erwies sich ein Vorfall aus dem Jahr 1995 als die Erfüllung ihrer Träume. Damals wurde ein Dokumentarstreifen gezeigt, in dem angeblich die Autopsie eines Außerirdischen zu sehen sein sollte. Trotz des Hohngelächters der Skeptiker halten die UFO-Anhänger diese Bilder für einen unwiderlegbaren Beweis für den legendären UFO-Absturz von Roswell aus dem Jahr 1947.

Die Veröffentlichung des Filmstreifens mit der angeblichen Alien-Autopsie war von einer enormen Publicity begleitet. Schon seit Langem wurde gemunkelt, ein Raumfahrzeug von Außerirdischen sei 1947 über Roswell im US-Bundesstaat Neu-Mexiko abgestürzt und ein oder mehrere Insassen seien in Gewahrsam genommen worden. Gleichzeitig wurde spekuliert, die amerikanischen Behörden hätten eine vollständige Autopsie an dem Wesen durchgeführt und dies sei nun der endgültige Beweis für den Vorfall. Gezeigt wurde ein 17 Minuten langer, schummriger Schwarz-Weiß-Streifen mit der angeblichen Leichenöffnung dieses nicht-menschlichen Wesens. Mehr als eine Milliarde Menschen haben diese Bilder inzwischen gesehen. Viele sind felsenfest davon überzeugt, dass dieses Filmmaterial echt ist, doch die meisten Menschen blieben äußerst skeptisch.

Der Londoner Filmproduzent Ray Santilli, der den Film produziert hat, behauptete immer, er sei rein zufällig auf dieses Material gestoßen, als er 1992 bei einer Reise in die USA nach Filmmaterial über die Auftritte von Rock 'n' Roll-Stars suchte. Er behauptete, ein pensionierter Kameramann der US-Army hätte ihm 22 Rollen mit Filmmaterial angeboten, dass er über 40 Jahre lang aufbewahrt habe. Nachdem er sich das Geld für den Kauf der Filmrollen beschafft hatte, nahm Santilli sie mit nach England, wo er sie für öffentliche Aufführungen zusammenschnitt und aufbereitete.

Später gab er zu, er habe beschlossen, den Film originalgetreu zu rekonstruieren, wobei er sogar etliche Filmschnipsel aus dem Urfilm mitverwendet habe; allerdings konnte er nicht mehr angeben, welche.

Für viele ist der Fall damit abgeschlossen. Der Film war eine eindeutige Fälschung und die Geschichte von Roswell war auch nicht mehr als eine Legende. Doch es gibt nach wie vor Menschen, die es nicht so sehen.

SELTSAME BEGEGNUNGEN

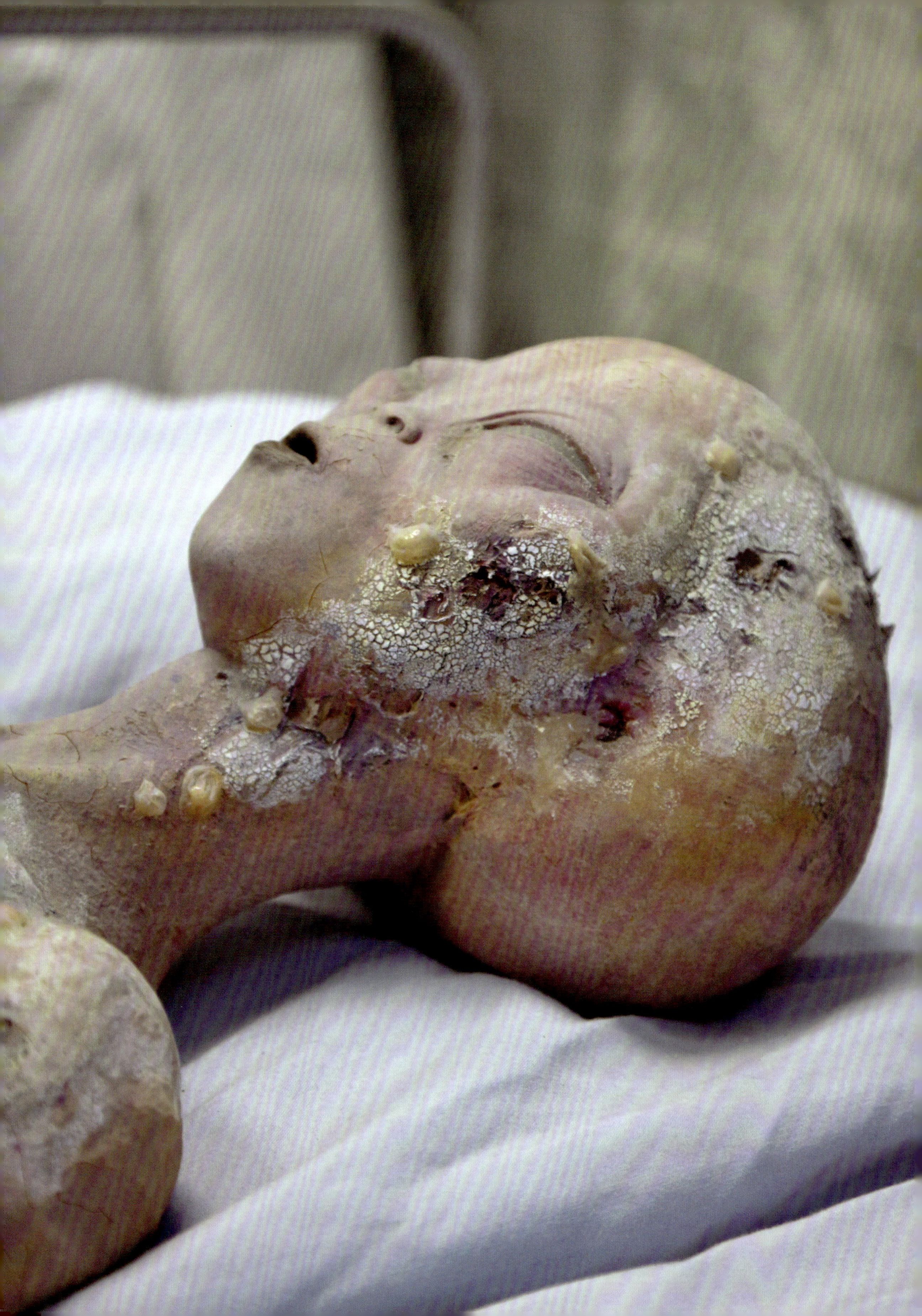

59 Die Marfa-Lichter

DAS RÄTSEL Was ist die Ursache von Leuchterscheinungen in der Stadt Marfa im Westen von Texas?
WANN ES GESCHAH Der erste wirklich dokumentierte Bericht erschien im Juli 1957.

Wenige Meilen östlich der Kleinstadt Marfa in Texas befindet sich ein ausgedehntes, flaches Gelände, das »Mitchell Flat« genannt wird. Seit mittlerweile fast 60 Jahren, womöglich aber schon viel länger, kommen von dort Berichte über eigenartige Leuchterscheinungen. Beobachtet wurden Leuchtkugeln von der Größe eines Fußballs, die über dem Boden schweben.

Im Juli 1957 berichtete das Digest-Magazin *Coronet* erstmals über diese Leuchtbälle. Demnach konnte man sie übers Jahr mehrere Dutzend Mal beobachten. Die Augenzeugen sprachen von einem breiten Farbspektrum, unterschiedlichen Positionen und unterschiedlichen Arten wie sie sich bewegten. Manchmal erschienen sie nur einzeln, manchmal paarweise, aber auch in größerer Zahl. Oftmals leuchteten sie nur einen Moment lang auf, bisweilen dauerte das Leuchten auch länger. Die Stadt hat sogar eine Beobachtungsplattform für ihre mysteriöse Touristenattraktion errichten lassen.

Der örtlichen Legende zufolge wurden die Lichter erstmals im Jahre 1883 von einem Farmarbeiter namens Robert Reed Ellison beobachtet. Er und einige Farmer in der Umgebung vermuteten, dass die Leuchterscheinungen von Lagerfeuern der hier ebenfalls ansässigen Apachen ausgingen. Die Apachen wiederum hielten sie für die Überreste zerbrochener und auf die Erde gefallener Sterne.

Wieder andere suchten nach handfesteren Gründen für dieses Rätsel. In dieser Gegend ist das Erdreich stark mit Kohlenwasserstoff (CO_2) angereichert. Möglicherweise handelte es sich also um ein leicht entzündliches Methan-Luft-Gemisch, das bei bestimmten Wetterlagen entstand (so ähnlich wie bei Sumpfgas). Unter solchen Bedingungen entstehen auch andernorts, vor allem in Sümpfen, Leuchterscheinungen, die man als Irrlicht bezeichnet.

Außerdem hat sich eine Studentengruppe der Universität Texas mit dem Phänomen befasst. In ihren Untersuchungen fanden sie heraus, dass die Leuchterscheinungen dann auftraten, wenn Fahrzeuge mit eingeschalteten Scheinwerfern den nahe gelegenen Highway Route 67 befuhren. Im Gebiet der Mitchell Flat kommen große Tag-/Nacht-Temperaturunterschiede ziemlich häufig vor. Solche starken Temperaturunterschiede sind die Voraussetzung für die bekannte Naturerscheinung der Fata Morgana. In einer solchen Fata Morgana kann auch der Eindruck von Autoscheinwerfern als tanzende, glühende Feuerbälle entstehen.

FANTASTISCHE LICHTER Man hätte dem Gebiet der Mitchell-Flat wenige Meilen östlich der texanischen Stadt Marfa vielleicht nie besondere Beachtung geschenkt, wenn es hier nicht so eigenartige Lichter gegeben hätte. Vielleicht liefert der Highway 67 die Erklärung?

60 Der Graf von Saint Germain

DAS RÄTSEL Wer war diese faszinierende Persönlichkeit, die die gesamte europäische Hocharistokratie in Staunen versetzte?
WANN ES GESCHAH Mitte 18. Jahrhundert

In der zweiten Hälfte des 18. Jahrhunderts tauchte an vielen Adels- und Fürstenhöfen in Europa der Graf von Saint Germain auf. Trotz ungeklärter Herkunft war er rasch von einer Aura des Mysteriösen und Okkulten umgeben: Einige behaupteten, er könne unedles Metall in Gold verwandeln, andere, er habe das Geheimnis des ewigen Lebens entdeckt. Wer also war dieser erstaunliche Mann ... und lebt er möglicherweise heute noch?

In der Öffentlichkeit trat der Graf erstmals während der 1740er Jahre in London in Erscheinung, wo er unter anderem Horace Walpole begegnete, dem Sohn des englischen Premierministers Sir Robert Walpole. In einem Brief an einen Freund berichtete Horace Walpole von einer interessanten Persönlichkeit, die aber weder ihre wahre Identität noch ihre Herkunft enthüllen wolle. Walpole bezeichnete den Mann als »verschroben« und »verrückt«, aber er sei auch ein virtuoser Geigenspieler und beachtlicher Komponist.

Nachdem er in England allerlei Verdächtigungen ausgesetzt wurde, nimmt es nicht Wunder, dass Saint Germain sich aus London zurückzog und wenige Jahre später in Paris auftauchte, wo der Königshof unter Ludwig XV. in seinen Bann schlug. Er wurde vom König mit diplomatischen Geheimmissionen beauftragt. Außerdem wurde ihm ein großzügiges Laboratorium zur Verfügung gestellt.

So wurde er schnell zu einer bekannten Figur in den Salons von Paris. Man schätzte ihn wegen seiner Bildung und seines Intellekts und wegen seiner brillanten Konversation. Er beherrschte mehrere Sprachen fließend und verfügte vor allem über ein erstaunliches historisches Detailwissen. Saint Germain war bekannt dafür, dass er an Freunde und Bekannte gelegentlich Juwelen verschenkte – ein kostspieliges Hobby für jemanden, dessen Einkünfte nicht geklärt waren. Gerüchten zufolge besaß er die Fähigkeit, kleinere Edelsteine zu größeren Juwelen zu verschmelzen. Außerdem erzählte man sich, dass man sein Lebensalter eher nach Jahrhunderten zählte, nicht nach Jahrzehnten.

Durch die Ungewissheit über seine Herkunft wurde seine mysteriöse Aura nur noch weiter verstärkt. Saint Germain behauptete bisweilen selbst, Sohn des transsylvanischen Fürsten Franz II.

Rákóczi zu sein. Demnach müsste er kurz vor 1700 geboren sein, was wiederum bedeutete, dass er in jenen Jahren, in

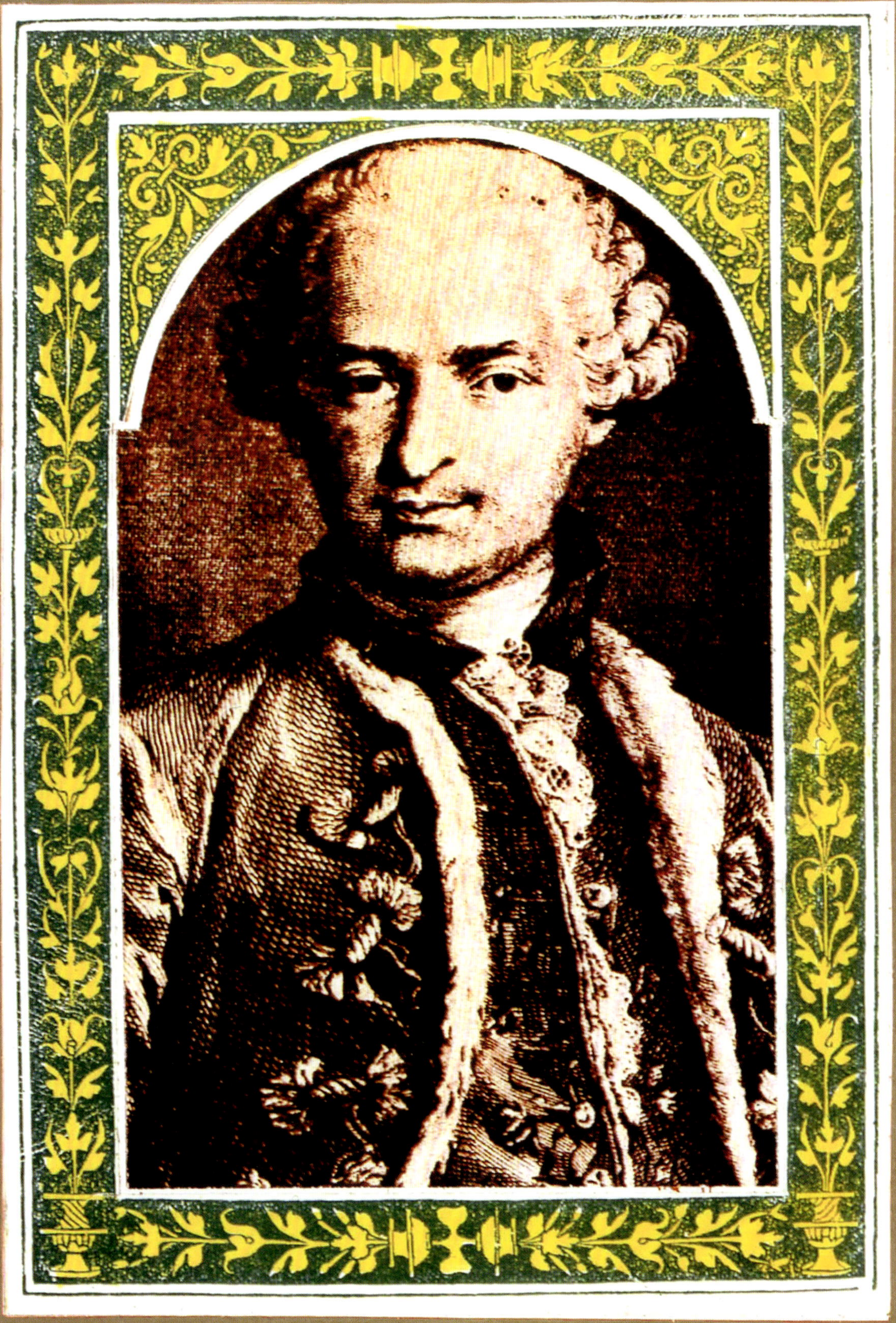

EIN SCHLAUER KOPF Der Graf war im 18. Jahrhundert eine bekannte Figur in Paris und soll angeblich dem französischen König Ludwig XVI. und seiner Gattin ihr grausames Schicksal geweissagt haben.

denen er Europa bereiste, ein Mann in seinen Sechzigern und Siebzigern gewesen sein musste – und nicht, wie er behauptete, in den Vierzigern. Angesichts solcher Unstimmigkeiten kommen natürlich gewisse Zweifel auf. Dennoch erscheint das immerhin plausibler als die Behauptung, er sei bereits zu Christi Lebzeiten im Nahen Osten gewesen und habe im Jahr 325 am Konzil von Nizäa teilgenommen.

Irgendwann tauchte Saint Germain auch in Russland auf, wo er bei der Machtübernahme von Katharina der Großen eine nicht näher bestimmte, sinistre Rolle gespielt haben soll. Auf seinen Reisen quer durch Europa kreuzten sich seine Wege mit den Reichen und Glorreichen, die sehr unterschiedlich auf ihn reagierten. Casanova hielt ihn für einen »berühmten und bemerkenswerten Hochstapler«, wohingegen der Vordenker der Aufklärung, Voltaire, ihn als »Wunderknaben« bezeichnete und von ihm sagte, er sei »ein Mann, der niemals stirbt und alles weiß«.

Angeblich hat Saint Germain dem französischen Königspaar Ludwig XVI. und Marie Antoinette schon Jahre vor ihrem Ende auf der Guillotine vorhergesagt, dass sie dieses Schicksal von der Hand von Revolutionären erleiden würden. In den 1780er Jahren tauchte er schließlich in Deutschland auf, wo er sich mit Landgraf Karl von Hessen-Kassel anfreundete. Er lebte in dessen Sommerresidenz bei Schleswig, wo der Landgraf Statthalter des dänischen Königs war. Erneut wurde hier wieder ein großzügiges Alchimistenlaboratorium für die Experimente des Grafen eingerichtet. In diesem Schloss starb er dann anscheinend im Februar 1784.

»Anscheinend« – denn es gibt auch Berichte, wonach der Graf von Saint Germain im Jahr darauf in Gesellschaft des damals ebenfalls durch Europa irrlichternden Hypnotiseurs Anton Mesmer gesehen worden sei. Auch die aus Frankreich stammende Comtesse d'Adhémar behauptete, sich mit ihm in den 1820er Jahren unterhalten zu haben. Andere behaupteten, ihm noch später begegnet zu sein. Die Angehörigen der Theosophischen Gesellschaft legten besonderen Wert darauf, in der zweiten Hälfte des 19. Jahrhunderts den Grafen zu den Ihren zu zählen. Und erst in der jüngsten Vergangenheit, 1972, trat ein Mann im französischen Fernsehen auf, der angeblich Blei in Gold verwandeln konnte und damit beweisen wollte, der Graf von Saint Germain zu sein.

Kannte Saint Germain tatsächlich das Geheimnis des ewigen Lebens?

SELTSAME BEGEGNUNGEN

61 Springheel Jack

DAS RÄTSEL Wer oder was war das sprunggewaltige Phantom, das im 19. Jahrhundert in britischen Städten wahllos Menschen angriff?
WANN ES GESCHAH Der erste Bericht stammt aus dem Jahr 1838.

Das ist der Stoff, aus dem Albträume gemacht sind: Eine Gestalt in einem weiten Umhang und mit abstoßenden Zügen attackiert wie aus dem Nichts heraus unschuldige Opfer in unterschiedlich brutaler Weise. Im 19. Jahrhundert häuften sich die Berichte über die Untaten des bösartigen Springheel Jack, der zuerst in London auftauchte und später dann im ganzen Land.

Die Legende von Jack beginnt eigentlich noch recht unauffällig Anfang des Jahres 1838 in London, als der Oberbürgermeister, Sir John Cowan, einen Brief von jemandem erhielt, der sich lediglich als »Einwohner von Peckham« bezeichnete. Der Absender wusste von einer gefährlichen Wette zu berichten, die einige Adelssprösslinge abgeschlossen hatten. Diese Wette sollte einen von ihnen dazu herausfordern, Gewalttaten zu begehen, um die Bewohner der Stadt London und ihrer Umgebung zu terrorisieren. Außerdem sollte er seine Untaten in wechselnder Verkleidung begehen.

Wie der Briefschreiber weiter ausführte, sollte der Missetäter mit seinen Attacken bereits etliche junge Frauen schier um den Verstand gebracht haben. Im weiteren Verlauf wurde diese Information aber aus Rücksicht auf die hochadelige Herkunft der Beteiligten vertuscht. Bereits wenige Tage nach Erhalt des Briefes häuften sich Berichte über merkwürdige Vorfälle und »Lausbubenstreiche«. Dies schien die Ankündigungen des »Einwohners von Peckham« zu bestätigen.

So wurde beispielsweise das junge Hausmädchen Mary Stevens attackiert, als sie bereits im vorangegangenen Oktober über den Clapham Common lief. Plötzlich wurde sie von einer merkwürdigen, dunklen Gestalt belästigt. Der Mann fasste sie immer wieder an und begann schließlich mit feuchtkalten, klauenartigen Fingern an ihrer Kleidung zu zerren, sodass die junge Frau laut zu schreien anfing, woraufhin einige Anwohner herbeieilten, um sie zu retten. Bald darauf ging ein Übeltäter nahe der Stelle, wo sich bereits der Stevens-Zwischenfall ereignet hatte, auf einen Kutscher los, der daraufhin die Kontrolle über sein Gefährt verlor. Danach brachte sich der Nichtsnutz in Sicherheit, indem er scheinbar mühelos über eine drei Meter hohe Mauer sprang. Und dabei ließ er ein teuflisches Gelächter hören.

Im März 1838 erhielt der Angreifer in der Presse den Spitznamen Springheel Jack. Im April erschien ein Bericht über einen Mann, der bei der Gartenarbeit in der Nähe der Küstenstadt Brighton angegriffen worden war. Kurz darauf kam ein Bericht über Angriffe auf zwei Frauen namens Lucy Scales und Jane Alsop. Alsop hatte auf das

SELTSAME BEGEGNUNGEN

A MYSTERY OF MYSTERIES

VERKLEIDETER TEUFEL Die unglaublichen Berichte über Springheel Jack und seine Untaten fesselten die Phantasie der Menschen. Es dauerte nicht lange, da war er Teil der Volksüberlieferung.

Anklopfen hin die Tür ihres Eigenheims geöffnet; draußen stand ein Mann, der sich als Polizist ausgab. Er forderte sie auf, ihr zu folgen, was sie auch tat. Doch mit einem Mal drehte er sich um und bläuliche und weiße Flammen sprühten aus seinem Mund. Jane Alsop berichtete hinterher, seine Augen seien wie rote Feuerbälle gewesen und er habe mit metallischen Krallen nach ihr gegrapscht.

Luca Scales war in Begleitung ihrer Schwester im East End von London unterwegs, als ihr eine Gestalt in einem weiten Cape wie aus dem Nichts in den Weg sprang. Wie bei Alsop sprühte auch diese Gestalt »blaue Flammen« aus dem Mund. Miss Scales fiel daraufhin in eine Ohnmacht, die einige Stunden anhielt. Allmählich schälte sich ein Bild von dieser Phantomgestalt heraus: Es handelte sich um einen auffällig großen, sehr schlanken Mann von geradezu furchterregendem Aussehen, der meistens mit einem weiten Umhang oder Mantel bekleidet war. Sein Zeitvertreib waren jene unverhofften, belästigenden Angriffe, die die Opfer völlig verstört zurückließen. Jedes Mal gelang es ihm zu entwischen, vor allem, weil er dazu in der Lage war, über Mauern und Zäune zu springen, die für jeden normalen Menschen viel zu hoch gewesen wären, und selbst über Dächer zu entkommen.

In den folgenden Jahren las man immer wieder Berichte über solche Attacken aus weit voneinander entfernt liegenden Gegenden wie Devon, East Anglia und Black Country. Der letzte zuverlässige Bericht stammte aus Liverpool und aus dem Jahr 1904. In dieser Zeit hatte sich Springheel-Jack längst zu einer Art Folklore-Figur entwickelt. Eltern drohten ihren Kindern gerne mal mit Springheel Jack, wenn sie ihnen nicht gehorchten.

Was war aber nun die Wahrheit hinter all diesen Vorfällen? Patrouillierte hier ein fleischgewordener Teufel durch Victorias britisches Königreich? Handelte es sich um Schauermärchen, die eine Massenhysterie auslösten? Oder stand hinter diesen Eskapaden wirklich eine Gruppe verzogener Aristokratenlümmel, die ihre Beziehungen spielen lassen konnten, um unbestraft und anonym zu bleiben?

62 El Chupacabra

DAS RÄTSEL Steckt eine wilde und blutrünstige neue Art hinter der epidemischen Dezimierung von verschiedenen Nutztieren?
WANN ES GESCHAH Erstbericht aus dem Jahr 1995

1995 hörte man erstmals aus Puerto Rico, dass dort massenweise Schafe und Ziegen aufgefunden wurden, die unter mysteriösen Umständen zu Tode gekommen waren. Berichten zufolge hatten die toten Tiere einstichartige Wunden an der Brust, das Blut war ihnen ausgesaugt worden. Ähnliche Vorfälle gab es auch an anderen Orten.

Chupacabra (spanisch für »Ziegen-Sauger«) hört sich so an wie ein Untier aus einem schlechten Hollywood-Horror-Machwerk der 1980er Jahre, aber erstmals im März 1995 verlautete etwas über diese angebliche Kreatur im Zusammenhang mit acht toten Schafen in Puerto Rico. Innerhalb weniger Monate wurde das vampirhafte kleine Monster noch für Hunderte weitere toter Stall- und Haustiere auf der Insel verantwortlich gemacht. Anfangs wurde auch darüber spekuliert, dass hier womöglich ein Satans-Kult am Werk war, doch bald gab es auch Augenzeugenberichte über den vermeintlich wahren Schuldigen.

Alle, die Chupacabra gesehen haben wollen, berichten übereinstimmend über ein kleines, gedrungenes Tierchen mit einem bärenartigen Kopf und Stacheln auf dem Rücken. Es soll eine reptilienartige, schuppige, ledrige Haut haben. Das Tier soll bis zu anderthalb Meter groß werden und kann känguruartig auf den Hinterbeinen stehen und umherhüpfen. Um es vorsichtig auszudrücken wirkt das ziemlich außerweltlich. Aus vereinzelten Berichten wurde eine Medienlawine und das Ganze bekam eine gewisse Dynamik. Es dauerte nicht lange, bis es angebliche Fotos und sogar Videomaterial von dem Killerdämon zu sehen gab. Fast ebenso schnell stellte sich heraus, dass die meisten dieser angeblichen Beweise nichts taugten, weil hier nichts anderes als Waschbären, Wildhunde, Kojoten oder Füchse zu sehen waren, die an Räude litten. Deswegen waren die meisten praktisch haarlos, was dieses hässliche Erscheinungsbild ergab. Im Übrigen wurde auch darauf hingewiesen, dass der allererste Augenzeugenbericht aller Wahrscheinlichkeit nach (und womöglich nur unterbewusst) von Bildern von Sil beeinflusst war, einer Bestie aus dem SF-Horrorfilm *Species*, der im gleichen Jahr in die Kinos gekommen war.

Mittlerweile steht fest, dass keine Horden derartiger wilder Bestien die beiden Amerika und Südasien durchstreifen und Nutztieren das Blut aussaugen. Gleichwohl ist es nach wie vor ein Rätsel, was in jenen echten Fällen geschehen ist, in denen man blutleere Tierkadaver gefunden hat. Konnten das halb wahnsinnige, räudige Hunde gewesen sein oder war hier ein geklontes Ungeheuer am Werk?

FLEISCHFRESSER El Chupacabra gelangte in den 90er Jahren ins öffentliche Bewusstsein, als in Puerto Rico viele Tiere umkamen. Wurde aus einem Raubtier eine Mediensensation gemacht?

63 Wer sind die schwarzen Männer?

DAS RÄTSEL Wer waren diese Männer ganz in Schwarz und was führten sie im Schilde?

WANN ES GESCHAH Seit den 40er Jahren

Bevor durch Will Smith und Tommy Lee Jones in dem sehr erfolgreichen Film *Men in Black* schwarze Anzüge zur coolen Ausgehware für Männer wurden, verband man mit Typen in Schwarz ganz andere, eher unangenehme Assoziationen. Seit den späten 40er Jahren bis heute kursieren die Gerüchte über schwarz gekleidete Gestalten, in Amerika MIB genannt, die alle jenen verdeckte Drohungen übermitteln, die es wagen, in der Öffentlichkeit über UFOs zu reden.

Normalerweise würde man denken, diese Männer in schwarzen Anzügen und mit Sonnenbrillen gäben auf jeden Fall eine gute Figur ab, wenn sie nur nicht so einschüchternd wirkten. Wenn man denjenigen Glauben schenken darf, die angeblich schon mit ihnen zu tun hatten, besteht ihre Hauptaufgabe darin, Augenzeugen von UFO-Erscheinungen zu bedrohen.

Es gibt weiterhin jede Menge Spekulationen, welcher Behörde diese Männer in Schwarz eigentlich unterstellt sind. Viele machen es sich mit der Antwort leicht: Es handelt sich um Regierungsangestellte, die dafür sorgen müssen, dass gewöhnliche Bürger von den Staatsgeheimnissen rund um UFO-Sichtungen und Begegnungen mit Außerirdischen möglichst wenig erfahren. Andere machen sich hingegen viele Gedanken darüber, ob wir es hier nicht mit einer ganz anderen, ganz eigenen Organisation zu tun haben. Oder handelt es sich um Außerirdische?

Erste Aufzeichnungen über MIB-Aktivitäten stammen aus der Zeit um 1946. In jenem Jahr meldete sich beispielsweise ein Hafenaufseher aus amerikanischen Nordwesten namens Harold Dahl und behauptete, er hätte einen Besuch von MIBs erhalten, nachdem er über einen UFO-Absturz auf Maury Island im Puget Sound berichtet hatte. Einige Jahre später, 1953, bekam der Inhaber und Betreiber des International Flying Saucer Bureau, Albert Bender, Besuch von drei Gestalten in schwarzen Anzügen. Sie wollten ihn mit allen Mitteln dazu bringen, seine Nachforschungen über unbekannte Flugobjekte aufzugeben. Bender verfasste ein Buch, in dem er die These vertrat, die MIBs seien selbst Außerirdische.

In der Zwischenzeit war »Männer in Schwarz« längst zu einem Topos des gesellschaftlichen und kulturellen Mainstreams geworden. Man konnte überall auf den Straßen junge Männer in schwarzen Anzügen und mit großen Sonnenbrillen auf der Nase sehen, die vorzugsweise in Cadillacs herumfuhren. Die Beschreibungen ihrer Verhaltensweisen reicht von dezidiert maniriert bis zu aufdringlich bedrohlich.

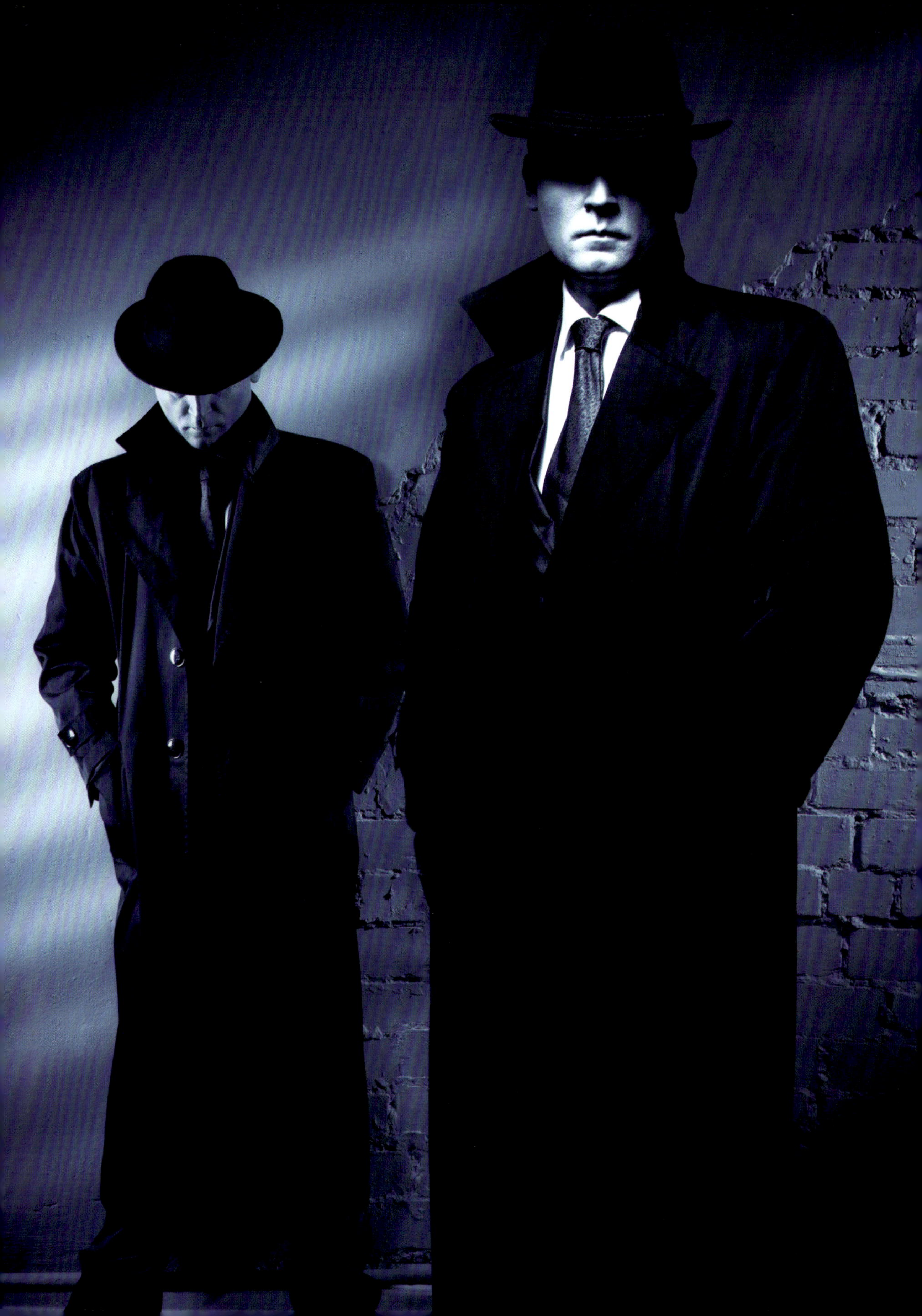

HELDEN DES MAINSTREAMS Der weltweite kommerzielle Erfolg der Men in Black-Filmserie hat mit dazu beigetragen, das furchteinflößende Image der MIBs etwas abzumildern. Haben die Filme andererseits aber dazu beigetragen, eine dunkle Wahrheit noch besser zu verschleiern?

Aber egal wie – es geht ihnen immer nur darum, Schnüffelnasen davon abzuhalten sich zu nahe an die Wahrheit hinter den UFO-Mysterien heranzuwagen. Man könnte nun sagen, dass das alles Kindereien sind, die wenig zur Glaubwürdigkeit der UFO-Bewegung beitragen. Und gewiss gibt es massenweise Zyniker, die glauben, MIBs seien derselben Einbildungskraft entsprungen, die überall fliegende Untertassen am Himmel ausmachen und kleine grüne Männchen durchs Unterholz flitzen sehen.

Dabei liegt es durchaus im Bereich des Möglichen, dass MIBs tatsächlich existieren – wenn auch nicht ganz in der Form, wie man uns glauben machen will. Inzwischen findet eine Theorie immer mehr Anklang, wonach die Legende um die MIBs Teil einer sehr umfassenden und sehr komplexen Kampagne ist, die schon seit langer Zeit von Washington aus geführt wird. Das eigentliche Ziel sei dabei gar nicht, die Ufologen von ihren Nachforschungen abzuhalten, sondern eine ganz eigene UFO-Legende beim Volk zu schaffen. Indem man so tut, als hätte man tatsächlich etwas zu verbergen, hofft die Regierung laut dieser These, den weit verbreiteten Glauben an Aliens und fliegende Untertassen anzustacheln. Der Sinn und Zweck der ganzen Operation besteht letztlich darin, die eigentliche »Wahrheit« hinter den UFO-Sichtungen zu verschleiern – dass es sich um Tests hochmoderner Waffen und militärischer Abwehrtechnik handelt.

Wem das wie ausgemachter Quark vorkommt, der sei auf die Aussagen von Richard Doy verwiesen, der zu Protokoll gegeben hat, wie er als Air Force-Offizier in den 1970er und 1980er Jahren genau mit diesem Auftrag gearbeitet hat, die UFO-Gemeinschaften zu unterwandern. Doty behauptete auch in den traurigen Fall von Paul Bennewitz involviert gewesen zu sein. Bennewitz war ein Unternehmer in der Technologie-Branche und ein begeisterter UFO-Anhänger. Bennewitz war davon überzeugt, dass Außerirdische auf der Erde gelandet waren und dass sie als feindlich gesinnte Wesen von der sogenannten Dulce Base in New Mexico aus operierten, Experimente an Menschen durchführten und in Zusammenarbeit mit dem Weißen Haus an Forschungsprogrammen zur Hirnkontrolle arbeiteten. Vielleicht entspringen die MIBs also doch nicht nur der Phantasie von Comic-Heften oder Hollywood-Filmen – und womöglich sind ihre Ziele nicht immer so naheliegend wie manche glauben.

64 Das Geheimnis von Mercy Brown

DAS RÄTSEL Ist tatsächlich ein Vampir im viktorianischen Neuengland aufgetaucht?
WANN ES GESCHAH 17. März 1892

Es ist eine Szenerie, die aus Bram Stokers *Dracula*-Roman stammen könnte. Auf einem Friedhof in Rhode Island wird Ende des 19. Jahrhunderts der Sarg einer jungen Frau geöffnet. Die Anwesenden sind zutiefst erschrocken, da dieser zwei Monate alte Leichnam überhaupt noch nicht zersetzt ist. Sie ziehen daher den Schluss, dass es sich bei der jungen Frau, Mercy Brown, um einen Vampir handeln muss.

Wenn alles gutgegangen wäre, würde von der Familie Brown aus Rhode Island heute wohl kaum mehr jemand etwas wissen. George und Mary Brown, ein gewöhnliches, durchschnittliches Ehepaar zogen um 1870 nach Exeter, als ihre Kinder noch klein waren. Doch in den 1880er Jahren häuften sich die Tragödien, die die Familie heimsuchten. Als erste starb Ehefrau Mary an Tuberkulose – jener auch Schwindsucht genannten, auszehrenden Krankheit, der damals so viele Menschen zum Opfer fielen.

Das gleiche Schicksal traf ihre Tochter Mary Olive, die 1888 der Krankheit erlag. Zwei Jahre später traf die Krankheit den Sohn, Edwin. Wider Erwarten rang er lange gegen die Tuberkulose und besiegte sie. Während er noch um sein Leben kämpfte, wurde seine jüngere Schwester Mercy angesteckt; sie verstarb im Januar 1892. Nachdem er hatte mit ansehen müssen, wie seine Familie beinahe schon ausgerottet wurde, ist es verständlich, dass der Vater George Brown alles in seiner Macht Stehende tun wollte, um wenigstens seinen Sohn zu retten.

Obwohl die Neu-England-Staaten mit Gewissheit zu den fortschrittlichsten Teilen der damaligen zivilisierten Welt zählten, gab es hier gleichwohl seit langer Zeit eine mächtige Unterströmung des Aberglaubens, wie er vor allem in den bekannten Hexenprozessen in Salem im 17. Jahrhundert zum Ausdruck gekommen war. Da es auch im späten 19. Jahrhundert noch so gut wie keine naturwissenschaftlichen Erkenntnisse über die Ursache von Tuberkulose gab, wurden ihre Symptome, vor allem der deutliche Gewichtsverlust so interpretiert, als würde den Kranken der Lebenssaft von einer finsteren Macht regelrecht aus dem Körper gesaugt. Angesichts der auffälligen Häufung der Krankheitsfälle in der Familie Brown wurde gemunkelt, hier sei vielleicht ein böser Dämon am Werk.

So kam es, dass George Brown schließlich einer Exhumierung der Leichen zustimmte. Mary und Mary Olive wurden als erste ausgegraben und ihre Leichen waren erwartungsgemäß bereits zerfallen. Doch als Mercys Sarg geöffnet wurde, war dies nicht der Fall. Das Fleisch war immer noch in

SELTSAME BEGEGNUNGEN

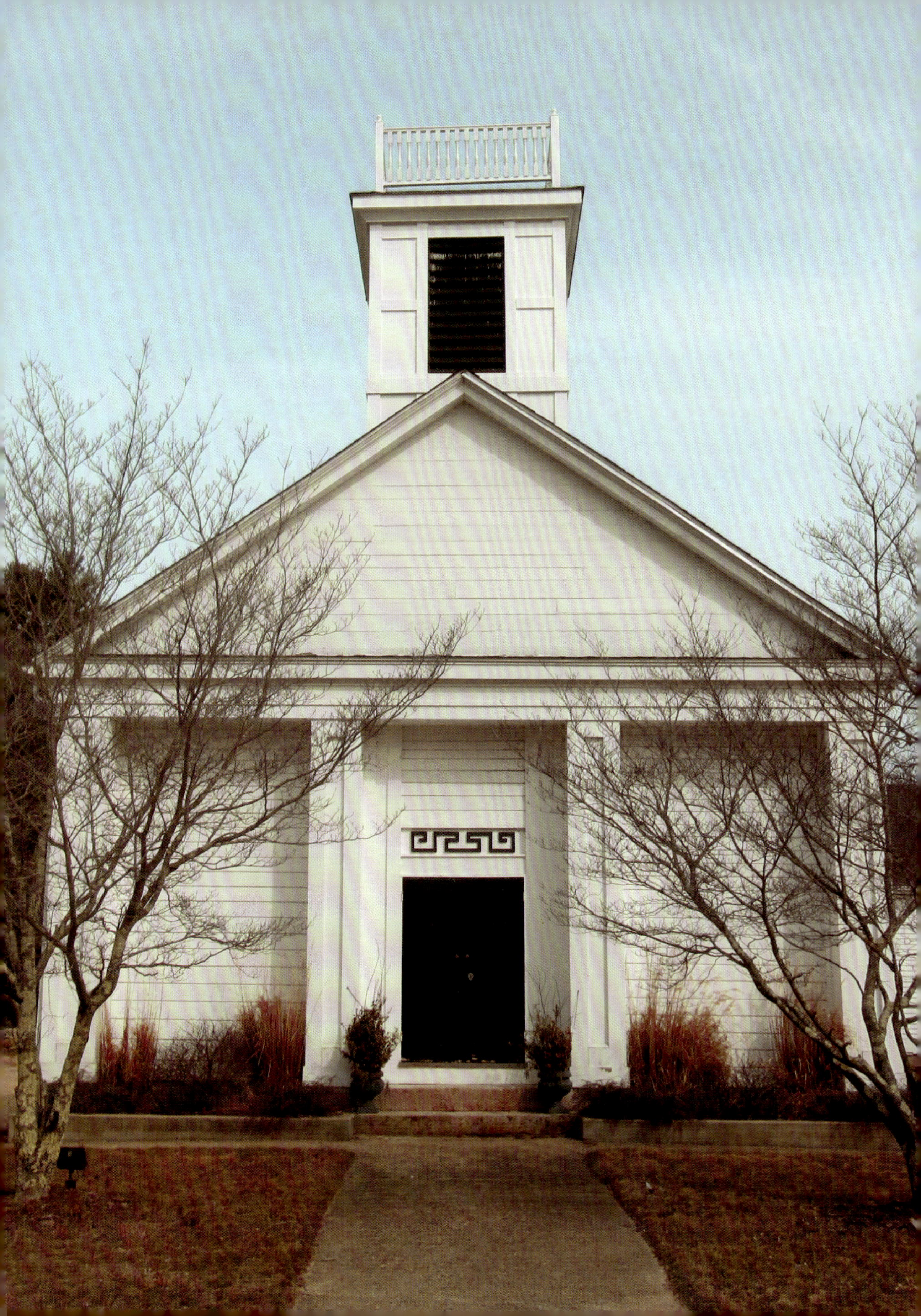

CHRISTLICHE BARMHERZIGKEIT *Links:* Die baptistische Kirche in Exeter in Neuengland, der Schauplatz von Mercy Browns Exhumierung. *Rechts:* Der Grabstein der jungen Frau, von der behauptet wird, sie sei ein Vampir gewesen.

gutem Zustand, ja es schien, als seien Haare und Fingernägel sogar noch gewachsen. Sogar flüssiges Blut konnte man dem Körper noch entnehmen. Zudem äußerten nun manche den Verdacht oder die Vermutung, dass der Leichnam sich bei der Beerdigung zwei Monate zuvor in einer anderen Position befunden habe. Um noch eins draufzusetzen, meinten nun ein paar Anwohner, sie hätten gesehen, wie sich der Geist der jungen Frau über den Friedhof bewegte.

Damit galt Mercy in den Augen der Leute als blutsaugender Vampir. Ihrem Leichnam wurde das Herz entnommen, um es anschließend auf einem Altar zu verbrennen. Bizarrerweise hielt man es für richtig, diese Asche in ein Getränk zu geben, das man Edwin verabreichte. Zwei Monate später war auch Edwin tot. Musste man davon ausgehen, dass es sich bei einer der Töchter von George Brown um einen Dämon handelte, der sein eigenes Überleben sicherte, indem er die Lebenskräfte seiner engsten Angehörigen aussaugte? Diese Schlussfolgerung fand damals viele Anhänger. Selbst heute noch wird Mercy Brown oft als »Beweis« angeführt, dass Vampire nicht nur in der Volksphantasie vorkommen.

Gewiss war der Zustand ihres Leichnams sämtlichen Berichten zufolge außergewöhnlich. Für die moderne Wissenschaft sind aber alle diese Anzeichen relativ leicht erklärlich. Als sie mitten im tiefsten Winter starb, war der Boden zu stark gefroren, um ein Grab schaufeln zu können, weswegen ihre Leiche bis zur Beerdigung zunächst in einer Krypta aufbewahrt wurde. Die dort herrschende trockene Kälte wirkte genau wie ein Kühlfach, daher war auch ihr Fleisch nicht zersetzt worden. Was das Blut anbelangt, so ist es keineswegs ausgeschlossen, dass es zunächst im Herzen und in der Leber gerann, sich aber später wieder verflüssigte. So etwas kommt vor. Die Behauptung, ihre Haare und Fingernägel seien weitergewachsen, dürfte gar nicht stimmen. Vielmehr ist es so, dass Körperzellen nach dem Tod dehydrieren; sie schrumpfen etwas ein, wodurch sich auch die Haut zusammenzieht. Das hat dann den Effekt, dass Haare und Nägel länger wirken als zuvor beim lebenden Körper. Und was ist mit der angeblich veränderten Position des Leichnams? Man weiß, dass sich nicht einbalsamierte Leichen aufrichten können und einem Stöhnen ähnliche Geräusche von sich geben, wenn die Verwesung einsetzt.

SELTSAME BEGEGNUNGEN

65 Der Mottenmann

DAS RÄTSEL Was steckt hinter den merkwürdigen Nachrichten über eine große menschliche Gestalt mit mächtigen Schwingen und roten Augen?
WANN ES GESCHAH November 1966 bis Dezember 1967

Der Mottenmann hat vor allem dank diverser Abbildungen in verschiedenen Medien einen großen Bekanntheitsgrad erlangt. Diese moderne Legende basiert auf anscheinend authentischen Beobachtungen, die im Lauf von circa zwölf Monaten im Bundesstaat West Virginia gemacht wurden. Handelte es sich um ein Wesen unbekannter Herkunft, dessen Erscheinen als Vorzeichen für Unglück und Verhängnis zu deuten ist?

Die Geschichte beginnt am 12. November 1966 in der amerikanischen Kleinstadt Clendenin in West Virginia, als einige Arbeiter, die mit Grabungsarbeiten auf einem Friedhof beschäftigt waren, angeblich beobachteten, wie sich eine Gestalt mit einem menschlichen Körper und großen Schwingen von einem Baum aus über sie hinwegflog. Drei Tage später gaben zwei Paare bei der Polizei zu Protokoll, sie hätten eine große weiße, geflügelte Gestalt gesehen mit einer Spannweite der Schwingen von mehreren Metern und mit rot glühenden Augen. Dieses teuflisch wirkende Wesen erblickten sie, als sie auf einer Straße fuhren, die an einer ehemaligen Munitionsfabrik aus der Zeit des Zweiten Weltkrieges vorbeiführt.

In den Wochen darauf kam es zu einer Reihe weiterer Beobachtungen. Bei einigen Vorfällen handelte es sich eindeutig um Schwindel – so bei einer Gruppe Bauarbeiter, die schließlich zugaben, ein paar rote Warnblinklichter an Luftballons gebunden zu haben, um Passanten zu erschrecken. Aber viele andere Aussagen schienen authentisch und echt zu sein.

Schließlich stürzte am 15. Dezember 1967 die Silver Bridge, eine Hängebrücke über den Ohio zwischen Point Pleasant und Galipolis zusammen. Dabei kamen 46 Menschen zu Tode. Nach diesem Unglück verebbten die angeblichen Mottenmann-Sichtungen rasch. Doch manche behaupteten, das eigentümliche Vogelwesen sei direkt für das Unglück verantwortlich; andere hielten es für einen Unglücksboten.

Inzwischen gibt es in Point Pleasant ein Mothman Museum und es wird sogar ein Mothman Festival abgehalten – diese Legende spült der Kleinstadt etwas Geld in die Kassen. Offiziellen Verlautbarungen aus der Zeit des Auftauchens des Mottenmanns zufolge handelte es sich bei dem angeblichen Phänomen in Wirklichkeit um große Greifvögel, Kraniche oder Eulen. Andere wiederum vermuten ein übernatürliches Geschehen. Als Erklärungsvorschlag wurde ferner darauf verwiesen, dass es sich um ein mutiertes Tier handeln könnte. Irgendetwas Merkwürdiges muss sich in den späten 60er Jahren in West Virginia zugetragen haben.

SELTSAME BEGEGNUNGEN

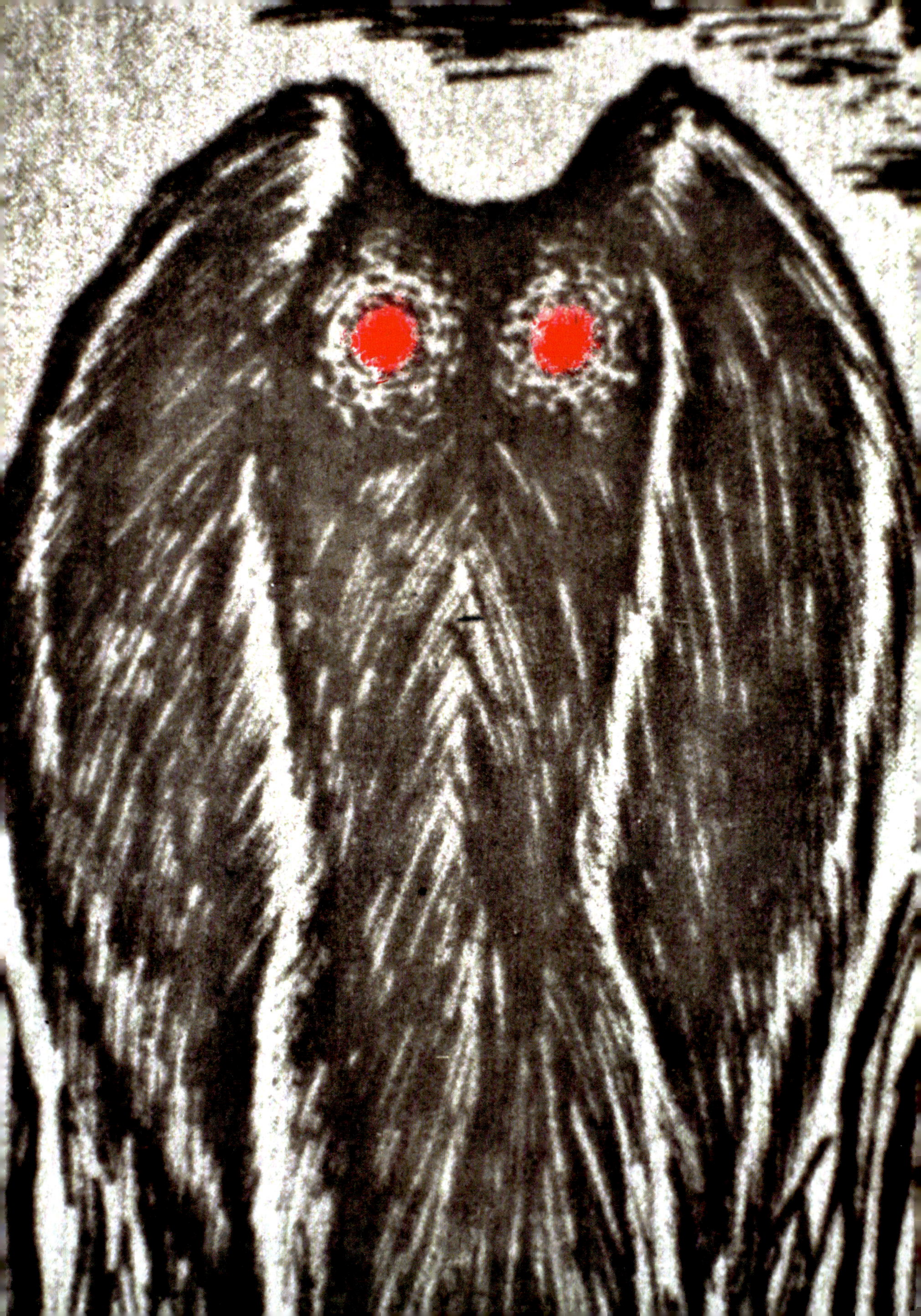

66 Der Fliegende Holländer

DAS RÄTSEL Steckt vielleicht doch etwas hinter der Sage von dem Geisterschiff, das nie einen Hafen anläuft?
WANN ES GESCHAH Sichtungen seit dem 17. Jahrhundert

Die Sage vom Fliegenden Holländer, einem Geisterschiff, das dazu verdammt ist, bis in alle Ewigkeit über die Weltmeere zu fahren, ist doch wohl genau das – eine Sage? Ein echtes Seemannsgarn, das gesponnen wurde, um die Zuhörer sowohl zu erschrecken als auch zu unterhalten. Wäre es dennoch denkbar, dass diese Geschichte irgendwie auf Tatsachen beruht?

Die alte Geschichte vom Fliegenden Holländer ist im Lauf der Jahrhunderte so bekannt geworden, dass die Bezeichnung selbst inzwischen zu einem Synonym für »Geisterschiffe« geworden ist. Als gegen Ende des 18. Jahrhunderts die ersten Fassungen dieser Sage aufkamen, war »Fliegender Holländer« nicht der Name eines bestimmten Schiffes, sondern die Gattungsbezeichnung für einen bestimmten Typ von Kriegsschiffen. Eines von diesen unter dem Kommando eines Kapitäns namens Phillip Vanderdecken war offensichtlich in der zweiten Hälfte des 17. Jahrhunderts vor Südafrikas Kap der Guten Hoffnung in einen schweren Sturm geraten. Es dauerte nicht lange, bis nach Europa heimkehrende Seeleute davon berichteten, sie hätten das Schiff samt seiner Mannschaft geistergleich über die Wellen des Ozeans gleiten sehen. Skeptiker meinen, diese Leute seien optischen Täuschungen erlegen oder ein wenig verrückt geworden.

Trotzdem wurden auch in späteren Jahren und Jahrzehnten, wenn nicht Jahrhunderten, immer wieder Fliegende Holländer gesichtet. Manchmal fuhr das Geisterschiff auf Kollisionskurs direkt auf das fragliche Schiff zu, löste sich aber im allerletzten Moment in Luft auf. Die bekannteste Sichtung stammt aus den Jahr 1881 von dem britischen Kriegsschiff *HMS Bacchante*. Diese Aussagen gelten unter anderem deswegen als besonders schwerwiegend, weil sich zu jener Zeit auch der Prince of Wales an Bord befand, der spätere König Georg V. (der Großvater von Königin Elisabeth). Ein britischer Matrose dokumentierte eine weitere Sichtung 40 Jahre später, und während des Zweiten Weltkrieges wurde noch von einer ganzen Reihe von Begegnungen mit britischen und deutschen Schiffen berichtet.

Natürlich ist die morbide Vorstellung eines solchen Geisterschiffes außer in Filmen oder Erzählungen nur schwer zu ertragen. Gleichwohl ist die Liste der Augenzeugen beeindruckend lang und bereits über 300 Jahre alt. Sind all diese Menschen bloß einem Schwindel aufgesessen? Oder sind sie Opfer einer Hysterie? Wenn wir davon ausgehen, dass wenigstens einige gestandene Seeleute als Augenzeugen glaubwürdig sind, wieso war es dann bis heute nicht möglich, diese plausibel zu erklären?

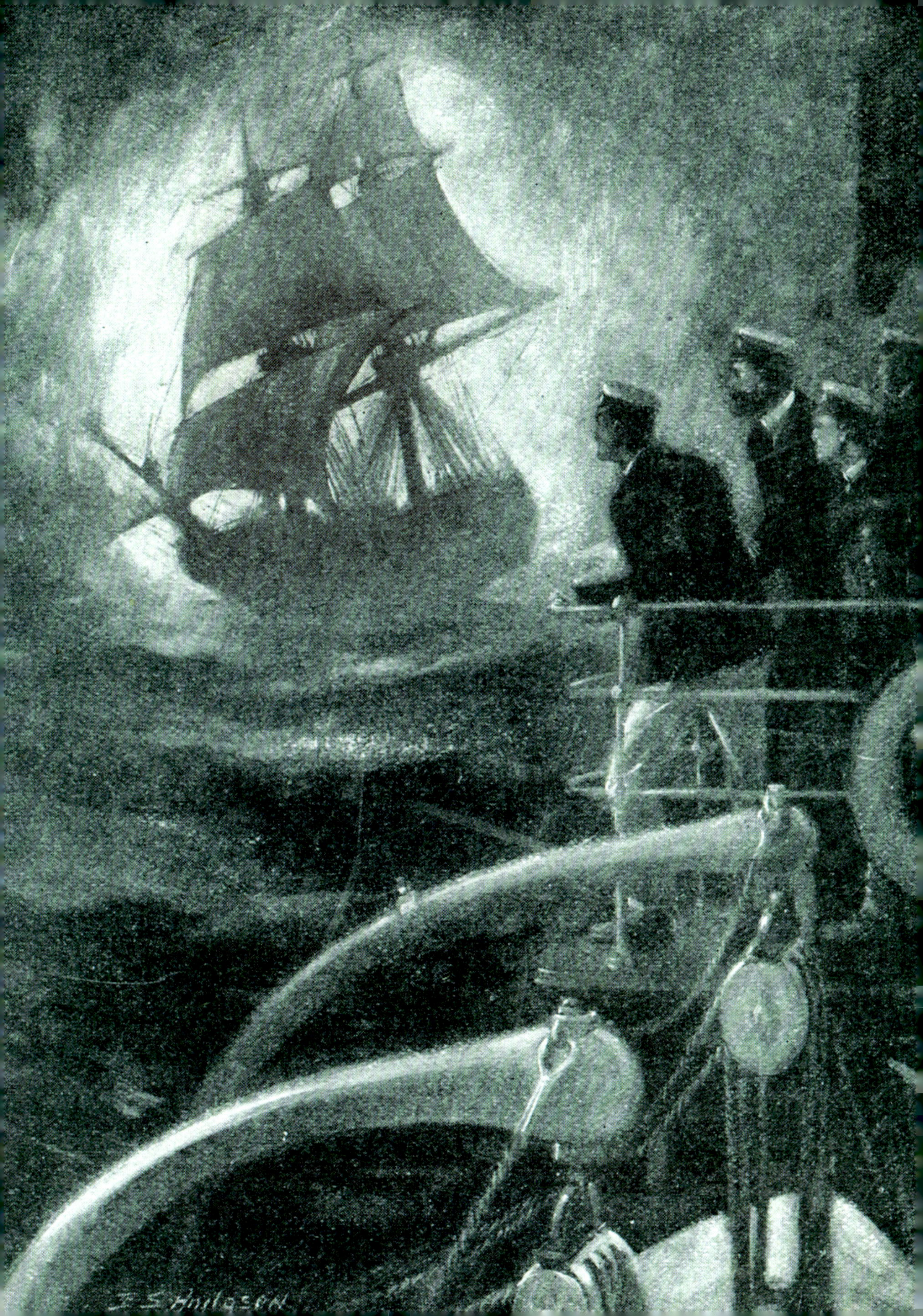

67 Die UFO-Invasion über der Insel Colares

DAS RÄTSEL Fand der UFO-Angriff auf die Bewohner der brasilianischen Gemeinde wirklich statt?
WANN ES GESCHAH 1977

Gegen Ende des Jahres 1977 gab es eine Flut von Berichten über UFOs über dem Ort Colares im nordostbrasilianischen Bundesstaat Pará. Angeblich gab es in diesem Zusammenhang Dutzende, wenn nicht Hunderte dokumentierter Vorfälle und Zeugenaussagen über Verletzungen, manche davon schwer mit echtem Blutverlust. Dem Vernehmen nach griff die brasilianische Luftwaffe ein. Hat sie einen Beweis für einen Angriff Außerirdischer finden können?

Die Berichte über die einschlägigen Beobachtungen klingen alle ähnlich: Meist war davon die Rede, dass von einem oder mehreren Objekten, die in geringer Höhe flogen, Lichtstrahlen ausgingen. Diese Strahlen führten bei denjenigen, die davon getroffen wurden, zu Benommenheit, Zittern, bisweilen auch zu kleinen Wunden. Als eine allgemeine Hysterie begann, wandte sich der Bürgermeister an die Luftwaffe in der Hoffnung auf Entsatz von dieser Belagerung aus der Luft. Ufologen kennen dieses Eingreifen des Militärs im Jahr 1978 unter der Bezeichnung *Operaçao Prato* (Operation Untertasse). Während der paar Monate dieser Operation sammelten die beteiligten Kräfte der Luftwaffe anscheinend reichlich Bildmaterial; es gelang auch, die öffentliche Ruhe und Ordnung wiederherzustellen. Allmählich wurden kaum noch einschlägige Beobachtungen gemacht und die ganze Operation ging sang- und klanglos zu Ende.

Ende der 1990er Jahre gab einer der Befehlshaber der *Operaçao* ein ausführliches Interview, in dem er viele Einzelaspekte preisgab. Drei Monate später wurde er tot aufgefunden; anscheinend hatte er sich an seinem eigenen Gürtel erhängt. Obwohl sein Interview keineswegs sensationelle Enthüllungen enthielt, gab sein trauriges Ende natürlich zu allerlei Vermutungen Anlass.

Unter denjenigen, die von der angeblichen UFO-Invasion betroffen gewesen sein wollen, wird immer noch heftig diskutiert, ob ihre ungebetenen Besucher die Menschen auf den Straßen absichtlich verletzen wollten oder ob es sich um außerirdische Erkundungsflüge mit unbekannten Technologien gehandelt hat. Oder ob die Einwohner von Colares schlicht Opfer einer Massenhysterie wurden. Außerdem gibt es immer noch die Erklärungsvariante, wonach die UFOs Produkte einer ganz irdischen neuen Technologie gewesen sein könnten. Da die brasilianische Luftwaffe sich aller Voraussicht nach weiterhin dagegen sträuben wird, ihre Unterlagen (angeblich Hunderte von Seiten) über den mutmaßlichen Zwischenfall herauszugeben, dürften die Spekulationen weiterwuchern.

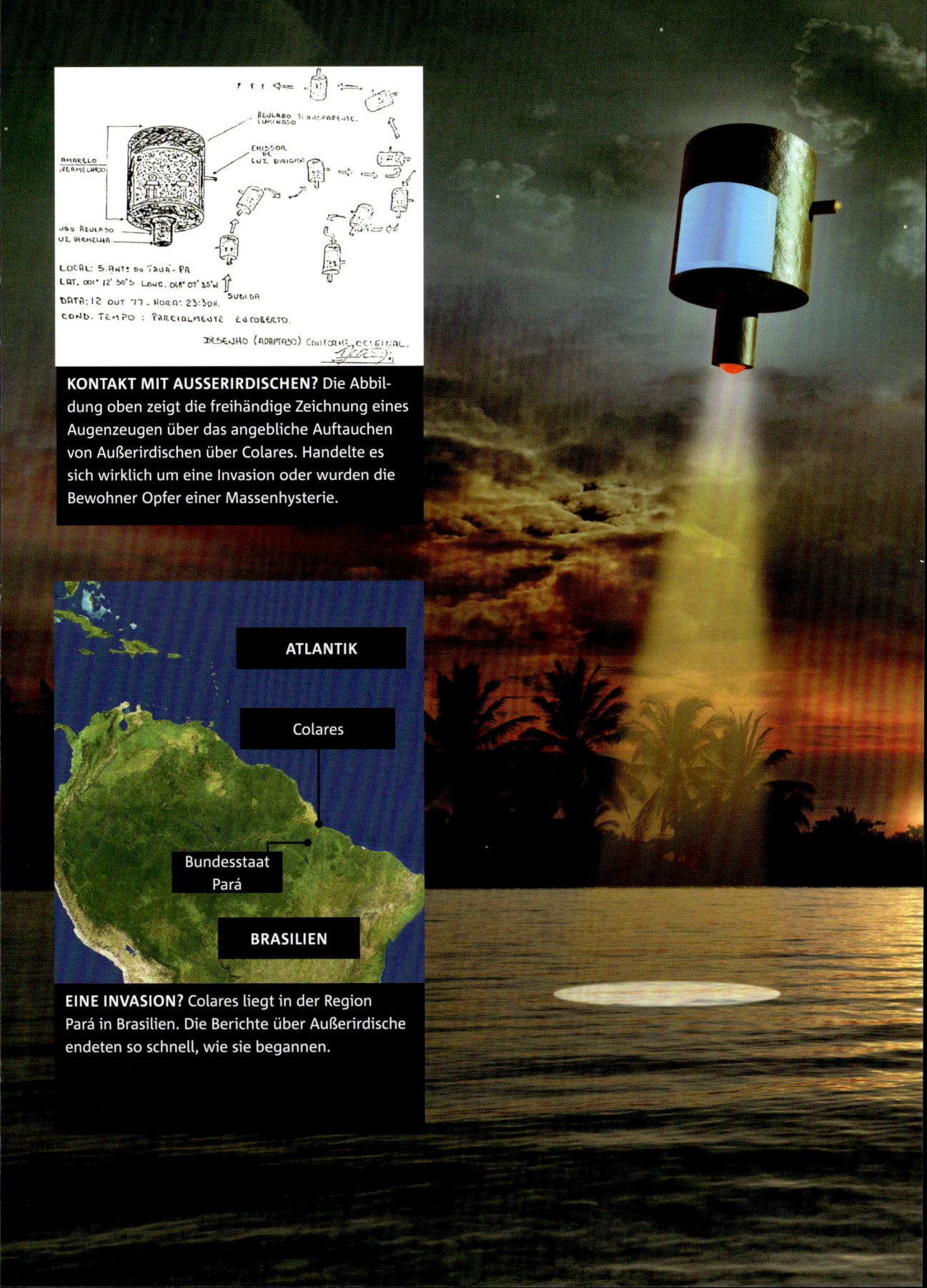

KONTAKT MIT AUSSERIRDISCHEN? Die Abbildung oben zeigt die freihändige Zeichnung eines Augenzeugen über das angebliche Auftauchen von Außerirdischen über Colares. Handelte es sich wirklich um eine Invasion oder wurden die Bewohner Opfer einer Massenhysterie.

EINE INVASION? Colares liegt in der Region Pará in Brasilien. Die Berichte über Außerirdische endeten so schnell, wie sie begannen.

68 Gibt es eine Bestie im Bodmin Moor?

DAS RÄTSEL Streift ein riesiges katzenartiges Tier durch die dünn besiedelten Gegenden im Südwesten Englands?
WANN ES GESCHAH Erste Berichte im Jahr 1983

Seit 1983 haben sich mindestens 60 Berichte über ein großes, katzenartiges Tier angesammelt, das den Westen Englands durchstreift und nicht zu einer einheimischen Art gehört. Laut Augenzeugen ist der katzenhafte Vierbeiner zwischen 90 und 150 Zentimeter lang und hat helle oder gelbe Augen. Von offizieller Seite heißt es dazu lediglich, solch ein Tier existiere nicht.

Die meisten Meldungen kommen aus dem Gebiet des Bodmin Moors in Cornwall, aber es gab angeblich auch Sichtungen im benachbarten Devon und in einigen anderen ländlichen Gegenden des englischen Südwestens. Touristen ist es sogar gelungen, Fotos oder Videoaufnahmen zu machen, die man als sehr überzeugend bezeichnen muss. Die beste dieser Aufnahmen dürfte ein Video sein, das allem Anschein nach ein pantherartiges Tier zeigt. Die Farmer dieser Gegenden klagten über unerklärliche Verletzungen bei Tieren aus ihren Herden. Anfang der 90er Jahre schwirrten dann so viele Gerüchte umher, dass sich ein Parlamentsabgeordneter veranlasst sah, eine offizielle Untersuchung des Sachverhalts zu beantragen. Das Ministerium für Landwirtschaft, Fischerei und Ernährung zog danach im Jahr 1995 die Schlussfolgerung, dass es kein wirklicher Nachweis für die Existenz solch einer Großkatze in freier Wildbahn gab. Weiterhin wurde geäußert, die Verletzungen an den Nutztieren seien auf eine unbekannte einheimische Tierart zurückzuführen.

Kurz nach der Veröffentlichung des Untersuchungsberichts sah es so aus, als sei das Rätsel ein für allemal gelöst, nachdem ein Teenager bei einem Streifzug entlang eines Flusses zufällig einen Tierschädel gefunden hatte. Das Naturhistorische Museum in London, die bedeutendste Institution auf diesem Gebiet, bestätigte, dass es sich um den Schädel eines jungen Leoparden handelte. Doch als man sich gerade daran gewöhnte, dass das Rätsel der Bestie nun gelöst sei, kam auch die Mitteilung, dass der Schädel vermutlich Teil eines Leopardenfells gewesen sei, das als Bettvorleger nach England gelangt sein könnte.

Zweifler an der ganzen Bestien-Story führen zum einen ins Feld, dass das Gelände und die ganze Natur in Cornwall nicht dafür geeignet seien, auch nur eine kleine Population tropischer Raubkatzen über längere Zeit am Leben zu erhalten. Ihre Gegner meinen, dass vielleicht eines oder mehrere der Tiere aus einem Zirkus oder einem Privatzoo entwischt sind. In der Zwischenzeit tauchen nach wie vor Berichte über die Bestie im Bodmin Moor in der Presse auf. Viele Leute vermuten daher, dass die ganze Wahrheit in diesem Fall noch nicht ans Tageslicht gekommen ist.

AUF BEUTEFANG Dieses Bild dokumentiert die Sichtung einer Großkatze in Derbyshire – Hunderte von Kilometern von Cornwall entfernt. Von der gesamten britischen Hauptinsel kommen immer wieder Berichte über große Raubkatzen, weit über die Gegend von Bodmin heraus.

69 Der Minnesota Iceman

DAS RÄTSEL Kann es sein, dass der »Missing link« schon seit den 1960er Jahren als Jahrmarkts-Attraktion durch Amerika tourte?
WANN ES GESCHAH 1968

In den späten 60er Jahren zog der aus Minnesota stammende Farmer Frank Hansen mit seiner Hauptattraktion über die Jahrmärkte: Er stellte die in einem Eisblock konservierte Gestalt eines affenartigen, behaarten Wesens aus. Nachdem zwei Kryptozoologen behauptet hatten, es handle sich dabei um ein erhaltenes Exemplar eines frühen, bis dahin unbekannten Hominiden, verschwand die Jahrmarktsattraktion Jahrzehnte lang aus dem Blickfeld der Öffentlichkeit. War der Eismann ein wichtiger Beweis in der Evolutionsgeschichte der menschlichen Gattung?

Während er auf dem jährlichen großen Volksfest in Arizona als Schausteller auftrat, so berichtete Hansen über die Anfänge, sei ein rätselhafter Millionär aus Kalifornien auf ihn zugekommen und habe ihm erzählt, er habe bei einer Auslandsreise eine eigenartige, in Eis eingeschlossene, affenartige Kreatur gekauft, die an populäre Darstellungen des legendären Bigfoot erinnere. Dieses Exemplar würde er nun gerne ausstellen, sodass sich die Menschen einen Eindruck davon verschaffen könnten. Da Hansens Professionalität als Schausteller auf ihn einen sehr guten Eindruck gemacht habe, bot er ihm nun an, die Rarität zwei Jahre lang exklusiv auszustellen.

Im Jahr 1968 waren die beiden Kryptozoologen Ivan Sanderson und Bernard Heuvelmans auf der Jagd nach Bigfoot unterwegs. Dabei hörten sie auch von Hansens Affenwesen. Nachdem sie den Eisblock selbst in Augenschein genommen hatten, kamen sie zu der Überzeugung, dies sei ein sensationeller Fund. Es dauerte dann auch nicht lange, bis die beiden wissenschaftliche Artikel publizierten, in denen Heuvelmans eine bisher nicht bekannte Neandertaler-Unterart postulierte, die er *Homo pongoides* nannte. Nun schaltete sich auch der anerkannte Primatologe John Napier vom Smithsonian Institute in Washington ein, der führenden Wissenschaftsinstitution in den USA. Doch er kam rasch zu dem Schluss, das es sich bei dem Eismann aus Minnesota lediglich um eine zusammengeschusterte Latexpuppe handelte. Tatsächlich hatte Hansen eine »Kopie« ausgestellt, angeblich aus Sorge um das empfindliche Original.

War der Eismann also jemals etwas anderes als eine clever aufgezogene Shownummer? Da der mysteriöse Kalifornier nie identifiziert werden konnte und da Hansen inzwischen gestorben ist, wird man es wohl nie erfahren. Immerhin wurde das nachgemachte Ausstellungsstück des angeblichen Eismanns im Jahr 2013 verkauft und ist nun in einem Museum in Austin, Texas, zu besichtigen.

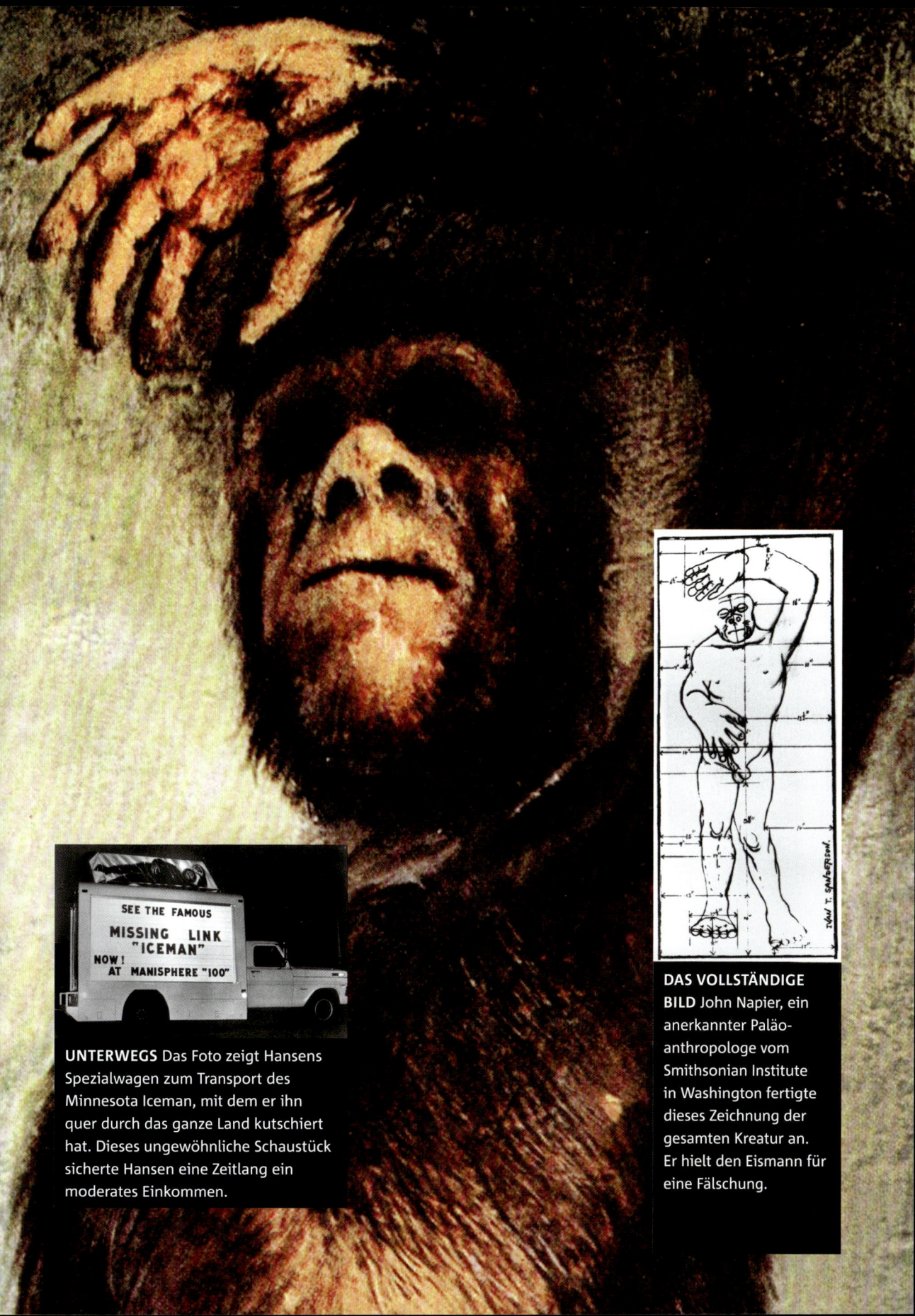

UNTERWEGS Das Foto zeigt Hansens Spezialwagen zum Transport des Minnesota Iceman, mit dem er ihn quer durch das ganze Land kutschiert hat. Dieses ungewöhnliche Schaustück sicherte Hansen eine Zeitlang ein moderates Einkommen.

DAS VOLLSTÄNDIGE BILD John Napier, ein anerkannter Paläoanthropologe vom Smithsonian Institute in Washington fertigte dieses Zeichnung der gesamten Kreatur an. Er hielt den Eismann für eine Fälschung.

70 Die verlorenen Tagebücher von Lewis Caroll

DAS RÄTSEL Was enthielten die Tagebücher des weltberühmten Schriftstellers?
WANN ES GESCHAH Juni 1864

Lewis Caroll war der Autor der Kinderbuchklassiker *Alice im Wunderland* und *Alice hinter den Spiegeln*. Literaturkenner und Biografen haben schon immer darüber spekuliert, welcher Art seine Beziehung zu der kleinen Alice Ridell gewesen sein könnte, die so inspirierend auf ihn gewirkt hat. Es wurde immer wieder behauptet, dass sich entscheidende Hinweise darauf in seinen Tagebüchern finden, aus denen nach seinem Tod Seiten entfernt und einige Exemplare wohl auch zerstört worden sind.

Lewis Caroll war der Künstlername des in Oxford lehrenden Mathematikers und Diakons Charles Lutwidge Dodgson, der von 1832 bis 1898 lebte. Durch sein im Jahr 1865 erschienenes Buch *Alice im Wunderland*, das sogleich ein großer Erfolg war, wurde er zu einer Säule der Gesellschaft im viktorianischen England. Doch seit den 1930er Jahren wird die Frage nach seinem Verhältnis zu Alice Lidell gestellt.

Die kleine Lidell war die Tochter von Henry und Lorina Lidell; sie waren seit College-Zeiten befreundet. Im Juli 1862 nahm Dodgson die drei Lidell-Töchter, darunter auch die zehnjährige Alice, regelmäßig zu Bootsausflügen mit. Die persönlichen Beziehungen zwischen ihm und der Familie Lidell blieben bis zum Juni 1864 sehr herzlich. Dann muss es allerdings zu einer hitzigen Auseinandersetzung gekommen sein. Im 20. Jahrhundert gab dann vor allem dieses Zerwürfnis viel Anlass, sich über Dodgsons Verhältnis zu Alice Gedanken zu machen. Die Tatsache, dass er als ein Pionier der noch jungen Fotokunst auffallend viele Aufnahmen von nackten oder halbnackten Kindern machte, wirkte derartigen Verdächtigungen nicht gerade entgegen.

Der Verdacht, dass es hier etwas zu verbergen gab, verstärkte sich noch, als man feststellte, dass aus seinen Tagebüchern zehn Seiten entfernt worden waren. Es ist sehr wahrscheinlich, dass die Tagebücher »gesäubert« wurden, bevor sie 1969 von der British Library erworben wurden. Viele nahmen nun an, dass es bei diesem Streit hauptsächlich um Alice gegangen sei. Vor nicht allzu langer Zeit wurde indessen eine Notiz entdeckt, die den Inhalt der entfernten Einträge zusammenfasst. Daraus geht hervor, dass die Mutter, Lorina Lidell, wegen Gerüchten um Dodgson, die Haushälterin der Lidells und Alice' älteste Schwester Ina höchst empört war. Im Juni 1863 war Ina 14 Jahre alt. Zu jener Zeit konnten Mädchen schon mit 12 Jahren heiraten. Hätte sich Dodgson also in Ina verliebt, wäre das also legal gewesen. Allerdings war Dodgson zu der Zeit Anfang 30; angesichts solch einer Liaison hätte man damals wie heute wohl die Augenbrauen hochgezogen.

EIN BILD DER UNSCHULD?
Auf diesem Foto ist Alice Lidell als Bettelkind verkleidet zu sehen. War Carrolls Hobby wirklich ganz so unschuldig, wie seine Anhänger behaupten, oder gibt es Hinweise auf dunklere Seiten an ihm?

71 Das Schicksal der *Ourang Medan*

DAS RÄTSEL Was geschah mit der Mannschaft des niederländischen Frachtschiffs, die allesamt tot aufgefunden wurden.
WANN ES GESCHAH 1947 oder 1948

Im Jahr 1952 veröffentlichte die amerikanische Küstenwache ein Buch, in dem viele Details über das entsetzliche merkwürdige Ende der *Ourang Medan* ausgebreitet wurden. Einige Jahre zuvor war dieses Schiff im Meer treibend aufgefunden worden. Die gesamte Mannschaft schien unter schrecklichen Umständen zu Tode gekommen zu sein.

Die grundlegenden Fakten lassen sich wie folgt zusammenfassen: Irgendwann zwischen dem Sommer 1947 und dem Sommer 1948 setzte irgendjemand einen Notruf über Morsetelegraf ab. Die Nachricht begann mit den Worten: »Alle Offiziere samt Kapitän liegen tot im Kartenraum oder auf der Brücke. Vermutlich gesamte Mannschaft tot.« Dann folgten einige unverständliche Passagen und schließlich das unheilvolle Ende: »Ich sterbe.«

Der SOS-Ruf wurde von dem amerikanischen Dampfschiff *Silver Star* aufgefangen. Stunden später wurde die *Ourang Medan* gesichtet und geentert. Der zehnköpfigen Entermannschaft bot sich ein Bild des Grauens. Sämtliche Besatzungsmitglieder waren tot; ihren Gesichtern war anzusehen, dass sie unter großen Qualen gestorben waren. Einige der Toten lagen offenbar mit ausgestreckten Armen da, als wollten sie auf etwas zeigen oder nach etwas greifen. Andererseits gab es nicht den kleinsten Hinweis auf Gewalteinwirkung von außen. Noch während sich die Entermannschaft an Bord der *Ourang Medan* befand, brach in den Laderäumen ein Feuer aus, was die Amerikaner zwang, unverzüglich zur *Silver Star* zurückzukehren.

Es dauerte vier Jahre, bis diese Geschichte an die Öffentlichkeit gelangte. Erst jetzt stellte man auch Nachforschungen in den Schiffsregistern über die *Ourang Medan* an, die sich allerdings als ganz und gar fruchtlos erwiesen. Eine der ersten Schlussfolgerungen, die man zog, war, die ganze Geschichte als erfunden zu erklären. Doch es bestand auch die Möglichkeit, dass das Schiff von neuen Besitzern umbenannt, aber nie unter dem neuen Namen in die Register eingetragen worden war. Möglicherweise war die Neutaufe nötig geworden, weil das Schiff unter dem alten Namen in zwielichtige Dinge verwickelt war. Zur Erklärung der Unglücksursache wurden auch schon übernatürliche Einflüsse ins Spiel gebracht. Eine Theorie besagt jedoch, dass die Mannschaft aufgrund eines unterseeischen Methanausbruchs umgekommen ist oder durch Kohlenmonoxid, das aus einem defekten Boiler ausströmte. Wesentlich interessanter hört sich die Variante an, wonach die *Ourang Medan* biologische und chemische Waffen transportierte, die in den Frachträumen in Flammen aufgingen.

Die Frage, woran die Menschen starben, bleibt wohl für immer ungeklärt.

Straße von Malakka
MALAYSIA
Sulawesi
Borneo
Sumatra
INDONESIEN
Java
SINGAPUR

72 Wie Amerika zu seinem Namen kam

DAS RÄTSEL Wie kamen Kartenzeichner in der Renaissance darauf, die neue Welt »Amerika« zu nennen?

WANN ES GESCHAH Anfang des 16. Jahrhunderts

Name sei Schall und Rauch – sagt man. Doch Namen können auch eine große Bedeutung haben. Fest steht, dass der amerikanische Kontinent nach dem italienischen Entdecker Amerigo Vespucci benannt ist. So lernt man es in der Schule. Oder war alles doch ganz anders?

Viele Menschen finden es ungerecht, dass der riesige Doppelkontinent, den wir als »Amerika« bezeichnen, nicht nach seinem eigentlichen Entdecker, Christoph Kolumbus, benannt wurde. Stattdessen wurde die Neue Welt, so die Lehrmeinung, nach Amerigo Vespucci benannt, der sozusagen im Kielwasser von Kolumbus etwas später den Atlantik überquert hatte. Er vermittelte den Europäern die Erkenntnis, dass es sich bei diesen neuen Küsten und Inseln keineswegs um die östlichen Ausläufer von Asien handelte, wie Kolumbus selbst glaubte, sondern um einen ganz neuen, bisher unbekannten Kontinent. Amerigos Erkenntnis führte dann auch zu der Bezeichnung Amerika auf einer Karte des Freiburgers Martin Waldseemüller, in Anerkennung der Verdienste des Italieners. Aber hatte Waldseemüller die ganze Sache nicht vielleicht doch am falschen Ende angepackt? Kursierte der Begriff »Amerika« womöglich schon seit längerer Zeit in Europa – aus Gründen, die mit der Person Vespuccis gar nichts zu tun haben? Wenn sich dieser Ansatz als wahr erweisen sollte, dann fehlt der bekannten Geschichte von der »Taufe« Amerikas eine wichtige Komponente.

Eine Theorie, die zuerst im späten 19. Jahrhundert aufkam, behauptet, der Begriff habe gar nichts mit europäischen Entdeckernamen zu tun. Jules Marcou, ein französischer Geologe wies darauf hin, dass eine Gegend im heutigen Nicaragua, in der viel Gold gefunden wurde und die sowohl von Kolumbus wie von Vespucci bereist worden war, von der indigenen Bevölkerung »Amerrique« genannt wurde. Er behauptete sogar, Vespucci habe daraufhin selbst seinen Namen von Alberico zu Amerigo geändert. Wissenschaftler warteten mit der Hypothese auf, Amerrique sei ein Maya-Wort, das übersetzt »Land des Windes« bedeutet.

Die Verwirrung um die Namensgebung wird noch größer, wenn man eine weitere Theorie hinzuzieht, die mit dem ursprünglich aus Italien stammenden John Cabot (Giovanni Caboto) in Verbindung steht. Dieser Seefahrer war schon sehr bald nach der Entdeckung Amerikas zum nordamerikanischen Kontinent aufgebrochen, wo er als einer der Ersten schon in den späten 1490er Jahren an der amerikanischen Nordatlantikküste aufkreuzte, insbesondere in Neufundland. Seine Entdeckungsreise wurde mit englischem Geld finanziert und einer seiner Hauptgeldgeber war ein gewisser Richard Ameryk …

VERBOTENE GESCHICHTE

AMERICI VESPVCII

73 Der Bimini-Wall

DAS RÄTSEL Wie entstand die eindrucksvolle Unterwasser-Felsformation?
WANN ES GESCHAH Entdeckt am 2. Juni 1968

Unter der Oberfläche der seichten Gewässer vor den beiden Bahamas-Inseln von Bimini erstreckt sich ein bemerkenswertes, an eine Wallanlage oder Straße erinnerndes Gebilde über eine Länge von circa 800 Metern. Sie besteht aus riesigen Kalksteinblöcken. Darüber, worum es sich handelt, und wie sie dorthin gekommen ist, gehen die Meinungen weit auseinander.

Im September 1968 entdeckten drei Taucher bei einer Unterwasserexpedition vor der nördlichen Insel von Bimini ein Gebilde, das man als Unterwasserstraße oder -wall bezeichnen könnte. Sie besteht aus großen Steinquadern, die schnurgerade aneinandergereiht sind. Die einzelnen Quader haben ganz unterschiedliche Größen und Formen, darunter aber etliche mit 3 Metern Kantenlänge. Diese Entdeckung wurde sehr schnell publik. Führte diese Straße – oder was auch immer es war – direkt zur Entdeckung einer bisher völlig unbekannten antiken Stadt, die schon vor langer Zeit im Meer versunken war?

Dieses Unterwassergebiet ist seither sehr gründlich untersucht worden. Daran waren ganz verschiedene Leute beteiligt: Fachwissenschaftler und Experten, begeisterte Amateurforscher und einige Spinner. Wie ist das Gebilde entstanden? Diejenigen, die es für eine natürlich gewachsene Struktur halten, vermuten, dass es sich um sogenannten Beachrock handelt, Ablagerungen an tropischen Stränden, bestehend aus Sandkörnern, Schalenresten, Kieseln und dergleichen, die zusammengepresst und dank des hier allgegenwärtigen Kalziumcarbonats hart wie Zement wurden. Diese können sich erstaunlich schnell bilden. Andere meinen, dass es sich um eine von Menschen geplante Anlage handelt.

Eine Datierung der Steinformation ist natürlich schwierig. So wurde vorgeschlagen, der Wall sei vor 20.000 Jahren gebaut worden. Wenn sich das beweisen ließe, müsste die Geschichte der Menschheit neu geschrieben werden. Etliche Anhänger der »Menschenwerk«-Theorie haben den Bimini-Wall bereits mit der Sage der angeblich im Meer untergegangenen Stadt Atlantis verknüpft. Die Mehrheit der damit befassten akademischen Wissenschaftler neigt der »natürlichen« Erklärungstheorie zu. Gerade unter den Geologen herrscht ein weitgehender Konsens, dass das Felsgebilde durch Erosionsvorgänge an der Küste vor rund 2000 Jahren entstanden ist. Dennoch bleiben gewichtige Zweifel.

MEERESWELTEN Deuten die großen, künstlich aussehenden Unterwasserformationen auf eine unbekannte Zivilisation hin? Die Gewässer vor Bimini werfen interessante Fragen auf.

74 Totentanz

DAS RÄTSEL Wie kommt es, dass sich eine Vielzahl von Einwohnern der Stadt Straßburg buchstäblich zu Tode tanzte?
WANN ES GESCHAH 1518

Im Juli 1518 erschien eine Frau namens Troffea auf den Straßen von Straßburg und tanzte unablässig wie eine Besessene. Bereits eine Woche später hatten sich ungefähr 100 weitere dazugesellt und einen Monat später hatte sich deren Zahl vervierfacht. Nachdem sie manchmal tagelang ohne Unterbrechung zuckten und wilde Sprünge machten, brachen sie irgendwann vor Erschöpfung zusammen und viele starben.

Leider kommt es immer wieder vor, dass eine Maßnahme, die mit den besten Absichten ergriffen wurde, zu schlimmsten Folgen führt. So ließen sich die Straßburger Stadtoberen davon überzeugen, dass die einzige Chance für die Besessenen darin bestehe, sich »auszutanzen«. Also holte man Trommler und Dudelsackpfeifer herbei, und die öffentlichen Gebäude wurden den Wahnsinnstänzern überlassen. Erst im September klang die Epidemie wieder ab, doch mittlerweile waren viele Tote zu beklagen.

Dieser Straßburger Totentanz war nicht der erste seiner Art, doch er sollte der berühmteste werden. Seit dem 14. Jahrhundert sind wenigstens zehn völlig vergleichbare Vorfälle nachgewiesen, einschließlich desjenigen, der eine Art Schneise ins damalige Europa schlug, quer durch das heutige Belgien, Nordost-Frankreich und Luxemburg. Historiker und Mediziner haben lange überlegt, was hinter dieser Epidemie stecken könnte. Früher gab es eine Theorie, wonach die entfesselten Tänzer Anhänger eines ketzerischen Kultes waren. Das widerspricht aber den Angaben von Zeitzeugen die immer wieder bestätigten, dass die Teilnehmer sich eigentlich eher widerstrebend ihren wilden Zuckungen überließen. Ein anderer Erklärungsvorschlag lautete, die Leute hätten sich mit Mutterkorn vergiftet.

Die wahrscheinlichste Erklärung geht hingegen dahin, dass es sich einfach um den Ausbruch einer Massenhysterie handelte, bei Leuten, die schon halb am Verhungern waren. Körperlich ausgezehrt und geistig und seelisch ausgebrannt, überließen sich diese Menschen völlig ihrem Tanzen und gerieten dadurch in einen tranceähnlichen Zustand. Angeblich verehrten die betroffenen Menschen in besonderem Maß den hl. Veit, einen der 14 Nothelfer.

Die Vorstellung, dass normale Menschen buchstäblich bis zum Umfallen tanzen, ist für einen modernen Menschen ebenso lächerlich wie erschreckend. Dass diejenigen, die für das Wohl dieser Menschen zu sorgen hatten, sie auch noch dazu ermunterten, weiterzumachen, ist wirklich abstoßend. Doch bis heute ist das Rätsel aus dem Jahr 1518 ungelöst.

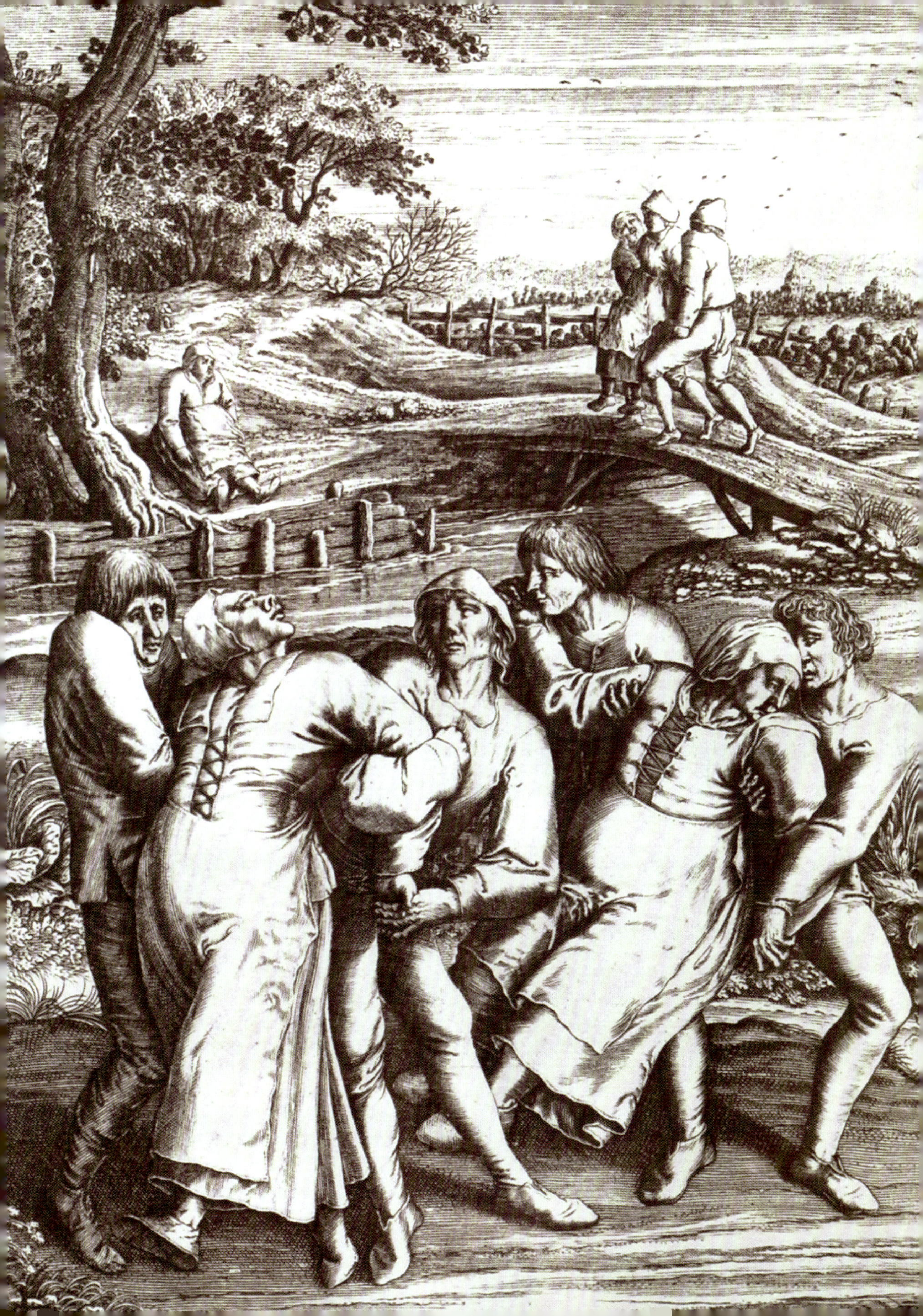

75 Der Angriff auf Pearl Harbor

DAS RÄTSEL War Präsident Roosevelt schon im Voraus über den Angriff auf Pearl Harbor informiert?
WANN ES GESCHAH
7. Dezember 1944

Der japanische Luftangriff auf Pearl Harbor, bei dem die US-Kriegsmarine schwere Verluste erlitt, wirkte wie ein Katalysator für den Eintritt Amerikas in den Zweiten Weltkrieg. Aber wusste der damalige Präsident, dass der Angriff unmittelbar bevorstand – und ließ er ihn trotzdem geschehen?

Am 7. Dezember 1941 führten die japanischen Streitkräfte einen verheerenden Luftschlag gegen Pearl Harbor auf Hawaii durch, bei dem 2100 amerikanische Soldaten ums Leben kamen und sehr viele Schiffe und Flugzeuge zerstört oder funktionsuntüchtig gemacht wurden. Präsident Roosevelt sprach von einem »Tag der Schande«. Am darauffolgenden Tag erklärten die USA Japan den Krieg, und als Reaktion darauf erklärten wiederum Japans Verbündete Deutschland und Italien den Krieg gegen die Vereinigten Staaten. Die öffentliche Meinung hatte sich binnen kürzester Zeit gedreht.

Die meisten Historiker glauben, dass der Zweite Weltkrieg durch das Eingreifen der Amerikaner entscheidend beeinflusst wurde. Winston Churchill, der unangefochtene englische Kriegspremier, war schon lange der Überzeugung, dass sich Amerika dieser Feuerprobe aussetzen musste. Deshalb war er immer wieder sehr frustriert, wenn er aus dem Weißen Haus eine Absage bekam. Selbstverständlich befand sich auch Roosevelt in einer Zwickmühle: Auf der einen Seite konnte mit Sicherheit auch er die politische Lage nicht anders deuten: Die Kriegsteilnahme der USA war der Schlüssel, die globale Situation in der Balance zu halten. Auf der anderen Seite konnte er gegen die Stärke der Ablehnungsfront im Innern nichts ausrichten.

Es ist daher keineswegs abwegig, zu vermuten, dass es beim Präsidenten trotz aller Empörung über den Angriff ein Quentchen Erleichterung gab. Damit wurde ihm das Tor zum Kriegseintritt geöffnet. Wohl niemand in den Staaten und erst recht nicht im Ausland konnte ernsthaft daran zweifeln, dass er angesichts einer solchen Provokation diese Maßnahme ergreifen musste. In den Nachkriegsjahren kam jedoch die Frage auf: Wusste Roosevelt schon im Voraus, was passieren sollte, und ließ er es geschehen, weil es ihm den Vorwand zum Kriegseintritt lieferte?

Es gibt unzählige Äußerungen und persönliche Erinnerungen und Aussagen, die eindeutig darauf hinweisen, dass es die Absicht des Weißen Hauses war, Japan in die Bredouille zu bringen. So dürfte es wohl kaum einen politischen Experten gegeben haben, der ernsthaft daran geglaubt hätte, Japan könnte auf die amerikanische Forderung nach einem Totalrückzug aus China eingehen. Diese Maxi-

VERBOTENE GESCHICHTE

ÜBERRASCHUNGSANGRIFF Eine japanische Navy Mitsubishi A6M2 »Zero« an Bord des Flugzeugträgers Akagi bereitet sich auf den Angriff auf Pearl Harbor vor.

AUF IN DIE SCHLACHT! Die Aufnahme zeigt Präsident Franklin D. Roosevelt beim Unterzeichnen der amerikanischen Kriegserklärung an Japan am 8. Dezember 1941. Eine weitere Kriegserklärung an Deutschland folgte drei Tage später.

weile mögliche Strategien skizziert, wie man die Japaner zu einer eindeutigen Kriegshandlung gegen Amerika treiben könnte. Solche Gedankenspiele zirkulierten eindeutig im Weißen Haus.

Fest steht außerdem, dass es im Präsidentenbüro drei Tage vor dem Angriff ein 26-seitiges Memorandum gab, in dem darauf hingewiesen wurde, dass die Japaner ihrerseits alle möglichen Informationen aus Militär, Marine und selbst dem zivilen Handel sammelten; sie konzentrierten sich dabei auf die amerikanische Pazifikküste, die Kanalzone in Panama und auf Hawaii. Dieses Memo enthielt natürlich keine dringende Warnung vor einem konkreten, unmittelbar bevorstehenden Angriff, aber man kann auch nicht sagen, dass die japanischen Geschwader einfach so aus heiterem Himmel gekommen wären. Wieder andere weisen darauf hin, dass es in den Tagen und Wochen vor dem Angriff bereits einen auffälligen Strom von medizinischem Personal und Ausrüstung in Richtung Hawaii gegeben habe.

In diesem ganzen komplexen Zusammenhang war auch noch davon die Rede, dass Roosevelt über die japanischen Planungen im Hinblick auf Pearl Harbor Bescheid wusste, dass er sich aber einfach nicht vorstellen konnte, wie die Japaner angesichts der amerikanischen Abwehr über die enorme Distanz wirklich einen Durchbruch erzielen könnten – das wäre in der Tat eine dramatische Fehleinschätzung gewesen. Und schließlich gibt es da noch die Behauptung, dem amerikanischen Nachrichtendienst sei es tatsächlich gelungen, den superverschlüsselten japanischen Geheimcode zu knacken. Sie hätten den Angriff auf Pearl Harbor jedoch ungestört laufen lassen, um genau diesen Wissensvorsprung zu verschleiern. Für diese kleine Verschwörungstheorie bräuchte es allerdings sehr starke Beweise.

malforderung war nur in der Absicht erhoben worden, die Japaner zu provozieren. Hierfür gibt es handfeste Beweise: Henry L. Stinson, der damalige Kriegsminister, schrieb zehn Tage vor Pearl Harbor in sein Tagebuch, wie er mit dem Präsidenten darüber gesprochen habe, »wie wir sie (die Japaner) in eine Position manövrieren können, wo sie den ersten Schuss abgeben müssen, ohne dass wir uns selbst zu großen Gefahren aussetzen«. In einem Memorandum von Korvettenkapitän Arthur McCollum vom Marinenachrichtendienst aus dem Spätjahr 1940, das nicht mehr der Geheimhaltung unterliegt, wurden mittler-

VERBOTENE GESCHICHTE

DER AUSLÖSER Der Angriff auf Pearl Harbor führte zum Eintritt der USA in den Zweiten Weltkrieg. Schiffe wie die USS Shaw, die man hier sieht, spielten wenig später eine führende Rolle im Pazifik-Krieg.

76 Nachkommen von Königin Elisabeth?

DAS RÄTSEL Hat die englische Königin Elisabeth I. heimlich ein Kind zur Welt gebracht?
WANN ES GESCHAH Die frühen 1560er Jahre

Sie mag den Körper einer »schwachen und zerbrechlichen Frau« gehabt haben, doch Elisabeth I. regierte ihr Land mit dem »Herz und Bauch eines Königs«. Als sie an die Macht kam, stand das Land kurz vor einem Bürgerkrieg. Sie wusste, dass sie sich keine »weiblichen Schwächen« erlauben konnte. Aber bedeutet das auch, dass sie ihrem eigenen Kind den Rücken kehrte?

Schon recht früh in ihrer Regentschaft versicherte Elisabeth, die »jungfräuliche Königin«, ihren Untertanen: »Nehmt getrost mein Wort und meinen Eid darauf: Ich will allein mit meinem Königreich verheiratet sein und ihm nur dienen. Und tadelt mich auch nicht mit dem harten Schicksal meiner Kinderlosigkeit: Denn jeder Einzelne von euch, so viel als Engländer je geboren wurden, sind alle Kinder und Verwandte von mir.« Falls es bei einem Monarchen wirklich je für eine Schwäche gehalten worden wäre, unverheiratet und kinderlos zu sein, so hat jedenfalls die große Elisabeth daraus eine Stärke gemacht. Doch wenn es jemals so weit gekommen wäre, dass sie ein uneheliches Kind zur Welt gebracht hätte, dann wären die Folgen denkbar schlimm gewesen. Als Erstes hätte sich England wohl in einen grimmigen Bürgerkrieg verbissen, die protestantische Kirche wäre enorm unter Druck geraten.

Es liegt also durchaus im Bereich des Möglichen, dass ungeplanter Nachwuchs im königlichen Schoß möglichst geräuschlos entfernt worden wäre, und damit wären wir bei dem bemerkenswerten Fall eines gewissen Edward Dudley. Nachdem er mit seinem Schiff 1587 in der Biskaya auf Grund gelaufen war, wurde er von spanischen Truppen verhaftet und der Spionage bezichtigt. Da es damit um seine weitere Zukunft schlecht bestellt zu sein schien, tischte er seinen Vernehmern eine ganz außergewöhnliche Geschichte auf. Er bezeichnete sich als den unehelichen Sohn von Königin Elisabeth und Robert Dudley, dem Grafen von Leicester. Über diesen Höfling war schon seit Langem das Gerücht im Umlauf, dass er die Privatgemächer der Königin teilte. In England wurden derartige Gerüchte schnell als Phantasiegespinst abgetan oder als Teil der großen Konspiration des katholischen Spanien bezeichnet.

Aber war die Behauptung wirklich so aus der Luft gegriffen? Die Spekulationen über Elisabeths Verhältnis zu Robert Dudley dauern bis heute an. Die Vorstellung, sie könnte schwanger geworden sein, ist alles andere als abwegig. Wir wissen außerdem, dass sie im Jahr 1561 längere Zeit bettlägerig war. Ihre Krankheit wurde als Wassersucht bezeichnet; damit ließ sich ihr angeschwollener Bauch erklären. War sie damals bereits schwanger? Und was wurde aus dem Kind?

DER KINDSVATER? Man vermutet, dass die »jungfräuliche Königin« in Wirklichkeit lange Zeit mit Robert Dudley liiert war. War er auch der Vater ihres Sohnes?

77 Die Kristallschädel

DAS RÄTSEL Woher stammt eigentlich das gute Dutzend jener quasi-mystischen aus Bergkristall geschnittenen Totenschädel?
WANN ES GESCHAH Ende des 19. Jahrhunderts

Bei den Kristallschädeln handelt es sich um eine Reihe exquisit bearbeiteter Schädel, die angeblich aus dem präkolumbianischen Mittelamerika stammen. Einige befinden sich in Privatsammlungen, andere sind in Museen zu finden, die zu den bedeutendsten Institutionen weltweit gehören, darunter das Britische Museum und das Smithsonian Institute in Washington. Aber ihre Herkunft ist sehr umstritten.

Man rechnet gegenwärtig mit 12 bis 13 Exemplaren dieser Schädel weltweit. Sie sind unterschiedlich groß und jeder ist in seiner Art von beeindruckender Schönheit. Einige sind in Lebensgröße, andere kleiner. Nur wenige sind wirklich bis ins Detail durchgearbeitet. Viele wirken eher noch wie roh behauen. Mindestens einer verfügt über einen beweglichen Unterkiefer. Auch das Kristall, aus dem sie bestehen, gleicht sich nicht. Einige sind vollkommen klar und rein, andere wirken eher rauchig oder leicht getönt.

Die Kristallschädel tauchten in europäischen oder amerikanischen Sammlungen erstmals gegen Ende des 19. Jahrhunderts auf. Damals war das Interesse an Altertümern, an exotischen, untergegangenen Kulturen auf dem Höhepunkt. Es gilt als weithin akzeptiert, dass diese Artefakte viele tausend Jahre alt sein könnten, möglicherweise sogar zehntausend Jahre, und dass sie aus den präkolumbianischen Kulturen Mittel- und Südamerikas stammen, wobei vor allem an Azteken und Maya zu denken ist. Ihre faszinierende Ausstrahlung verdankten sie nicht nur ihrer auffälligen Schönheit, sondern auch den ihnen angeblich innewohnenden Kräften. Eine Theorie besagt, dass in jedem dieser Schädel uraltes Wissen enthalten ist, und wenn man sie vereinigen könnte, würden große (und möglicherweise schreckliche) Welträtsel enthüllt.

Anfangs war die Bereitschaft, das hohe Alter und die Herkunft aus Mittelamerika anzuerkennen, sehr groß, auch wenn keines dieser Artefakte aus einer ordentlichen, wissenschaftlich geführten Grabung stammte. Seit 1897 wurde ein Exemplar im ehrwürdigen Britisch Museum in London ausgestellt. Erst 1992 akzeptierte auch das Washingtoner Smithsonian Institute die Schenkung eines Schädels. Dieses Exemplar wurde als Relikt aus der Azteken-Zeit angekauft und hatte sich angeblich zuvor im Besitz des mexikanischen Präsidenten Porfirio Díaz befunden.

Diese beiden anerkannten Sammlungen setzten dann auch ihren wissenschaftlichen Forschungsapparat in Bewegung, um Genaueres über ihre Ausstellungsstücke zu erfahren. Wie sich durch Labor-Analysen

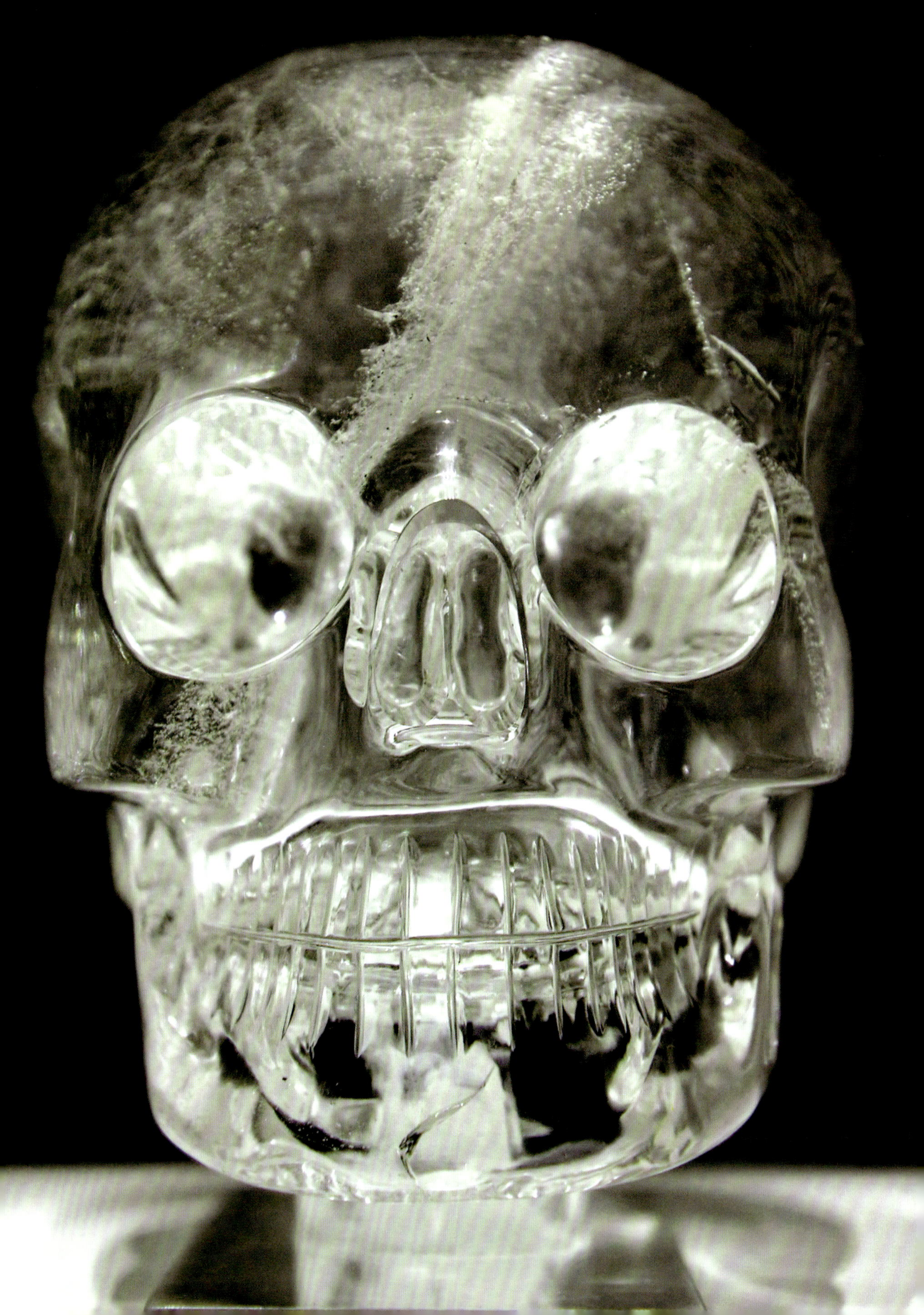

ANGEBOT UND NACHFRAGE Der französische Antiquitätenhändler Eugène Boban dürfte etliche der Kristallschädel auf den Markt lanciert haben. Hat er die Gier der Europäer nach präkolumbianischen Relikten ausgenutzt, indem er dieses staunenswerten Objekte extra anfertigen ließ?

herausstellte, waren die Schädel doch wesentlich jüngeren Datums, als bislang angenommen. Die beiden Exemplare in London und Washington waren mit Werkzeugen bearbeitet worden, die es erst im 19. Jahrhundert gab. Unabhängig voneinander zogen beide Institutionen daher den Schluss, dass es sich um Fälschungen handelte.

Davon ließen sich die Anhänger der Altertümer-Meinung kaum beeindrucken und schlugen mit neuen Argumenten zurück. Wenn derartig moderne Werkzeuge und Hilfsmittel verwendet worden seien, sei dies nur ein Beleg dafür, dass die vorkolumbianischen Kulturen technisch noch fortschrittlicher gewesen seien als bisher angenommen. Manche verstiegen sich zu der Vermutung, es könnten Relikte aus Atlantis sein oder sie stammten womöglich aus außerirdischen Zivilisationen. Der Höhepunkt der Spekulationen war mit der Übernahme in die zeitgenössische Popkultur erreicht, am bekanntesten und erfolgreichsten dürfte der Erfolgsfilm *Indiana Jones und das Königreich des Kristallschädels* aus dem Jahr 2008 sein.

Weil sich das Alter von Bergkristall auch mit modernen technischen Mitteln nicht bestimmen lässt, ist es gegenwärtig nicht möglich, sich auf ein Entstehungsdatum der Kristallschädel festzulegen, genauso wenig, wie sich bestimmen lässt, woher sie genau stammen oder wer sie gemacht hat. Bekannt ist jedoch, dass die meisten Stücke in der viktorianischen Zeit über einen gewissen Eugène Boban »auf den Markt« kamen, einen Pariser Antiquitätenhändler, der als »Hofarchäologe« viele Jahre in Mexiko verbracht hat. Hat er die Bedürfnisse des Marktes erkannt? Schätzte er das Verlangen der Europäer nach exotischen Raritäten und Kunstobjekten auch aus versunkenen mittelamerikanischen Kulturen richtig ein? Und gelang es ihm, in der Erkenntnis, dass Schädel in jenen Kulturen immer schon ein mächtiges Symbol waren, eine Hinterhof-Fabrikation aufzuziehen, wo solche Artefakte produziert wurden? Die Verlockung ist groß, das zu glauben. Und selbst wenn es sich nicht um antike Stücke mit magischen Kräften handeln sollte, bleiben sie doch immerhin Objekte von bezaubernder Magie und Schönheit.

78 Der Keil von Aiud

DAS RÄTSEL Kann es sein, dass ein schwerer Aluminium-Keil bereits vor Tausenden von Jahren vergraben wurde?
WANN ES GESCHAH 1974

Im Jahr 1974 machten Bauarbeiter bei Ausschachtungsarbeiten nahe der rumänischen Kleinstadt Aiud in Siebenbürgen eine erstaunliche Entdeckung. In unmittelbarer Nähe von fossilen Knochen fanden sie in 10 Metern Tiefe auch einen großen keilförmigen Block aus gegossenem Metall. Es zeigte sich schnell, dass es sich um Aluminium handelte, das man erst seit etwa 150 Jahren in derartigen Größenordnungen verarbeiten kann. Der Fund hat viele Theorien hervorgebracht.

Der Aluminiumkeil, der in den sandigen Ufern des Flusses Mureș (deutsch: Mieresch) gefunden wurde, wiegt ungefähr 2,2 kg und misst circa 21×12,5×7 cm. Angeblich wurde das Objekt einem örtlichen Museum übergeben, wo es zunächst einmal viele Jahre lang Staub ansetzte. Schließlich entschloss man sich doch, es in rumänischen und schweizerischen Labors untersuchen zu lassen. Der Keil besteht zu 89 Prozent aus Aluminium.

Aluminium selbst wurde erst im frühen 19. Jahrhundert entdeckt, und es dauerte noch Jahrzehnte, bis man in der Lage war, das Metall in größeren Mengen zu schmelzen und zu verarbeiten. Dennoch wurde dieses Objekt angeblich in einem geologischen Stratum und in unmittelbarer Nähe von zehn- bis zwanzigtausend Jahre alten Mammutknochen gefunden. Das angeblich hohe Alter ist nicht das einzige Rätsel, das sich um den Keil rankt. Es gibt auch reichlich Mutmaßungen über seinen Sinn und Zweck. Ist er auf natürliche Weise zufällig so entstanden oder ist er mit Absicht so fabriziert worden? Wenn dem so wäre, war er vielleicht Teil eines großen Gerätes oder Werkzeugs, beispielsweise eines großen Beils oder Hammers? Zeitgenössische Betrachter könnten das Objekt auch für ein Pedal oder den Aufsetzer eines Landemoduls halten.

Angesichts all dieser merkwürdigen Umstände braucht man sich nicht zu wundern, wenn die Erklärungsversuche über die Herkunft des Objekts bisweilen bizarr ausfallen. Gab es wirklich eine bisher unbekannte Art von Supermenschen, die in der Lage waren, schon vor Tausenden von Jahren Bauxit abzubauen und auszuschmelzen? Andere sehen in dem Objekt ein Beweisstück für eine Landung von Außerirdischen.

Dann wiederum gibt es diejenigen, die den Keil für eine Fälschung oder das Ganze überhaupt für einen Schwindel halten. Andere akzeptieren die Fundgeschichte im Hinblick auf die Fundstelle und ihre Datierung und sind einfach der Meinung, dass Mutter Erde eben bisweilen auch unerwartete Dinge hervorbringt.

VERBOTENE GESCHICHTE

79 Das wahre Alter der Großen Sphinx

DAS RÄTSEL Ist das berühmte Symbol des alten Ägypten viel älter als bisher angenommen?
WANN ES GESCHAH Ist 10.500 v. Chr. denkbar?

Die beeindruckende Liegefigur eines Löwen mit Menschenkopf dominiert das Westufer des Nils bei Gizeh, unweit der Pyramiden. Auch wenn nicht genau feststeht, wann die Sphinx errichtet wurde, gibt die herrschende Meinung die Jahre um 2540 v. Chr. an. Doch an der Großen Sphinx lassen sich einige Besonderheiten feststellen, die den Schluss zulassen, sie könnte wesentlich älter sein.

Heute erhebt sich die Sphinx mächtig über den Sanddünen von Gizeh, aber während der längsten Zeit der bekannten Geschichte lag sie im Sand verborgen. Es gibt keine Quellen, die einen Schluss zulassen, wer dieses beeindruckende Monument errichten ließ – immerhin handelt es sich um die größte Skulptur, die aus der gesamten Antike erhalten ist. Die anerkannte Meinung lautet, dass sie unter Pharao Chephren um 2540 gebaut wurde. Diejenigen, die diese Lehrmeinung anzweifeln, weisen darauf hin, dass sich in den überlieferten Texten jener Zeit kein Hinweis finden lässt, der die Sphinx mit dem Pharao verknüpft.

Dieses Manko provozierte fast unvermeidlich ganz andere, teilweise kühne Entstehungstheorien. Am besten lassen wir die erwartbare Theorie, die Sphinx sei das Werk außerirdischer Künstler, gleich außen vor. Interessanter wirkt der Vorschlag von Robert Bauval und Graham Hancock aus den späten 80er Jahren. Sie nehmen an, dass es sich bei der gesamten Anlage von Sphinx und Pyramiden um eine Art Sternenkarte handelt, welche das uns heute als »Orion« bekannte Sternbild in der Konstellation der Zeit um 10.500 vor Christus widerspiegelt.

Es überrascht nicht, dass traditionell gesinnte akademische Ägyptologen auf solche Vorschläge nicht allzu enthusiastisch reagieren. Weniger leicht lassen sich die Beobachtungen des Wissenschaftsautors John Anthony West und des amerikanischen Geologen Dr. Robert Schoch abtun, wonach an der Sphinx starke Anzeichen von Erosion zu erkennen sind, die nur mit großen Mengen fließenden Wassers erklärt werden können. Da wir aber wissen, dass die ganze Umgebung von Gizeh, mindestens während der bisher angenommenen Existenz des Denkmals, zu den Trockengebieten dieser Erde zählt, muss man schon weitere rund 7000 Jahre zurückgehen, bis man hier auf ein Klima stößt, bei dem es zu Regengüssen kommen konnte.

Die etablierte ägyptologische Wissenschaft hat auch diese Hinweise als »Pyramidiotie« bezeichnet. Falls sich die Sphinx dann aber doch als so alt erweisen sollte, müsste die Menschheitsgeschichte neu geschrieben werden.

VERBOTENE GESCHICHTE

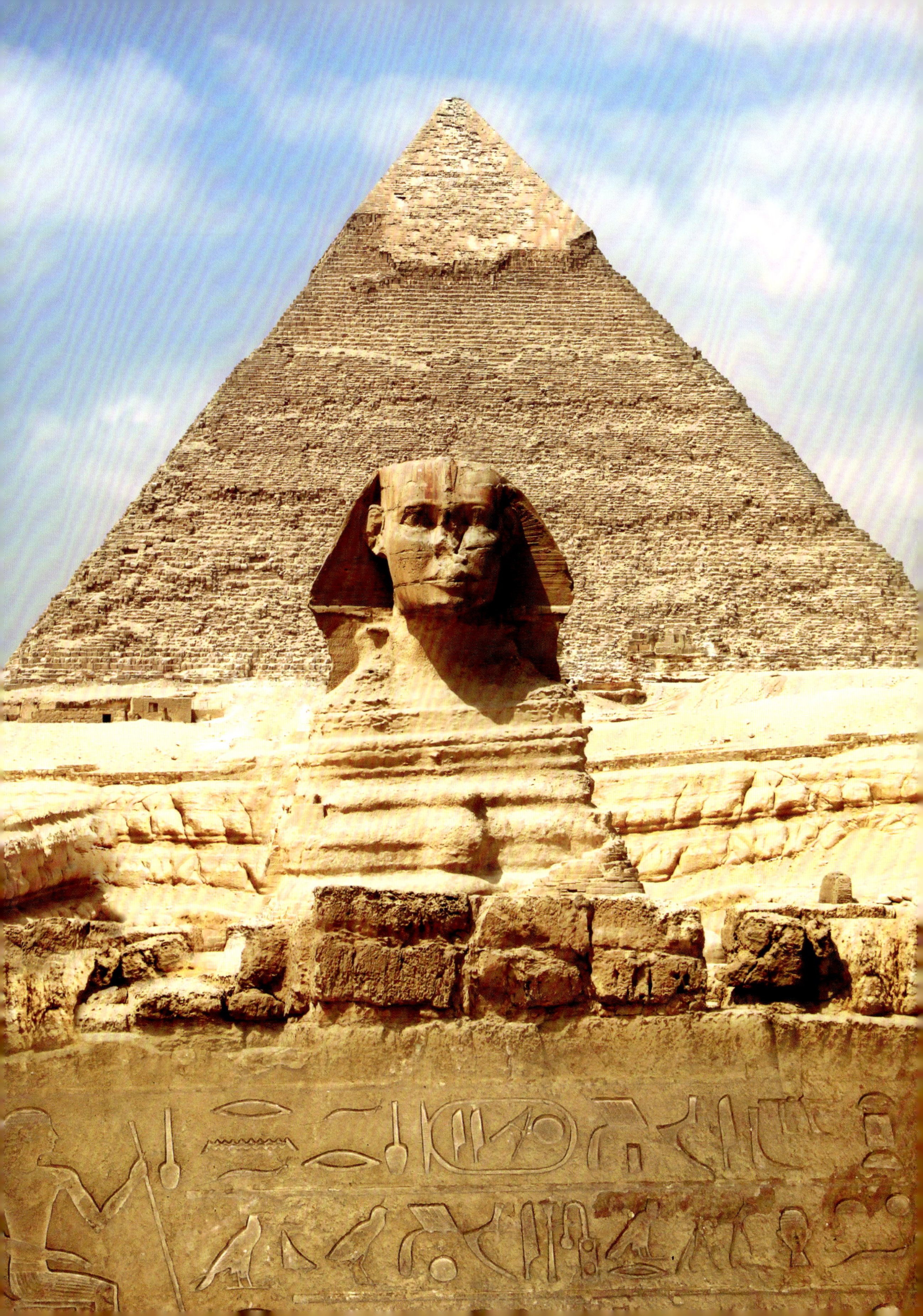

Shakespeares wahre Identität

DAS RÄTSEL Wer war der »Barde von Avon« wirklich?
WANN ES GESCHAH Seit dem späten 16. Jahrhundert

Wer schrieb *Hamlet* und *Romeo und Julia?* Die Antwort lautet: natürlich William Shakespeare. Aber war der größte Dichter Englands wirklich der, der er zu sein scheint? Es gibt eine ganze Reihe von Literaturkennern, Wissenschaftlern und Amateurforschern, die seine Identität anzweifeln.

Laut anerkannten Shakespeare-Biografien wurde der Dichter um den 23. April 1564 in einfache Verhältnisse geboren und starb am gleichen Datum im Jahr 1616. Er war verheiratet mit Anne Hathaway, mit der er drei Kinder hatte, und machte sich in London einen Namen als Schauspieler, Bühnenautor und Theaterunternehmer. Und er hinterließ 37 zum Weltliteraturkanon zählende Theaterstücke sowie über 150 Sonette – Zeugnisse eines Sprachgenies. In der Mitte des 19. Jahrhunderts erhoben sich allerdings die ersten kritischen Stimmen. Der Tenor lautete: Wie konnte ein Mann von so »niedriger« Herkunft und begrenzter Bildung dermaßen eloquent über historische Ereignisse, aristokratische Lebenswelten und den Umgang bei Hofe schreiben – ohne eigene und eingehende Kenntnisse dieser Gesellschaft?

Man ist versucht, unwillkürlich zu erwidern, dass er eben über wesentlich mehr Phantasie verfügte, als diejenigen, die seine Autorschaft in Frage stellen. Dennoch ist die Frage nach der Zuschreibung immer wieder faszinierend. Tatsächlich wissen wir nur sehr wenig über Shakespeares Leben. Wurde hier von interessierten Kreisen absichtlich die Faktenlage verwässert, wurden Aufzeichnungen unterdrückt, um die wahre Identität des Urhebers zu verschleiern? War jener Shakespeare aus Stratford lediglich ein Platzhalter für jemand anderen, der mit den Theaterstücken nicht in Verbindung gebracht werden wollte – oder sich nicht aus der Deckung wagen durfte? Niemand Geringerer als Mark Twain hat sich zu dieser Frage weiter aus dem Fenster gelehnt: »Nach allem, was man wissen und beweisen kann, hat Shakespeare aus Stratford-upon-Avon nie in seinem Leben ein Theaterstück geschrieben.«

Die Liste der Kandidaten für den »echten« Shakespeare umfasst rund hundert Namen. Die meisten kann man ziemlich rasch wieder streichen, aber einige Namen lassen sich durchaus vertreten. Als erster seriöser Anwärter auf die »wahre« Shakespeare-Autorschaft erscheint Sir Francis Bacon – Philosoph, Schriftsteller, Wissenschaftler und Staatsmann. Für ihn machte sich seit den 1850er Jahren hauptsächlich die amerikanische Schriftstellerin Delia Bacon stark. Sie vertrat die Ansicht, dass er einer Art Autorengemeinschaft vorsaß, zu der außerdem noch Edmund Spenser und Sir Walter Raleigh gehörten. Es sei ihnen darum gegangen, ihre philosophischen und politischen Ansichten mit den Mitteln des Theaters zu propagieren. Sie versteck-

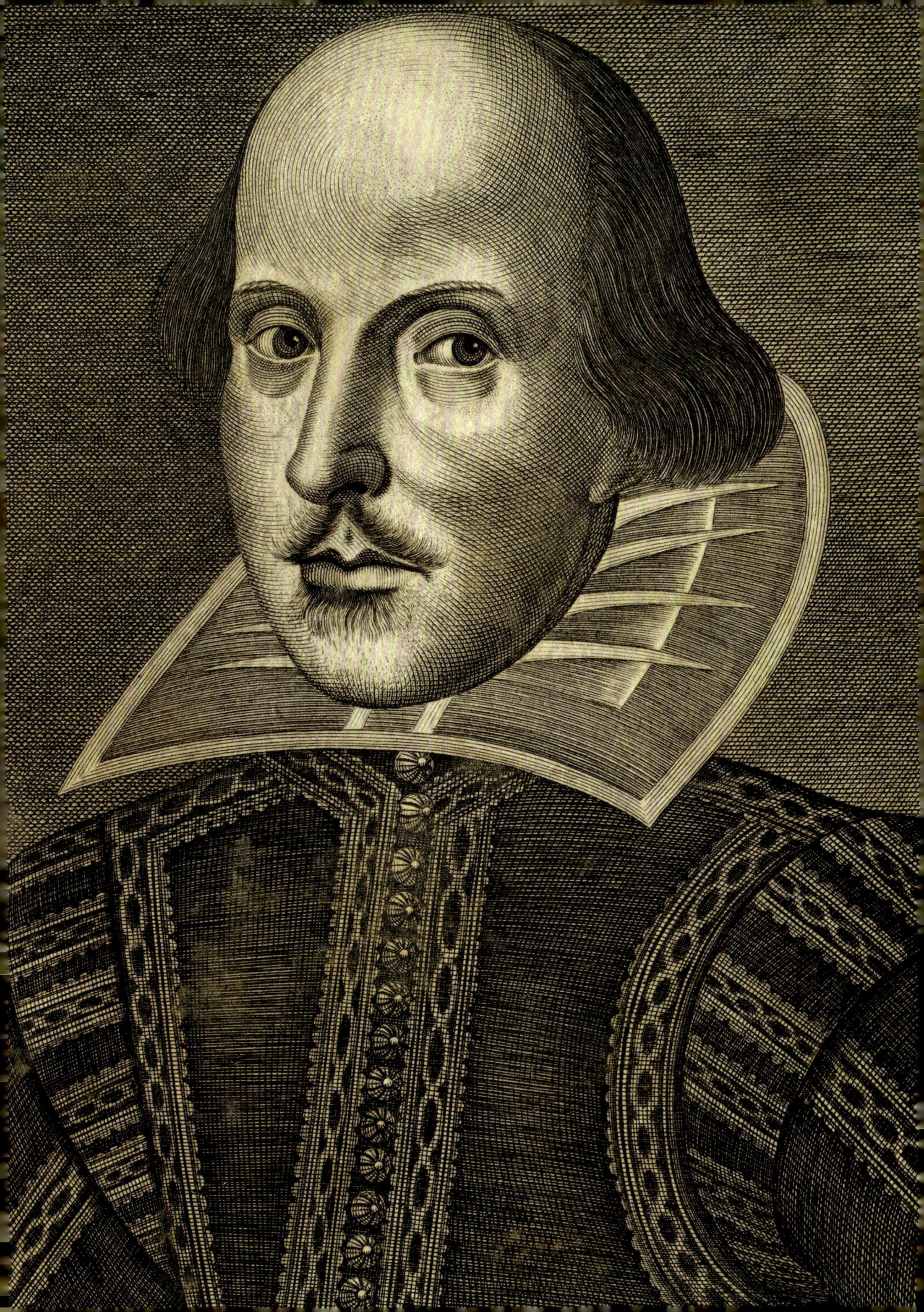

ten sich hinter der Shakespeare-Maske, da diese Werke damals politisch sehr brisant waren. Bis auf den heutigen Tag führen die Unterstützer dieser These vor allem die frappierenden Übereinstimmungen zwischen bekannten Werken von Bacon und Shakespeares Stücken an.

William Stanley, 6. Earl of Derby, ist ein weiterer Kandidat. Dieser Generationsgenosse Shakespeares lebte von 1561 bis 1642. Er war ein weitgereister Theaterunternehmer, der auch unter seinem eigenen Namen Stücke geschrieben hat. Außerdem unterhielt er enge Beziehungen zum Earl of Pembroke wie zum Earl of Derby, denen Shakespeares erstes Folio gewidmet ist. Ein weiterer Kandidat aus der Aristokratenriege ist Roger Manners, der 5. Earl of Rutland. Im Jahr 1907 brachte der deutsche Gelehrte Karl Bleibtreu die These auf, Roger Manners habe die Stücke gemeinsam mit seinem Schwiegervater, dem Dichter Sir Philip Sydney verfasst. Diese Theorie hat einen sehr großen Nachteil: Als »Shakespeares« erstes Werk veröffentlicht wurde, war Manners gerade einmal 16 Jahre alt. Zu den delikatesten aller Shakespeare-Urhebertheorien zählt diejenige, die in Christopher Marlowe, dem bewunderten Zeitgenossen und Schriftstellerkollegen, den wahren Autor sieht. Der Verfasser solch anerkannter Dramen wie *Doktor Faustus* kam angeblich 1593 im Alter von erst 29 Jahren bei einer Messerstecherei ums Leben. Zu Beginn des gleichen Monats war aus unbekannten Gründen gegen ihn ein Haftbefehl erlassen worden, man vermutet wegen Blasphemie. Hat er womöglich seine »Ermordung« selbst in Szene gesetzt, um der Strafverfolgung zu entgehen und anschließend seine Karriere als Theaterautor mit neuer Identität unter dem Namen »Shakespeare« fortzusetzen? Bleibt noch der aussichtsreichste Kandidat, Edward de Vere, der 17. Earl of Oxford. Oxford spielte eine herausragende Rolle am Hof von Königin Elisabeth; er versah unter anderem das Amt des Lord Great Chamberlain von 1562 bis 1604. Auch er ist mit bemerkenswerten literarischen Werken unter eigenem Namen hervorgetreten und war ein großzügiger Förderer der Künste. Als einer der mächtigsten Männer im Reich von Königin Elisabeth hätte er viel zu verlieren gehabt, wenn er als Urheber der oftmals als skandalös empfundenen Werke Shakespeares enttarnt worden wäre.

UNÜBLICHE VERDÄCHTIGE War Shakespeare der Strohmann eines anderen? Man vermutet (von links nach rechts) Francis Bacon, Edward de Vere, William Stanley und Christopher Marlowe.

Handelte es sich bei Stratford-Shakespeare lediglich um ein Konstrukt und gar nicht um eine historische Person? Dieser Gedanke ist keineswegs so verkehrt, wie er auf den ersten Blick erscheint. *To be Shakespeare or not to be Shakespeare* – das ist hier die Frage.

VERBOTENE GESCHICHTE

81 Die Bagdad-Batterie

DAS RÄTSEL War man schon in der Spätantike dazu in der Lage, Strom zu erzeugen?
WANN ES GESCHAH Entdeckung im Jahr 1938

In den 1930er Jahren erfuhr der deutsche Archäologe Wilhelm König von einem interessanten Fund nahe der Ortschaft Khujut Rabuah, nicht weit von Bagdad. Dort war eine Reihe von Tongefäßen entdeckt worden, und jedes enthielt einen Kupferzylinder, der einen Eisenstab umschloss. König war schnell überzeugt, dass es sich um eine Art primitiver Batterien handelte. Wenn er Recht behielte, wäre das der Beweis, dass Menschen schon sehr früh mit Elektrizität umgehen konnten.

Die Tongefäße sind alle circa 13 cm hoch. Das Problem ist ihre Datierung. König, damals Direktor des Nationalmuseums im Irak, war der Meinung, sie stammten aus der Zeit des Partherreichs (ca. 250 v. Chr. bis 224 n. Chr.). Andere vermuten die Zeit des persischen Nachfolgereichs der Sassaniden (224 bis 640). Folgt man der Deutung von König, dann waren die Tongefäße mit einer Flüssigkeit gefüllt, die wie ein Elektrolyt wirkte, um eine elektrische Ladung zu erzeugen. Dazu genügte Traubensaft oder Essig. Er vermutete, dass man mit diesem Verfahren Gegenstände aus Silber mit einer dünnen Goldschicht überzogen hat. In der Tat sind aus dem alten Irak viele vergoldete Objekte erhalten, aber bis dahin war man davon ausgegangen, dass man in diesen Fällen Blattgold von Hand aufgetragen oder Goldstaub aufgepinselt hat. Die Vorstellung, man hätte schon so früh das Galvanisierungsverfahren angewendet, war sehr überraschend.

Längere Zeit nach der Entdeckung der »Batterien« konnte gezeigt werden, dass sich mit diesen Gefäßen in der Tat ein schwacher Strom erzeugen ließ. Man spekulierte auch darüber, ob vielleicht mehrere Gefäße »hintereinander geschaltet« wurden, um stärkeren Strom zu erzeugen, aber es fanden sich unter den archäologischen Überresten keine Drahtverbindungen.

Doch wenn es sich tatsächlich um frühe Batterien handelte, warum geriet die Kenntnis dieser Technologie wieder in Vergessenheit? Vielleicht handelte es sich bloß um die Zufallsentdeckung von jemandem, der das dahinterstehende chemische Prinzip nicht verstand. Möglicherweise hat der Entdecker dieses wertvolle Wissen für sich behalten wollen. Die – wenn auch primitive – Beherrschung der Galvanisierungstechnik könnte einige wenige Eingeweihte sehr reich gemacht haben. Viele Altertumsforscher halten die Deutung als Batterien für verfehlt, aber so lange es keine bessere Erklärung gibt und da die Gefäße tatsächlich so funktionieren, sollte man diese Theorie nicht von vornherein verwerfen.

GELADEN Die »Batterien« bestehen aus einem Eisengitter (1) innerhalb eines Kupferzylinders (2) und waren wohl mit Traubensaft oder Essig gefüllt (3). Wenn sie kein Vorläufer heutiger Batterien waren, was dann?

82 Königin Victoria und der Reitknecht John Brown

DAS RÄTSEL Hat Königin Victoria ihren Stallknecht John Brown heimlich geheiratet?
WANN ES GESCHAH 1860er Jahre

Heutzutage gilt Königin Victoria immer noch als Inbegriff sexueller Prüderie, obwohl ihre intime Anhänglichkeit an ihren geliebten Prinzgemahl Albert eigentlich vom Gegenteil zeugt. Auch in all den Jahren der zur Schau getragenen Witwenschaft und öffentlichen Trauer brannte in Victoria das Feuer der Leidenschaft weiter. Besonders ihre Beziehung zu dem Reitknecht John Brown steht seit jeher unter besonderer Beobachtung. Haben die beiden heimlich geheiratet?

Der Tod ihres Prinzgemahls Albert im Jahr 1861 hatte Königin Victoria zutiefst erschüttert. Damals wurde beschlossen, den »Diener« von Albert, in den bereits der Prinzgemahl sehr viel Vertrauen gesetzt hatte, aus dem schottischen Schloss Balmoral nach Osborne House auf der Isle of Wight zu versetzen. Osborne House war der Lieblingsaufenthalt der Queen, und Brown sollte dort als ihr persönlicher Stallmeister und Pferdepfleger fungieren. Victoria fühlte sich in seiner Gesellschaft immer sehr wohl. Sie verbrachten viel Zeit gemeinsam und es war bekannt, dass sie sich auch gerne zusammen ein Schlückchen Whisky genehmigten. Die Prinzessinnen, Victorias Töchter, bezeichneten Brown in abfälligem Ton als »Mamas Geliebten«.

Auch wenn Brown nicht mehr war als das Tonicum, das die Queen zur Beruhigung ihrer Nerven brauchte, meinten doch einige in ihrer Umgebung, Anlass zur Sorge haben zu müssen. Dem Außenminister fiel auf, dass die beiden in unmittelbar aneinander grenzenden Schlafzimmern übernachteten, »was weder der Hofetikette noch der Schicklichkeit entspricht«. Victoria selbst fachte die Flammen der Empörung an, indem sie Brown in ihrer Korrespondenz als »Darling« bezeichnete. Es ist außerdem sehr vielsagend, dass sie nach ihrem Tod mit einer Haarlocke von Brown, einem Bild, einigen Briefen von ihm und einem Ring seiner Mutter beerdigt werden wollte.

Als sie im Jahr 1883 die Nachricht von Browns unerwartet frühem Tod erhielt, reagierte Victoria mit großer Trauer. Aber was war dran an den Gerüchten über ihre Ehe? Allem Anschein nach waren sie von schottischen Nationalisten noch zu Browns Lebzeiten aufgebracht worden. Von Lewis Harcourt, einem Regierungsmitglied im Kabinett des Premierministers Asquith, stammt eine der glaubwürdigsten Zeugenaussagen. Er hatte sie wiederum von seinem Vater, der Innenminister im Kabinett Gladstone war. Demnach habe er in den 1880er Jahren von seinem Vater gehört, dass einer der Hauskaplane von Königin Victoria auf dem Totenbett und offenbar mit dem dringenden Bedürfnis, sein Gewis-

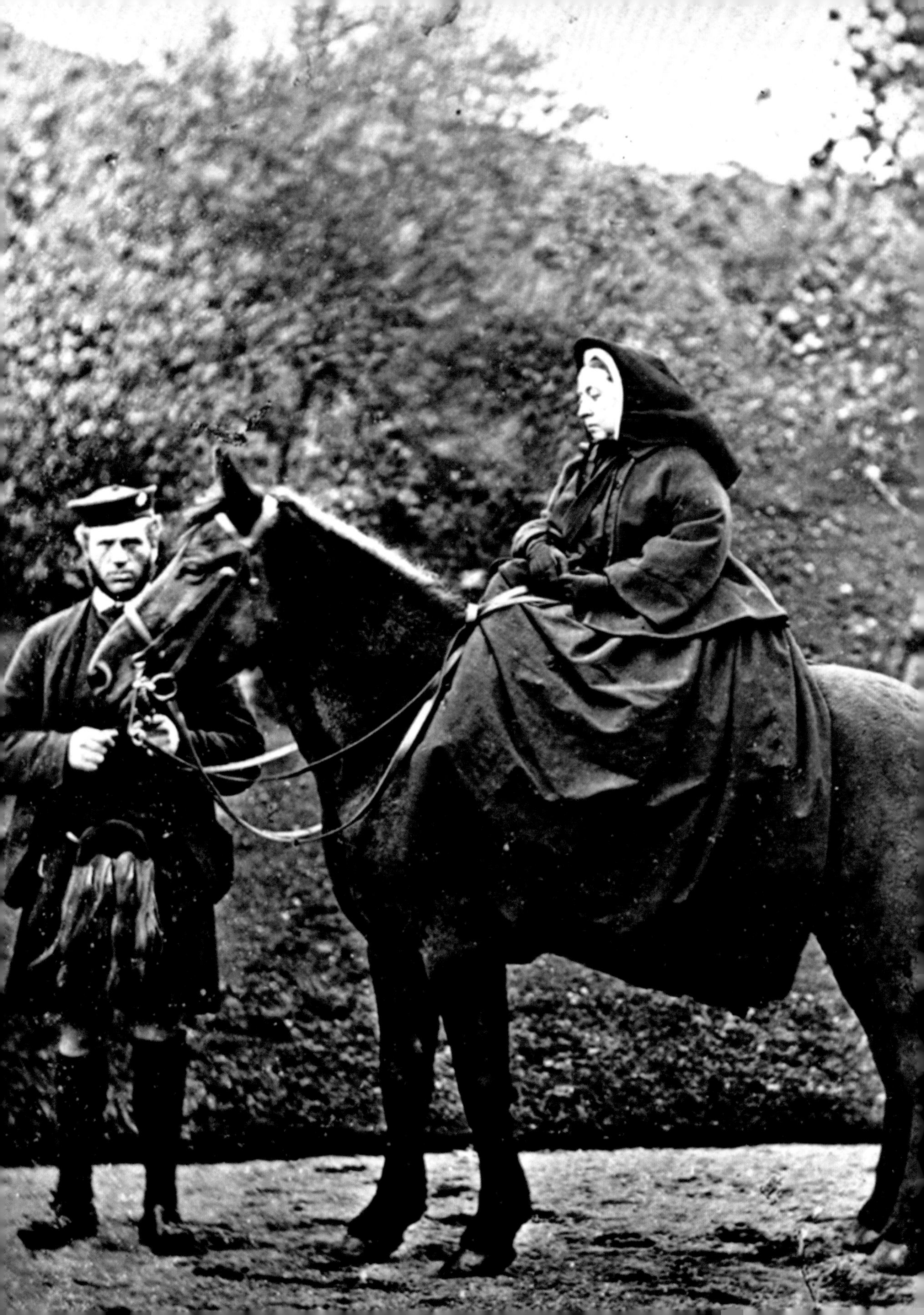

SITZ DER MACHT Eine Ansicht von Schloss Balmoral in Schottland, wo John Brown als Bediensteter das Vertrauen von Prinz Albert gewann und sich auch bei Königin Victoria einschmeichelte.

sen zu erleichtern, gestanden habe, die heimliche Eheschließung zwischen der Monarchin und ihrem Diener durchgeführt zu haben. Das wäre um 1866 gewesen.

Auch Sir Steven Runciman, einer der bedeutendsten britischen Historiker des 20. Jahrhunderts, soll erzählt haben, wie er in den Archiven von Windsor Castle zufällig auf die Heiratsurkunde von Brown und Victoria gestoßen sei. Er habe dieses Dokument der damaligen Königinmutter gezeigt, die darauf bestand, dass das peinliche Papier verbrannt werden müsse. Das ist eine aufregende kleine Geschichte, aber Runciman konnte auch ein ziemlicher Witzbold sein.

Es gibt sogar Gerüchte, wonach Victoria ein Kind von Brown zur Welt gebracht haben soll. Wiederum Runciman berichtete, wie er in den Nachkriegsjahren eine Kunstausstellung in New York besichtigte. Der ausstellende Künstler war ein Prinz von Hessen, ein Urenkel von Victoria. Der Prinz sei auf der Ausstellung von einer gewissen Jean Brown angesprochen worden, die behauptete, mütterlicherseits mit ihm verwandt zu sein, da sie der Verbindung von Victoria mit James Brown entstamme. Nach dem, was sie erzählte und was Runciman weitergab, war sie schon als Baby nach Amerika gebracht worden, wo sie seither lebte. Anderen Gerüchten zufolge sollen ein Sohn und eine weitere Tochter von Victoria und Brown in Paris versteckt worden sein. Aber für diese Behauptungen gibt es so gut wie keine Beweise.

Es besteht kein Zweifel daran, dass Brown im Herzen Victorias einen besonderen Platz einnahm. Dass sie sich sogar bereit fand, sich mit ihm zu verheiraten, ist aus der Sicht der damaligen Zeit sicher weniger abwegig, als man heute meint. Der Historiker Andrew Roberts, der sich die wichtigsten »Beweise« genau angesehen hat, meint, dass sie durchaus ein Ehegelübde abgelegt haben könnten, ohne dass diese Ehe jemals vollzogen worden wäre. Vor 150 Jahren war so etwas keineswegs unüblich.

83 Wofür wurde Stonehenge gebaut?

DAS RÄTSEL Worin bestand der Zweck von Englands großartigem uralten Steinkreis?
WANN ES GESCHAH ca. 2150 v. Chr.

In der Ebene von Salisbury im Südwesten Englands erhebt sich eines der größten vorgeschichtlichen Denkmäler Europas, der Steinkreis von Stonehenge. Auch über 4000 Jahre nach seiner Errichtung fasziniert er die Menschen. Doch durch wen und wann genau und wie wurde er errichtet? Die größte Frage lautet allerdings: Wofür wurde dieses megalithische Wunderwerk errichtet?

Das Stonehenge, das wir heute sehen, besteht aus aufrecht stehenden Steinen, die nach einem sorgfältig ausgedachten Plan in der Jungsteinzeit in die Erde eingelassen worden sind. Die gesamte Anlage wurde über einen langen Zeitraum in mehreren Phasen errichtet. Die erste Phase begann bereits vor 3000 v. Chr. mit einem Graben, einem Erdwall und einer Reihe von Pfostenlöchern, die nach ihrem Entdecker Aubrey-Löcher genannt werden. Ungefähr tausend Jahre später wurden 82 sogenannte Blausteine, von denen manche vier Tonnen wiegen, aus den 400 Kilometer entfernten Preseli-Bergen im Südwesten von Wales auf rollenden Baumstämmen, Schlitten und Flößen nach Stonehenge gebracht.

In der dritten und letzten Phase um 2000 wurden die noch gewaltigeren Sarsensteine aus einer ungefähr 40 Kilometer im nördlichen Wiltshire liegenden Gegend herangeschafft. Sie wurden ebenfalls als ein innerer und äußerer Kreis aufgestellt; der innere Kreis hufeisenförmig. Zuletzt wurden um 1500 v. Chr. die Blausteine neu arrangiert. Erst seitdem präsentiert sich Stonehenge mehr oder weniger so, wie wir es heute noch sehen.

Der Arbeitsaufwand muss in diesen Zeiten ungeheuer gewesen sein. Hunderte, wahrscheinlich Tausende von Arbeitern müssen bei der Errichtung stets vor Ort gewesen sein – und das zu einer Zeit, als die Gesamtbevölkerung Britanniens nur einen Bruchteil von heute betrug und die vorhandene Arbeitskraft hauptsächlich investiert werden musste, um den Menschen den kargen Lebensunterhalt zu ermöglichen. Was war an Stonehenge also so wichtig, dass die Kraft und die Energie so vieler Menschen über so lange Zeiträume dafür aufgewendet wurde? Dazu gibt es natürlich jede Menge Theorien, von denen manche mehr, andere weniger plausibel sind. Lange Zeit wurde angenommen, dass es sich um eine Art Tempel handelte, also ein religiöses Bauwerk. Im 18. Jahrhundert ging die allgemeine Meinung dahin, dass es sich um eine Opferstätte der Druiden handelte. Heutzutage weiß die Forschung, dass die Anlage bereits lange vor der Zeit der Kelten und damit des Druiden-Kults errichtet worden war, aber das schließt

Sonnenaufgang an Mittsommer

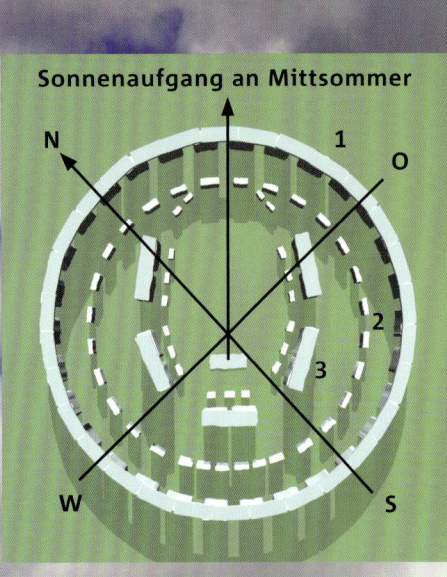

KREISFÖRMIG In jenen Zeiten, als Stonehenge »voll »in Betrieb« war, befand sich die Anlage im Herzen einer komplexen Rituallandschaft, die sich weit über die Ebene von Salisbury erstreckte. Die zentrale Ringanlage setzt sich aus deutlich erkennbaren, unterschiedlichen Elementen zusammen. Dazu zählen der äußere Ring aus Kalksteinblöcken, den Sarsen, die durch querliegende Überlager miteinander verbunden sind (1), einen inneren Ring mit kleineren, behauenen »Blausteinen« (2); bei diesen handelt es sich vermutlich um die älteste Steinkonstruktion der ganzen Anlage. Schließlich das zentrale Hufeisen mit den massigen Trilithen, den wie Torbauten zusammengestellten Steinen, die um 2500 errichtet wurden (3).

FERNVERKEHR? Man nimmt an, dass die Blausteine, von denen einige bis zu vier Tonnen wiegen, aus den Preseli-Bergen 240 Kilometer nördlich von Salisbury stammen. Einige Geologen vermuten aber auch, dass sie bereits von Eiszeitgletschern viel näher an Stonehenge abgelagert worden waren.

natürlich nicht aus, dass diese sie auch für ihre kultischen Zwecke nutzten.

Vor noch nicht allzu langer Zeit hat man entdeckt, dass Stonehenge auch über akustische Besonderheiten verfügt, und einige Fachleute sind mittlerweile der Überzeugung, dass hier der Schlüssel zu dem eigentlichen Sinn und Zweck der Anlage liegt. Wenn man sie anschlägt, gehen von den Steinen musikalisch klingende Schwingungen aus, die man kilometerweit hören kann, ähnlich wie Kirchenglocken. Oder war Stonehenge eine Begräbnisstätte für die aristokratische Elite jener Zeit? In und um die Anlage und vor allem in unmittelbarer Nachbarschaft der Steine wurden Aberdutzende von Begräbnisstätten entdeckt. Wurde gesellschaftlich hochstehenden Toten hier also die letzte Ehre einer Ruhestätte im Schatten der Steine zuteil, so wie zu Zeiten der Pharaonen bedeutende Ägypter in Pyramiden bestattet wurden?

Dann gibt es die Theorie, wonach Stonehenge eine Art Observatorium gewesen sein soll. Es ist allgemein bekannt, dass einige Merkmale der Anlage mit den Zyklen der Sonnenauf- und Sonnenuntergänge in Beziehung stehen sollen. Daher ist die Anlage bis in die Gegenwart als Versammlungsort zur Feier von Sommer- und Wintersonnenwenden so beliebt. Man kann sich leicht vorstellen, dass die Aufstellung der Steine unseren Altvorderen dabei half, die Mond- und Sonnenzyklen zu verfolgen, Finsternisse vorauszusagen und die Zeitpunkte für Aussaaten und Ernten zu bestimmen. Eine andere keineswegs abwegige Theorie sieht in Stonehenge eine Art Kurort aus der Jungsteinzeit. Angesehene Archäologen wie Geoffrey Wainwright und Timothy Darvill sind der Ansicht, dass man deswegen solche Mühen darauf verwendet hat, die Blausteine aus Wales herbeizuschaffen, weil man ihnen heilende Eigenschaften zuschrieb. Dieser Glaube beruhte darauf, dass es in der Nähe des Steinbruchs in Wales Heilquellen gab.

In starkem Kontrast zu solchen erdverbundenen Theorien stehen die Ansichten, dass diese Steine eine Art Bodenmarkierung wie auf einem Flugplatz darstellen, die außerirdischen Besuchern den Landeanflug erleichtern sollen. Angesichts der beachtlichen Ingenieurleistungen, die für den Transport und die Aufrichtung der Steine zweifellos notwendig gewesen sind, spekulieren die Vertreter der Alien-Theorie, dass dieses Wissen nur von einer außerirdischen Intelligenz stammen konnte.

VERBOTENE GESCHICHTE

84 Frühe Kontakte mit der Neuen Welt

DAS RÄTSEL Haben schon die Römer die Neue Welt besucht?
WANN ES GESCHAH Ungefähr 200 v. Chr.

Auch wenn erst Kolumbus' berühmte Entdeckung von 1492 die Weichen der Weltgeschichte neu stellte und den Weg ins Kolonialzeitalter eröffnete, gibt es genügend Hinweise, dass seine Reisen nicht der ersten Kontakt der Europäer mit der Neuen Welt waren. Wikinger haben mit Sicherheit schon vorher diesen Weg gefunden. Sind ihnen womöglich einige römische Besucher wiederum Hunderte von Jahren zuvorgekommen?

Anzeichen, ja Beweise für diese erstaunliche Behauptung stammen erst aus archäologischen Grabungen des 20. Jahrhunderts. Zu den spektakulärsten zählen der sogenannte Tecaxic-Calixtlahuaca-Kopf, der 1933 im Toluca-Tal südwestlich von Mexiko-City gefunden wurde. Man hält diese Kopfbüste eines bärtigen Mannes aus Terracotta für eine Grabbeigabe. Sie wurde unter dem Boden eines Gebäudes aus der Zeit vor der Entdeckung Amerikas gefunden, das wohl in den Jahren zwischen 1476 und 1510 errichtet wurde. Praktisch alle Experten datieren es auf das 2. Jahrhundert vor Christus und halten es für römisch. Wenn es sich nicht um einen Schwindel handelt, der den Ausgräbern untergeschoben wurde, dann ist dieses Objekt nicht später als 1510 in jenes Grab gekommen. Und wenn es dort vor 1492 deponiert wurde, dann wäre ein »Besuch« von Europäern in Amerika vor dessen historischer Entdeckung sehr wahrscheinlich.

Dabei handelt es sich keineswegs um das einzige Artefakt, das auf eine frühe Berührung zwischen der Alten Welt und Amerika hindeutet. Zum Beispiel sind seit den 1970er Jahren mehrere antike Amphoren in der Bay of Jars in der Nähe von Rio de Janeiro an den Strand gespült worden. Obwohl sich die Archäologen nicht über das Alter einigen konnten, ist die Bay of Jars zum Kristallisationspunkt der Römer-in-Amerika-Hypothese geworden. In den 1980er Jahren rasselte der US-amerikanische Schatzsucher Robert Marx massiv mit den brasilianischen Behörden zusammen, die behaupteten, er hätte sich »Schmuggelware« aus der Bay angeeignet. Er wiederum behauptete, sie würden Beweise für ein römisches Schiffswrack unterdrücken, nur um die für die nationale Identität wichtige Geschichte der portugiesischen Entdeckung Brasiliens nicht zu kontaminieren.

Es gibt auch andernorts, von Neuengland bis nach Venezuela, Hinweise auf mögliche römische Landungen, was man aber nicht wahrhaben will. Da besteht eine Mauer des (Tot)Schweigens. Wir wissen, dass die Römer bis in Seegebiete westlich der Kanarischen Inseln vorgedrungen sind. Aber wie weit? Und Warum? Vielleicht haben sie den Atlantik ja eher durch Zufall bezwungen?

ÜBERS MEER Es gibt Hinweise auf Überfahrten der Wikinger im 11. Jahrhundert (1) über Island (2) und Grönland (3) nach »Helluland« (4) und »Vinland« (5). Aber haben Seefahrer aus dem Mittelmeerraum (6) schon in der Antike Brasilien (7) entdeckt?

GEHEIME GESCHICHTE Ein Taucher in der Bay of Jars vor der brasilianischen Küste unweit Rio de Janeiro. Man vermutet, dass die Behörden die Reste eines römischen Schiffs hier verschweigen.

85 Die Tarim-Mumien

DAS RÄTSEL Lebten in der Bronzezeit einige Europäer in China?
WANN ES GESCHAH Um 1800 v. Chr.

Bisher ist man der Auffassung, dass die Chinesen erstmals um 200 v. Chr. ihre Fühler Richtung Westen ausstreckten. Die ersten regelmäßigen und intensiveren Kontakte kamen dann in der Marco-Polo-Zeit im Spätmittelalter zustande. Aber Hunderte Mumien, die im Tarim-Becken gefunden wurde, legen den Verdacht nahe, dass Menschen mit europäischen Wurzeln schon Jahrhunderte früher in dieser Gegend siedelten.

In den letzten 100 Jahren sind Archäologen am Südrand und am Ostrand des Tarim-Beckens auf eine Vielzahl von Mumien gestoßen. Dieses Gebiet gehört zu den autonomen Regionen Sinkiang und Uigurien der modernen Volksrepublik China. Die ältesten Mumien werden auf 1800 v. Chr. datiert, die jüngsten auf das 1. Jahrhundert v. Chr. Das trockene Wüstenklima und der alkalireiche Boden haben die Leichen in bemerkenswert gutem Zustand überdauern lassen. Einige haben rötliches, braunes oder blondes Haar, die die meisten Gesichter wirken ausgesprochen europäisch. Eine der Mumien, der sogenannte Chärchän-Mann, war 1,80 m groß, hatte hohe Wangenknochen, eine kräftige Nase und rötliche Haare. Mit seinen Hosen mit Schottenmuster wirkt er wie der Urtyp eines keltischen Kriegers – ein Eindruck, der mittlerweile auch von DNA-Analysen untermauert wird.

Noch älter als der Chärchän-Mann ist die Loulan-Schönheit, die nach der antiken Stadt benannt ist, in deren Nähe sie 1980 entdeckt wurde. Es handelt sich um die Mumie einer Frau, die anscheinend mit Mitte Vierzig gestorben ist. Sie hatte üppige rotbraune Locken und Gesichtszüge, die man ohne Weiteres als nordisch bezeichnen kann. Zu den Grabbeigaben zählten ein Kamm, eine Feder und ein paar Körner Saatweizen. Eine Fülle von DNA-Analysen bei Hunderten anderer Mumien hat mittlerweile deren europäische Herkunft erwiesen. Professor Victor Mair von der Universität Pennsylvania sagt dazu: »Die frühesten Mumien aus der Zeit um 1800 sind ausschließlich kaukasisch beziehungsweise europäisch.« Von der National Geographic Society mit Unterstützung der chinesischen Regierung durchgeführte, ausgiebige Genanalysen, die einen viel längeren Zeitraum abdecken, haben mittlerweile erwiesen, dass das Tarim-Becken schon in sehr alter Zeit die Heimat vieler verschiedener Ethnien gewesen sein muss. Dazu gehören nicht nur Leute aus Europa, sondern auch aus dem Indus-Tal und aus Mesopotamien. China war für diese Art von Austausch also schon viel früher aufgeschlossen als bisher vermutet.

Gemäß der traditionellen Geschichtsschreibung sandte Kaiser Wudi um das Jahr

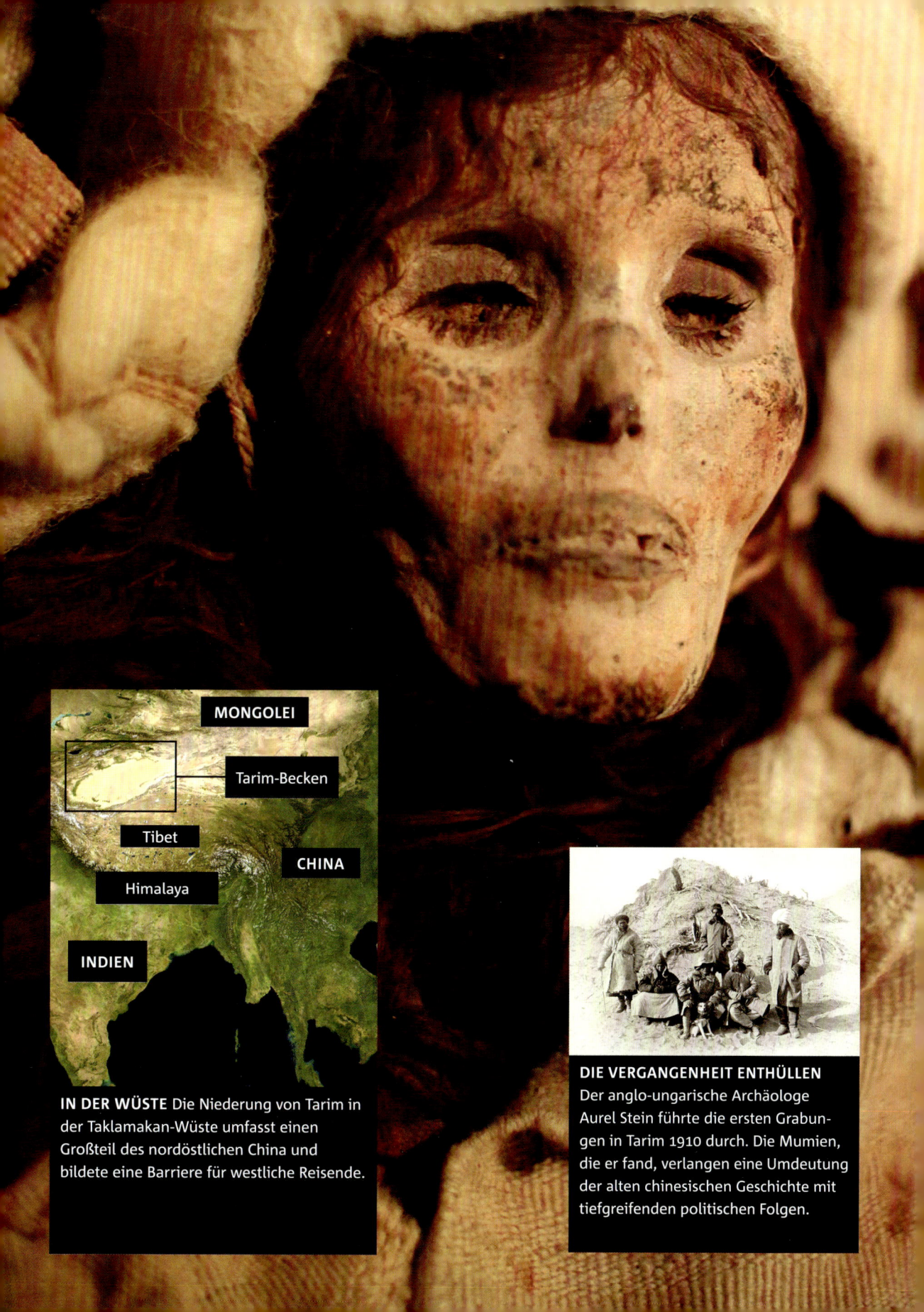

IN DER WÜSTE Die Niederung von Tarim in der Taklamakan-Wüste umfasst einen Großteil des nordöstlichen China und bildete eine Barriere für westliche Reisende.

DIE VERGANGENHEIT ENTHÜLLEN Der anglo-ungarische Archäologe Aurel Stein führte die ersten Grabungen in Tarim 1910 durch. Die Mumien, die er fand, verlangen eine Umdeutung der alten chinesischen Geschichte mit tiefgreifenden politischen Folgen.

DER SAND DER ZEIT Das Tarim-Becken ist eine gnadenlose Wüste und nichts für Leute mit schwachen Nerven. Aber der trockene Sand hat auch bedeutende Überreste bewahrt, die neues Licht auf unsere gemeinsame Geschichte werfen.

200 v. Chr. seinen Emissär Zhang Qian nach Westen, um eine Allianz gegen die umherziehenden mongolischen Hunnen zu schmieden. Der nahm den Weg durch Zentralasien und zeichnete so die Route für die spätere Seidenstraße vor. Während die heutige Regierung in Peking diese Darstellung der Ereignisse mit Freuden unterstützt, ist ihnen die Vorstellung, Europäer könnten sich über 15 Jahrhunderte auf (heute) chinesischem Boden gehalten haben, eher suspekt; sie würden sie am liebsten unter den Teppich kehren. Das hat nicht zuletzt damit zu tun, dass die heutige Provinz Sinkiang als Hort des Separatismus gilt. Die meisten Einwohner sind muslimische Uiguren, die die Chinesen als Besatzer und Feinde sehen. Das Verlangen der Uiguren nach mehr Autonomie hat in letzter Zeit schon öfter zu gewaltsamen Zusammenstößen geführt. Daher war Peking nie besonders daran interessiert, der Geschichte mit den Mumien zu größerer Publizität zu verhelfen. Zwar gibt es so gut wie keine Hinweise, dass die Mumien uigurischen Ursprungs sind, aber es genügt schon, dass sie nicht-chinesisch sind.

Weil China intensiv daran arbeitet, sich als globale Supermacht zu etablieren, wägt man dort die innenpolitischen Belange gegen die internationalen Notwendigkeiten sehr sorgfältig ab. Deswegen hat man gar nicht erst versucht, die unwiderleglichen Ergebnisse der DNA-Analysen abzustreiten. So wurde beispielsweise im Februar 2010 festgestellt, dass die Tarim-Mumien über Genmarker verfügen, die ihre Herkunft aus einem Gebiet außerhalb Chinas nahelegt. Die Bedenken der Regierung werden in dem Vorwort eines Buches des Archäologen Wang Binghau mit dem Titel »Die antiken Leichen von Sinkiang«) bündig und knapp zusammengefasst, das der Historiker Ji Xianlin geschrieben hat. Dort heißt es: »Leider hat eine kleine Gruppe von ethnischen Separatisten in China die Gelegenheit ergriffen, um Unruhe zu stiften und sich wie Narren aufzuführen. Einige dieser Aufrührer sind so weit gegangen, sich zu Nachkommen dieser ›weißen Menschen‹ zu stilisieren. Ihr Ziel ist es, das Vaterland zu spalten. Aber mit ihre perversen Taten werden sie nichts erreichen.«

86 Die Baigong-Rohre

DAS RÄTSEL Sind rohrartige Strukturen in China der Beweis für Eisenschmelze schon in weit vorgeschichtlicher Zeit?
WANN ES GESCHAH Immerhin soll das schon 150.000 Jahre her sein.

Kurz nach der Jahrtausendwende kamen aus China Nachrichten, man habe rund um den Berg Baigong in der Provinz Qinghai rohrartige Objekte gefunden. Diese Rohre haben ganz unterschiedliche Größen und sie sehen so aus, als seien sie aus Rost gemacht. Vom Institut für Geologie in Peking wurden sie auf 150.000 Jahre datiert. Die ersten Menschen kamen aber überhaupt erst vor 30.000 Jahren in diese Gegend.

Nach jetzigem Kenntnisstand wurden die ersten »Rohre« von einer Gruppe Wissenschaftler entdeckt, die eigentlich auf der Suche nach Saurierknochen waren. Mittlerweile hat man Hunderte dieser Rohre gefunden. Viele stammen aus Höhlen in den Bergen, andere aus einem Salzwassersee. Auf dem Seegrund und am Strand sollen noch viel mehr liegen, wobei die Berichte davon auch von einem bestimmten Muster sprechen, wonach die Rohre ausgelegt sein könnten. Einige haben nur ein oder zwei Zentimeter Durchmesser, aber es gibt auch welche mit einem Durchmesser von einem halben Meter.

Lange Zeit haben die Behörden diesen eigenartigen Funden keine besondere Beachtung geschenkt, doch seit etwa 2002 herrscht reges Interesse an deren Herkunft. Wer könnte vor so unvordenklich langer Zeit, mitten in den Eiszeiten, solche Gegenstände fabriziert haben? Offensichtlich können sie nur von einer hochintelligenten Spezies gemacht worden sein – und jede Lebensform, die zu jener Zeit dazu technisch in der Lage gewesen sein soll, kann nur aus dem Weltall kommen. Die andere Alternative wäre nur ein früher, längst vergessener Zweig vom Baum der Menschheit.

Wenn das für Ihren Geschmack zu sehr nach Science-Fiction klingt, dann lassen wir auch andere Stimmen zu Wort kommen, die eher natürliche Erklärungen anbieten. Entstanden die Rohre aus Eisenmagma, das die Erde ausspie und das in länglichen Formen erstarrte? Oder haben sich im Wasser Eisensedimente in kleinen Rillen gebildet? Experten fanden heraus, dass sich in den Rohren auch organisches Material befindet und Muster, die an Jahresringe in Bäumen erinnern. Aber kann die Natur tatsächlich Gegenstände schaffen, die ganz wie menschliche Artefakte aussehen?

Bisher hat niemand eine plausible Antwort, wie die Rohre zustande kamen, durch wen oder durch was sie gemacht wurden. Es handelt sich wirklich um ein großes Rätsel – und das umso mehr, als 2007 berichtet wurde, dass viele von ihnen sehr stark radioaktiv sind.

87 Der Mann mit der eisernen Maske

DAS RÄTSEL Wer war der berühmte Gefangene in dem französischen Kerker wirklich?

WANN ES GESCHAH Um 1698

Voltaire erwähnte ihn, Alexandre Dumas hat ihn durch einen Roman berühmt gemacht. Der Mann mit der eisernen Maske wurde 1698 in die berüchtigte Bastille in Paris überstellt und starb dort 1703. Sein Gesicht wurde stets von einem dunklen Tuch oder einer eisernen Maske verdeckt. Gleichwohl wurde er von seinen Wächtern stets mit Ehrerbietung behandelt. Doch wer war er?

Bevor der Gefangene in die Bastille eingeliefert wurde, hatte er den größten Teil seines Erwachsenenlebens bereits in anderen Gefängnissen verbracht und stand nun vom Alter her zwischen Mitte Fünfzig und Sechzig. Aufzeichnungen zufolge, derer die Revolutionäre bei Sturm auf die Bastille 1789 habhaft werden konnten, wurde er unter dem Namen Marchioli begraben. Einige Historiker hegten daher den Verdacht, es könnte sich den italienischen Diplomaten Girolamo Mattioli handeln, der wegen Spionage verurteilt worden war. Aber wegen dieses Verbrechen hätte wohl kaum die Notwendigkeit bestanden, Mattiolis Identität geheim zu halten. Und es erklärt auch nicht, warum der für ihn persönlich verantwortliche Gefängnisdirektor in Paris, Bégnine Dauvergne des Saint-Mars, ihn stets mit solcher Ehrerbietung behandelt hat.

Nach einer Version der Geschichte wurde der Gefangene 1670 unter dem Namen Eustace Dauger verhaftet und zunächst in die die berüchtigte Festung Pignerol im heutigen Norditalien gesteckt. Manche behaupten, Dauger sei in die sogenannte »Giftaffäre« verwickelt gewesen. Bei diesem berühmten Skandal wurden ranghöchste Personen erpresst, und im Hintergrund spielten alle möglichen fleischlichen Exzesse, Giftmorde und Schwarze Messen eine delikat-undelikate Rolle.

Die Hauptmeinung geht allerdings dahin, dass es sich bei »Dauger« um eine Person sehr hoher Abkunft handeln musste. Einer der Kandidaten aus diesem Kreis war ein illegitimer Sohn des englischen Königs Karl II., dem peinliche Kenntnisse über die französisch-englischen Beziehungen nachgesagt wurden. Voltaire seinerseits favorisierte die Theorie, der Mann mit der eisernen Maske sei kein Geringerer als ein unehelicher älterer Bruder von König Ludwig XIV. Dessen anerkannte Existenz hätte natürlich die Legitimität der Thronfolge in Frage gestellt. Zu dieser Theorie gibt es zahlreiche Varianten; manche sehen in ihm einen Zwillingsbruder von Ludwig XIV. und damit einen Rivalen für die Krone; andere sehen in Ludwig den Bastard, der den legitimen Erben um seine Krone gebracht hatte.

UNDURCHDRINGLICH Ansicht der Bastille von Osten, um 1790. In diesem vielleicht berüchtigtsten Wahrzeichen von Paris lebte der Mann mit der eisernen Maske 5 Jahre lang.

88 Die Moorleichen in Nordeuropa

DAS RÄTSEL Haben unsere Vorfahren ihre Anführer rituell ermordet?
WANN ES GESCHAH Vor ungefähr 10.000 Jahren

Seit dem 18. Jahrhundert wurde eine große Zahl Jahrtausende alter Leichen in erstaunlich gutem Erhaltungszustand in einem weiten Gebiet zwischen Irland, Deutschland und Skandinavien gefunden. Viele der Leichname trugen Spuren von extrem gewaltsamem Tod. Historiker und Archäologen rätseln seit Langem, wer diese Menschen gewesen sein könnten.

Man schätzt, dass es Tausende von Moorleichen geben könnte, wobei die älteste auf 8000 v. Chr. datiert wird, die meisten jedoch aus der späteren Eisenzeit, also aus dem letzten Jahrtausend vor Christus. Viele sind so ausgezeichnet erhalten, dass man sogar Haare und Fingernägel sieht und von der Haut kann man noch Fingerabdrücke nehmen. Wenn man bedenkt, dass in der Eisenzeit die Verbrennung die weitaus üblichere Bestattungsart war, dann liegt der Gedanke nahe, dass es sich bei den Moorleichen um einen besonderen rituellen Ansatz handeln muss – und dieser Verdacht wird erhärtet, wenn man die Beweise für Folter und Gewalt betrachtet.

Selbstverständlich gibt es aus dieser Zeit keinerlei schriftliche Aufzeichnungen darüber, welche Auffassungen hinter solchen Ritualen stecken könnten. Einige der Opfer sind aufgehängt oder stranguliert worden, andere wurden erschlagen oder Ihnen wurde die Kehle durchgeschnitten. Viele tragen eine Vielzahl von Stichwunden, auch ins Herz, einigen wenigen wurden die Glieder durchbohrt und mit Schnüren zusammengebunden. Im 18. Jahrhundert stellte man sich vor, dass es sich um Menschenopfer handelte. Ein Gegenargument sieht in ihnen Gefangene, Deserteure oder andere gesellschaftliche Außenseiter. Erst in jüngerer Zeit kam die interessante Theorie auf, es könnte sich bei den Moorleichen um ehemalige Häuptlinge oder Könige handeln.

Auf den ersten Blick wirkt dieser Vorschlag etwas weit hergeholt, doch viele der Leichen lassen Rückschlüsse auf kräftige, gut genährte Männer mit gepflegten Händen zu, die nicht hart arbeiten mussten. Man weiß, dass in manchen dieser frühen Bauerngesellschaften in Nordeuropa die Führer eine große, direkte Verantwortung für das Wohlergehen ihrer Untertanen trugen. Wenn der Stamm unter Dürre, ansteckenden Krankheiten oder sonstigem Ungemach zu leiden hatte, wurde der Anführer dafür persönlich zur Rechenschaft gezogen. Vielleicht gab es hier eine besondere Art von Gesellschaftsvertrag. Für die Herren der Eisenzeit gab es keine stille Abdankung oder einen friedlichen Ruhestand. Man kann davon ausgehen, dass spätere Dynastien froh waren, dass dieses historische Kapitel in Vergessenheit geriet.

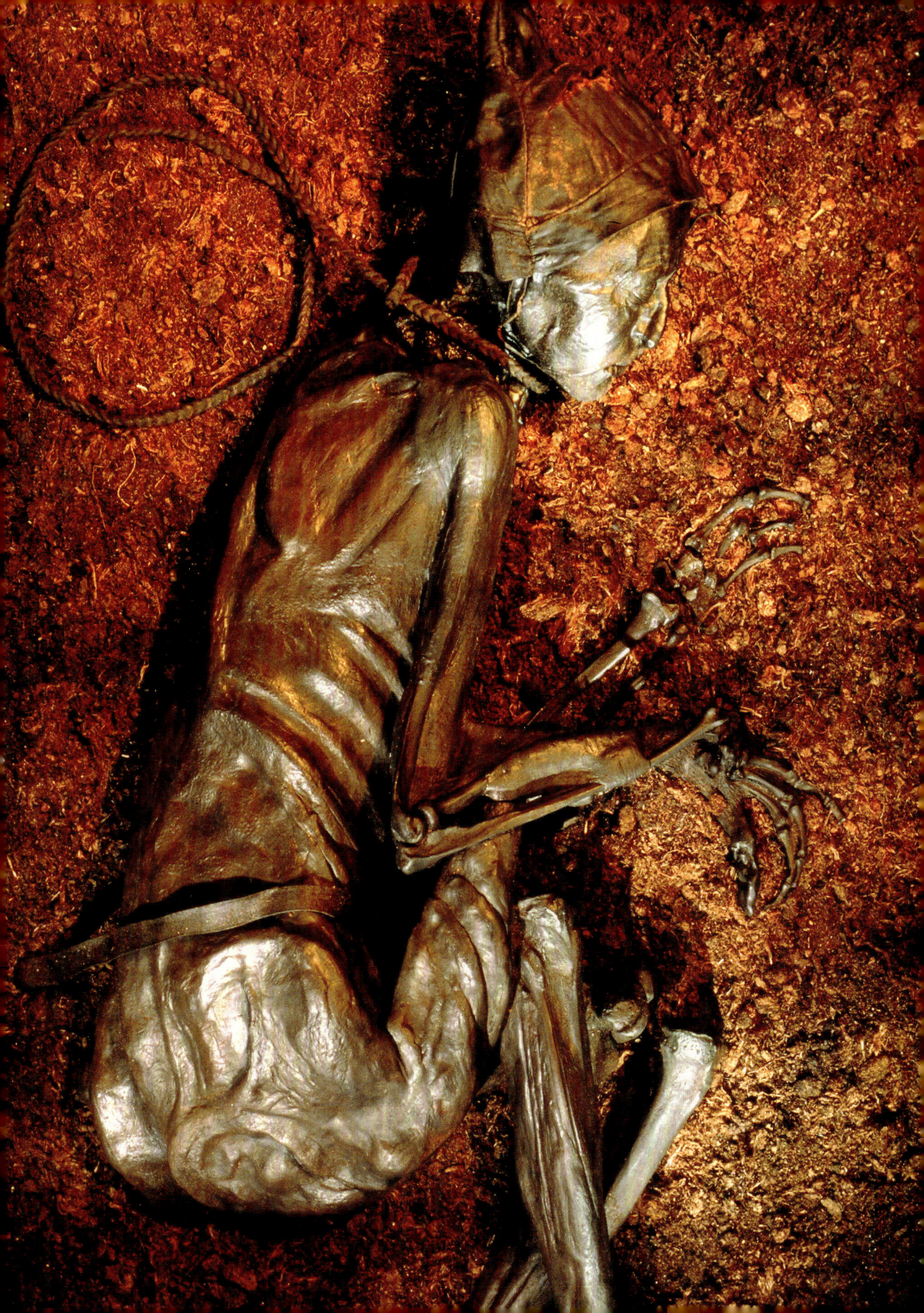

89 Die Piri-Reis-Karte

DAS RÄTSEL Enthält die berühmte Karte aus dem 16. Jahrhundert einen Beweis für eine frühmoderne Antarktis-Expedition?
WANN ES GESCHAH 1513

1929 machte der in Bibliothek des Topkapi-Palastes in Istanbul arbeitende deutsche Gelehrte Adolf Deißmann einen außergewöhnlichen Fund: eine Weltkarte, die der unter dem Namen Piri Reis bekannte türkische Seefahrer, Admiral und Kartograf gezeichnet hatte. Die Karte ist vor allem deswegen bekannt, weil sie angeblich die Antarktis zeigt – rund 300 Jahre vor deren Entdeckung. Beruhte diese Kenntnis auf altem, überliefertem Wissen?

Die auf Kamelhautpergament gezeichnete Karte enthält auch einen Text, in dem Piri erklärt, wie er diese Karte aus einer Kombination aus 20 Karten erstellt hat, darunter einer von Kolumbus. Auf jeden Fall gibt dieses Kartendokument einen guten Einblick in den geografischen Wissensstand zu Beginn des 16. Jahrhunderts. Schon die Frage, wie Piri überhaupt imstande war, so viele Informationen zu beschaffen, ist ein Geheimnis für sich.

Aber die Antarktis-Frage führte zu den meisten Kontroversen. Es steht außer Zweifel, dass vor dem Beginn des 19. Jahrhunderts niemand auch nur einen Blick auf das unwirtliche kalte Land im tiefen Süden geworfen hat. Und bis die Umrisse des antarktischen Kontinents bekannt waren, hat es dann auch noch eine Weile gedauert. Doch auf der Piri Reis-Karte findet sich eine Umrisslinie, die manche für das Queen-Maud-Land halten (eine Region, die erst seit 1891 erforscht wird). Und als wenn das nicht alles schon rätselhaft genug wäre, hat man zudem noch behauptet, dass Piri die exakte Küstenlinie so gezeichnet hat, wie sie unter dem Eisschild verläuft, den es dort seit über 6000 Jahren gibt. Wie soll man sich das erklären?

Zweifler behaupten, die dargestellte Küstenlinie bezöge sich gar nicht auf die Antarktis, sondern auf eine wenig korrekte Fortsetzung südamerikanischer Küstenlinien. Aber so sicher sind sich viele nicht. Gab es, so fragen sie sich, vielleicht eine alte Kultur, die auch in diesen frostigen Gegenden zur See fuhr und auf deren Karten Piri irgendwie gestoßen war? Gab es eventuell schon vor dem Zeitalter der Pyramiden Menschen, die Hochseeschifffahrt betrieben und ferne Länder kartografierten? Der Buchautor Erich von Däniken ging sogar so weit zu vermuten, die wahrscheinlichsten Verdächtigen für derartige Entdeckungsreisen seien Außerirdische. Es sieht so aus, als hätte Piri Reis in der besten Absicht, die Welt erklären zu wollen, dabei eher ein neues Mysterium geschaffen.

VERBOTENE GESCHICHTE

VERBOTENE GESCHICHTE

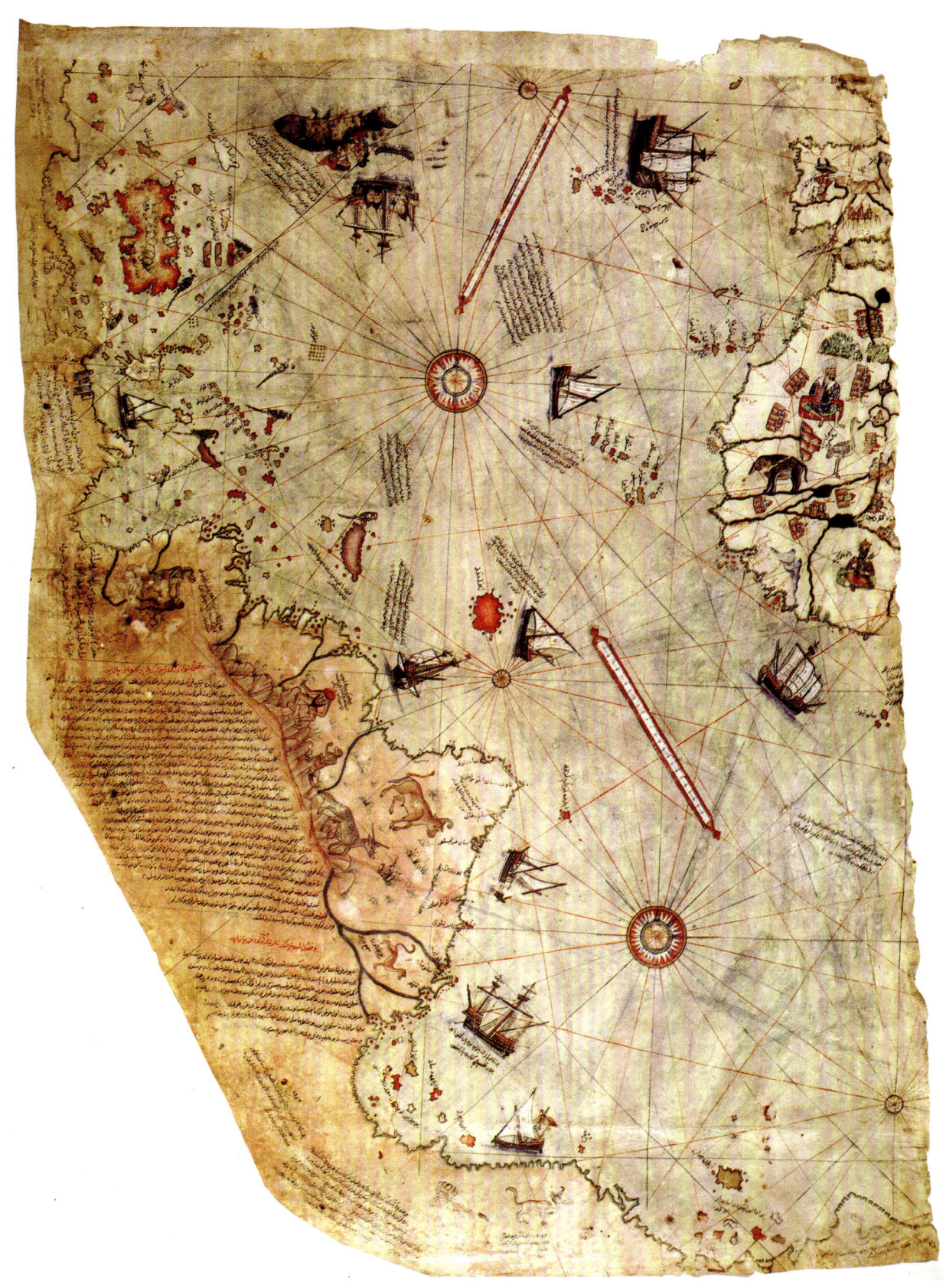

90 Das Philadelphia-Experiment

DAS RÄTSEL Ließ die amerikanische Regierung den Geleitzerstörer *USS Eldridge* »verschwinden« und sogar teleportieren?
WANN ES GESCHAH 28. Oktober 1943

Wie man Dinge unsichtbar machen könnte, hat auch die größten Denker und Geister der Welt beschäftigt. Auch wenn eine Tarnkappe oder ein Tarnmantel im Harry-Potter-Stil wohl noch für einige Zeit Zukunftsmusik sein dürfte, arbeiten Wissenschaftler aber immerhin daran, wie man Licht um Objekte herumleiten könnte. Ist der amerikanischen Marine das mit einem großen Schiff womöglich schon vor 70 Jahren gelungen? Und – was noch erstaunlicher wäre – konnte es quer übers Land teleportiert werden?

Was man sich über dieses Experiment erzählt, ist in jeder Hinsicht erstaunlich. 1942 wagte die amerikanische Marine angeblich ein Experiment, bei dem der Geleitzerstörer *USS Eldridge* bis auf den Kielwasserabdruck auf der Meeresoberfläche vollkommen unsichtbar gemacht werden sollte. Angeblich verschwand das große Schiff nicht nur den Blicken, sondern es wurde auch aus dem Hafen von Philadelphia in Pennsylvania nach Norfolk in Virgina teleportiert und wieder zurück. Und sofern man der Fortsetzung dieser Geschichte überhaupt Glauben schenkt, endete das Experiment in einem vollständigen Desaster mit schwerwiegenden Folgen für die Mannschaft.

Schauplatz des Geschehens war die Marinewerft in Philadelphia am 28. Oktober 1943. Bereits zuvor sollen mit der *USS Eldridge* Tests gemacht worden sein, und bei einem soll das Schiff in der Tat den Blicken entschwunden sein, stattdessen sah man an der Stelle einen grünlichen Nebel. Dann wird behauptet, die Teleportation in das 320 km entfernte Norfolk sei von Mannschaften an Bord der *SS Andrew Furuseth* beobachtet worden. Nach der Rückkehr der *Eldridge* – ebenfalls per Teletransport – habe sich deren Mannschaft in einem fürchterlichen Zustand befunden: einige waren mit den Schiffsaufbauten verschmolzen, andere waren völlig verschwunden, wieder andere zeigten schlimme körperliche Symptome oder sie befanden sich im Delirium.

Diejenigen, die nun darauf insistieren, das Experiment habe tatsächlich stattgefunden, sagen, die wissenschaftliche Grundlage dafür sei die einheitliche Feldtheorie. Diese Theorie sucht nach einer mathematischen Formel, mit der eine Vereinheitlichung von Gravitation und Elektromagnetismus beschrieben werden kann. Einstein verwendete sein ganzes späteres Leben darauf, diese Formel zu finden, aber er starb, so die allgemeine Überzeugung, ohne dass ihm das gelungen wäre. Es ist jedoch auch vorstellbar, dass er dieses Ziel erreicht hatte, vor seinem Tod aber die entsprechenden Unterlagen vernichtete, weil er der Ansicht war, dass die Menschheit für

VERBOTENE GESCHICHTE

VERSTECKSPIEL *Großes Bild:* Die Docks von Philadelphia. *Kleines Bild:* Die USS Eldridge 1944. Stand sie wirklich im Fokus von Experimenten?

SUPERHIRN Albert Einstein vollendete seine Einheitliche Feldtheorie nie. Man nimmt aber an, dass sie die theoretische Grundlage des Philadelphia-Experiments bildete.

Teleportation zu erforschen, und im Übrigen sei die Wissenschaft bis heute dazu ja auch nicht in der Lage. Zugegeben wird, dass die *Eldridge* einmal neben einem anderen Schiff vertäut war, der *USS Engstrom*, während diese entmagnetisiert wurde. Dabei wird ein elektromagnetisches Feld aufgebaut, um ein Schiff vor Magnetminen zu »verstecken«.

Wenn das Experiment tatsächlich stattgefunden hätte, dann müsste man eigentlich mit Sicherheit damit rechnen, dass über die zahlreiche Besatzung irgendetwas durchgesickert wäre. Oder wurden sie, wie einige behaupten, allesamt einer Gehirnwäsche unterzogen. Publik gemacht hat die ganze Geschichte ein UFO-Forscher namens Morris K. Jessup, der eine Korrespondenz mit einer sehr mysteriösen Gestalt unterhielt, die sich Carl Allen nannte (manchmal auch Carlos Miguel Allende). Allen behauptete, er sei von Bord der *Andrew Furuseth* aus Zeuge der Teleportation gewesen.

Sollte man das Ganze lieber als einen Schwindel abtun? Vielleicht. Doch es gibt immer noch viele, die nur allzu gern glauben würden, dass es dieses Philadelphia-Experiment wirklich gegeben hat. Obwohl manche Augenzeugen sicherlich wirr im Kopf sind und andere ein Interesse haben, solche Geschichten am Laufen zu halten, weil sie damit ihr Süppchen kochen, steht andererseits auch wieder fest, dass die beiden Supermächte der Kriegs- und Nachkriegszeit darauf erpicht waren, jeglichen wissenschaftlichen Fortschritt militärisch zu nutzen. Warum hätten die Amerikaner eine Technologie *nicht* ausprobieren sollen, die versprach, ganze Kriegsschiffe unsichtbar werden zu lassen? Außerdem glaubt doch wohl niemand, sie würden darüber freiwillig Informationen veröffentlichen (vor allem, wenn die Sache schiefging). Im Fall des Philadelphia-Experiment ist die Wahrheit genauso schwer zu fassen wie ein Schiff hinter einem Tarnschleier.

die Folgen noch nicht bereit wäre. Hatte er zuvor seine Erkenntnisse Wissenschaftlern des amerikanischen Militärs zukommen lassen? Es ist bekannt, dass er seit 1943 mit der Marine zusammenarbeitete.

Die amerikanische Marine hat immer kategorisch abgestritten, dass dieses Experiment jemals stattgefunden hat. Ja, sie hat allein die Idee dazu als lächerlich bezeichnet. Die Marine behauptet, die *Eldridge* habe sich zu der fraglichen Zeit überhaupt nicht in Philadelphia befunden, genausowenig wie die *Andrew Furuseth* in Norfolk. Außerdem hätte es niemals ein Programm gegeben, um Unsichtbarmachung und

91 Das Turiner Grabtuch

DAS RÄTSEL Wo liegen die wahren Ursprünge jenes Grabtuchs, von dem die Gläubigen behaupten, es sei ein direktes Abbild des gekreuzigten Jesus?
WANN ES GESCHAH Das ist einer der Hauptpunkte des Streits.

Die wohl mit Abstand berühmteste Reliquie der Welt, das Turiner Grabtuch, wird in der Krypta des Turiner Doms aufbewahrt. Dieses lange, rechteckige Tuch zeigt anscheinend einen Gekreuzigten, und zwar sowohl die Vorderseite wie die Rückseite des Körpers. Zweifler sind der Meinung, es handle sich um eine der größten Schwindeleien der Menschheitsgeschichte.

Das Tuch ist über 4,20 m lang und 1,10 m breit und zeigt quasi einen Negativabdruck eines Mannes. Auch wenn das Tuch auf eine lange Geschichte der Verehrung zurückblickt, hat sich doch erst mit dem Aufkommen der Fotografie gezeigt, um was für ein außergewöhnliches Exemplar es sich handelt, denn erst dadurch kamen Dinge ans Licht, die mit bloßem Auge so gut wie unsichtbar sind. 1898 wurde dem Fotografie-Pionier Secondo Pia erlaubt, von dem Leintuch Fotoaufnahmen zu machen. Als er seine Platten entwickelte, war er erstaunt. War er damit der erste Mensch nach den biblischen Zeitgenossen, der in das Antlitz Jesu blickte?

Diese Schlussfolgerung wird natürlich vielfach bestritten. Eine wichtige Grundlage für solche Zweifel bildet die sehr mangelhafte Überlieferung hinsichtlich der Herkunft des Tuches. Dokumente dazu gehen auch nicht annäherungsweise bis zu den Lebzeiten Christi zurück, der nach allgemeiner Meinung um das Jahr 33 n. Chr. gekreuzigt wurde. Die erste verbürgte Nachricht über das Tuch stammt aus dem Jahr 1390 aus Frankreich. Damals befand es sich offenbar in Lirey. Ironischerweise beschwert sich der örtliche Bischof in einem Brief, es handle sich um die Fälschung eines Künstlers seiner Zeit – das ist das Dokument, in dem das Tuch erstmals erwähnt wird! Von dort gelangte es 1453 in den Besitz der Fürsten von Savoyen. Im Dom von Turin, der savoyischen Hauptstadt befindet es sich seit 1578. 1983 ging es als Geschenk in das Eigentum des Heiligen Stuhls über.

Ansonsten gibt es hinsichtlich des Grabtuches praktisch nichts, was nicht kontrovers diskutiert würde. Die rötlich-braunen Flecken hat man mal als menschliches Blut identifiziert (mit einer seltenen Blutgruppe); dazu wird im Übrigen angenommen, dass das Blut bereits vor der Entstehung des Jesus-Bildes auf das Tuch getropft sei. Andere halten die Flecken für Tempera-Farbe, vermischt mit Hämatit, einem Eisenoxid-Mineral. Vor allem gibt es selbstverständlich keinerlei Konsens darüber, wie denn nun das Bild des Körpers künstlich hätte »aufgebracht« werden können; selbst die glühendsten Skeptiker versteigen sich nicht dazu, zu behaupten, es sei von einem mittelalterlichen Maler einfach aufgepinselt worden.

VERBOTENE GESCHICHTE

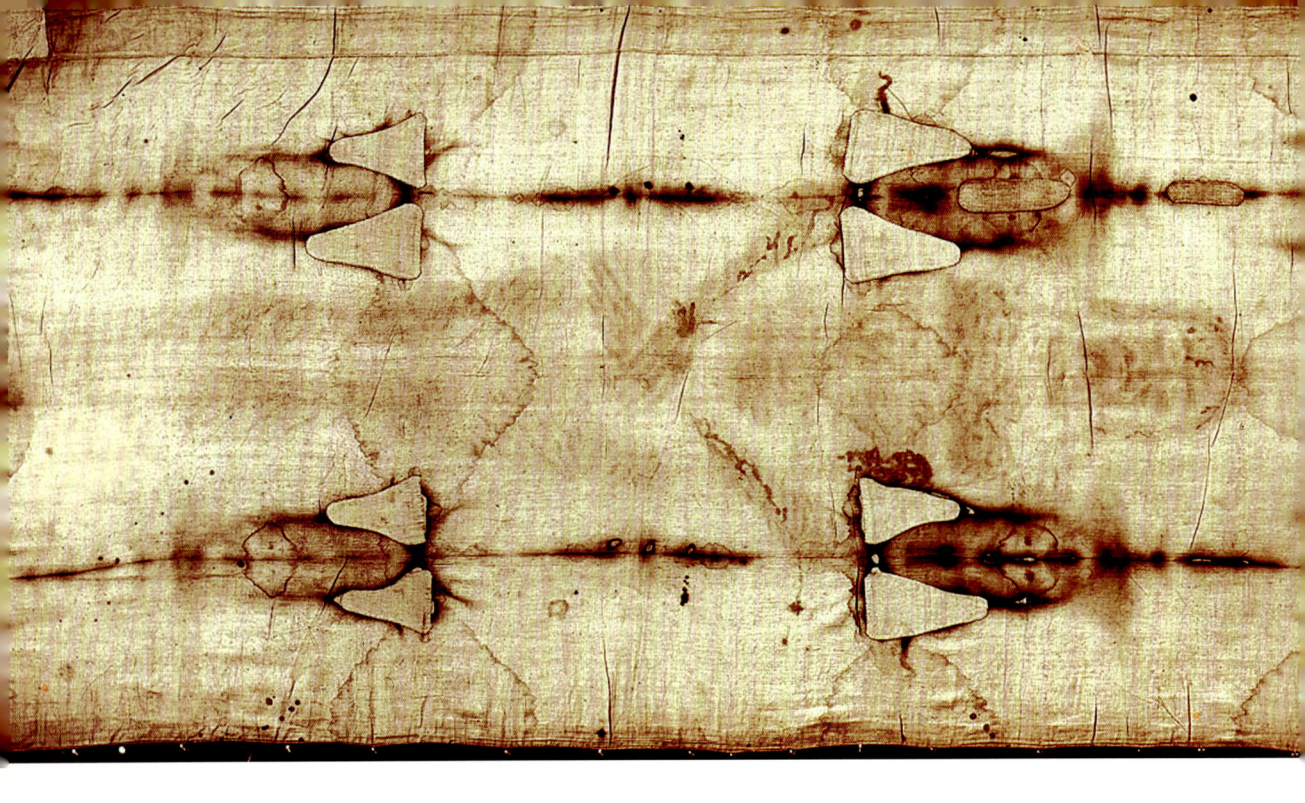

EINGEHÜLLT IN GEHEIMNISSE *Oben:* Das Grabtuch ist in seiner ganzen Länge so ausgelegt, dass Vorder- und Rückseite gleichzeitig zu sehen sind. *Gegenüber:* Erst die Negativabzüge des italienischen Fotografen Secondo Pia enthüllten die wahren Details des Tuchbildes.

Das Bild des bärtigen Mannes stimmt mit vielen Details überein, die in der Bibel über die Kreuzigung berichtet werden. Außerdem finden sich auf dem Grabtuch deutliche Spuren der Wunden, die durch die Dornenkrone hervorgerufen wurden (Dornenkronen spielten bei den Standardkreuzigungen der Römer sonst keine Rolle), sowie die Lanzenwunde an der Seite und Spuren von Verletzungen an den Knien, als ob der Mann zuvor hingefallen wäre. Dazu Einstichwunden – vermutlich von den Nägeln, mit denen Christus am Kreuz befestigt wurde; sie finden sich auf dem Tuch im Bereich der Füße und – was sehr grausam erscheint – der Handgelenke. Man weiß, dass genau dies der römischen Kreuzigungspraxis entsprach, auch wenn auf den allermeisten mittelalterlichen Darstellung die Nägel durch die Handfläche getrieben sind. Vor allem dieses Detail gilt als wichtiger Hinweis darauf, dass das Grabtuch eben nicht aus dem Mittelalter stammen kann.

Eine Zeitlang sah es so aus, als hätten die Zweifler die Oberhand gewonnen. 1988 wurden von drei wissenschaftlichen Instituten (Universität Oxford, Universität von Arizona, Eidgenössische Technische Hochschule Zürich) Radiokarbondatierungen vorgenommen, die zu dem Ergebnis kamen, dass das Leinengewebe aus der Zeit Ende des 13. oder Anfang des 14. Jahrhunderte stammt. Daraus zog man den Schluss, dass es sich bei dem angeblichen Grabtuch um eine Fälschung aus dem Spätmittelalter handelte. Doch auch daran gibt es Zweifel. So wies ein Team von Spezialisten vom Polytechnikum Turin beispielsweise darauf hin, dass bei einem länger zurückliegenden Erdbeben Strahlungen freigesetzt worden sein könnten, die die Ergebnisse von 1988 beeinflusst und verfälscht haben könnten. Auch das rätselhafte »Bild-Negativ« des Mannes könnte durch Neutronen zustande gekommen sein, die sich während des Erdbebens mit Stickstoffkernen verbunden haben.

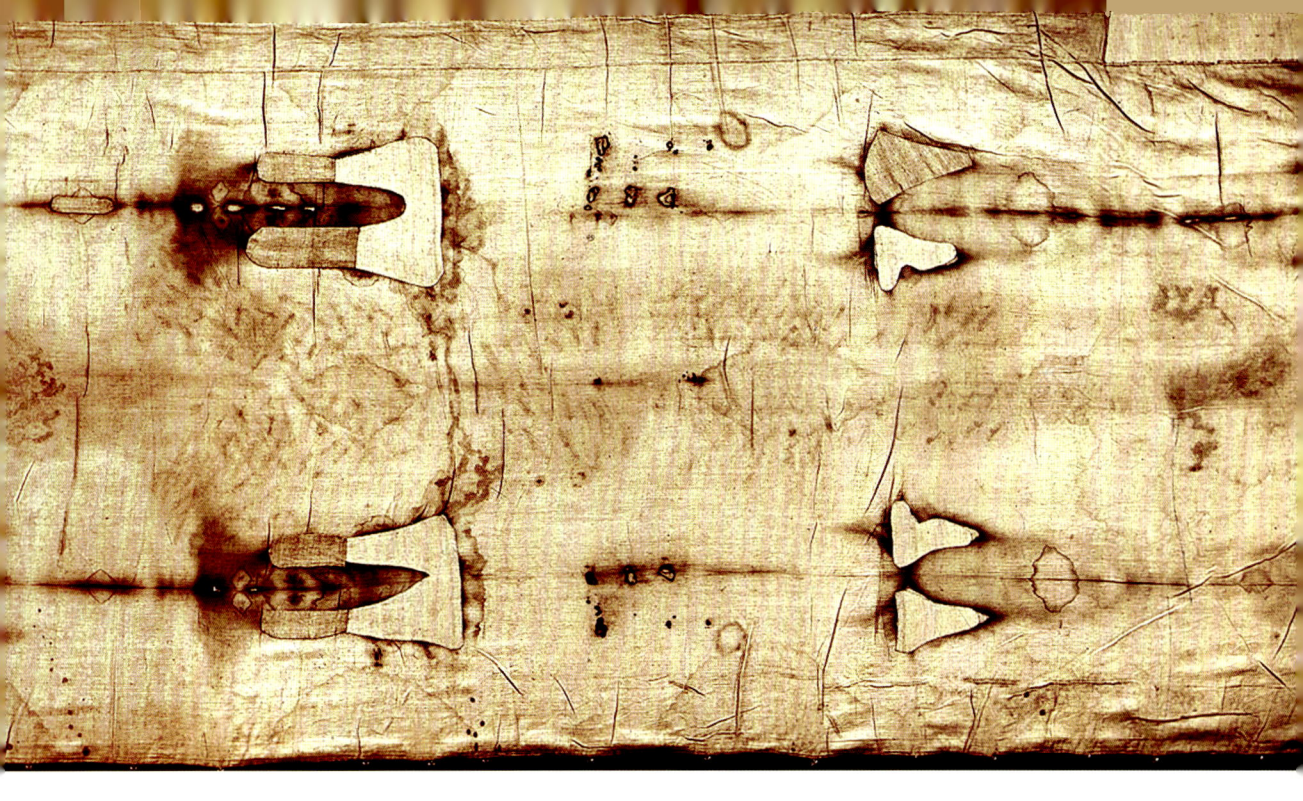

Im Zusammenhang mit der Radiokarbondatierung wird auch darauf hingewiesen, dass die Proben dafür aus einem Teil des Grabtuches entnommen worden waren, wo das Tuch einmal ausgebessert worden war. Im Jahr 1532 hat das Grabtuch einen größeren Brand überstanden; auch dieser könnte zur Folge gehabt haben, dass durch Isotopenaustausch das Radiokarbonalter verfälscht wurde. Als weiteres wichtiges Argument für die Authentizität wird die Webart (Fischgrät) ins Feld geführt, die in der Antike eher üblich gewesen sei als im Mittelalter.

Die Diskussion über die Authentizität des Grabtuches wird sicher weitergehen. Erstaunlicherweise war es der Wissenschaft bisher nicht möglich überzeugend nachzuweisen, wann und wo das Tuch gewebt wurde. Unter diesen Umständen ist es bemerkenswert, daran zu erinnern, dass nicht einmal die katholische Kirche ein endgültiges Urteil zu dem Tuch abgegeben hat. Von kirchlicher Seite wird das Grabtuch auch nicht als Reliquie, sondern als »Ikone« bezeichnet, die die Gläubigen aus aller Welt spirituell unterstützen soll.

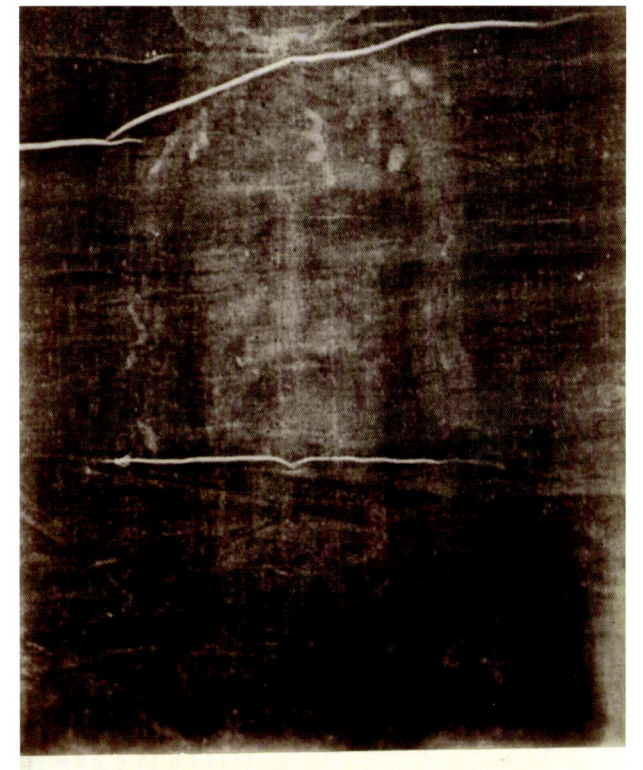

VERBOTENE GESCHICHTE

92 Das »Wow«-Signal

DAS RÄTSEL Ist ein Signal, das von einem Radioteleskop der Ohio State University aufgefangen wurde, ein Beweis für intelligentes Leben außerhalb der Erde?
WANN ES GESCHAH
15. August 1977

1977, acht Jahre nachdem Menschen erstmals einen Fuß auf den Mond gesetzt hatten, horchte eine Forschergruppe mit Hilfe allerneuester Technik den Himmel nach Signalen aus der Tiefe des Weltalls ab. Sie hofften zwar, dadurch Beweise für intelligentes außerirdisches Leben zu finden, aber niemand erwartete ernsthaft, dass das gelingen würde. Eines Tages nahm der Astrophysiker John Ehman einen Ausdruck zur Hand – und was er darauf entdeckte, machte ihn beinahe sprachlos.

Von 1972 bis 1997 wurde an der Ohio State University eines der längsten wissenschaftlichen Einzelprojekte durchgeführt, die es jemals gab: Das SETI-Projekt (*Search for Extra-Terrestrial Intelligence* – Suche nach extraterrestrischer Intelligenz). Das eindrucksvollste Einzelstück im Werkzeugkasten dieser Forschergruppe ist das »Big Ear«-Radioteleskop mit einer Oberfläche, die der Größe von drei Fußballfeldern entspricht. Von seinem Standort aus wurde der Himmel abgetastet, und zwar in Rasterabschnitten von 72 Sekunden Dauer.

Am 15. August 1977 ging Ehman den Ausdruck mit den dann so bedeutsam gewordenen Daten durch, wobei ihm eine Sequenz aus sechs Buchstaben und Ziffern auffiel: 6EQUJ5. Er erfasste sofort die Tragweite dieser Kombination, kringelte sie mit rotem Kugelschreiber ein und schrieb »Wow!« daneben aufs Papier. Damit schuf er unbeabsichtigt auch gleich den Spitznamen, der an diesem Signal haften blieb. Was hatte es mit diesem 6EQUJ5 also nun so Besonderes auf sich? Um es kurz zu machen, handelte es sich um ein superstarkes Signal, das während der gesamten 72 Sekunden anhielt, in denen das Teleskop auf diesen Bereich ausgerichtet war. Man konnte daraus schließen, dass es absichtlich ausgesendet worden war. Falls ein kleines grünes Männchen sich vorgenommen hatte, eine Botschaft an uns Erdlinge zu senden, dann war das genau die richtige Frequenz dafür. Als das Team in Ohio diese Daten genauer unter die Lupe nahm, stellte man fest, dass sein Ursprung im Sternbild Schütze lag. Allerdings sind alle nachfolgenden Versuche – und man hat es hundertfach versucht – das Signal wiederzufinden, fehlgeschlagen. Handelte es sich also lediglich um ein Signal, das in Wirklichkeit irgendwo von der Erde ausgesandt wurde?

Ehman hat sich immer geweigert, seiner Entdeckung des Wow!-Signals zu viel Bedeutung beizumessen. Wie für jeden seriösen Wissenschaftler verbietet es sich auch für ihn, »aus unzulänglichen Daten weitreichende Schlussfolgerungen« zu ziehen – um es mit seinen eigenen Worten auszudrücken.

DER CODE Hier sieht man einen Teil des berühmten Ausdrucks, auf dem Jerry Echman die verschlüsselten Daten fand – daneben sein berühmter Ausruf.

93 Nazi-UFOs?

DAS RÄTSEL Verfolgte Hitler den Plan, die Alliierten mit fliegenden Untertassen anzugreifen?
WANN ES GESCHAH 1941–1945

Wir wissen, dass die Amerikaner nach dem Zweiten Weltkrieg viele Ingenieure und Forscher aus Deutschland übernahmen, die bei wichtigen technischen Projekten in den Vereinigten Staaten eine Rolle spielten: Entwicklung von Tarnkappenbombern, Bau der Atombombe, der Wettlauf zum Mond. Daneben besteht aber auch der Verdacht, dass das Weiße Haus die Existenz von Technologien zu unterdrücken versuchte, für die die Menschen damals noch nicht reif waren.

Mit Genehmigung von Präsident Harry Truman wurden im August 1945 im Rahmen der »Operation Paperclip« mehr als 700 Wissenschaftler, Ingenieure und Techniker, die unter dem Nazi-Regime gearbeitet hatten, in einer geräuschlosen Aktion aus dem besiegten Deutschland in die USA gebracht. Die Angelegenheit war hochbrisant, da die US-Regierung sich deswegen Anfeindungen aussetzen konnte, sie habe eine große Anzahl möglicher Kriegsverbrecher »laufen lassen«. Gleichwohl ermöglichte und sicherte wohl erst dieser massive Wissenstransfer die dominierende globale Stellung der USA in den nachfolgenden Jahrzehnten.

Im Lauf des Krieges hatte Hitler mit seinem Verlangen nach neuen Superwaffen seine Wissenschaftler und Techniker zu Höchstleistungen angespornt. Viele dieser Entwicklungen wie etwa der Düsenantrieb von Flugzeugen oder die V2-Rakete sind heute Teil unseres Alltags. Aber es gab in Berlin noch wesentlich bizarrere Pläne, deren Einzelheiten das Weiße Haus nach dem Krieg lieber unter Verschluss hielt. Beispielsweise entwickelte Hitler die Schnapsidee, London und New York von Fliegenden Untertassen aus zu bombardieren. Auch wenn es sich verrückt anhört, scheint die Kriegsmaschinerie der Nazis diesem Ziel sehr nahe gekommen zu sein.

Nach allem, was man mittlerweile weiß, kann man davon ausgehen, dass Augenzeugen ein Objekt gesehen haben, das unter der Leitung der Ingenieure Rudolf Schriever und Otto Habermohl entstanden zu sein scheint. Die »Untertasse« verfügte anscheinend über Senkrechtstart-Technologien, die ihrer Zeit weit voraus waren, konnten mit hoher Geschwindigkeit und in niedrigen Höhen fliegen. Hätte man dieses Gerät tatsächlich gegen eine feindliche Großstadt eingesetzt, wären dort mit einem Schlag viele Menschen umgekommen.

Schriever beklagte sich später, dass seine Aufzeichnungen und Pläne des Fluggeräts 1945 gestohlen worden seien. Manche sind sich ziemlich sicher, dass sie in die Vereinigten Staaten gelangten.

»DIE GLOCKE« Nach Ansicht einiger Forscher entwickelte die deutsche Luftwaffe dieses Fluggerät in einer geheimen SS-Fabrik an der deutsch-tschechischen Grenze. Die »Glocke« bestand aus zwei sich gegeneinander drehenden Teilen mit elektrisch leitender Flüssigkeit darin. Leider gibt es keine Aufzeichnungen darüber.

FLIEGENDE UNTERTASSE Die Sack AS-6 war ein bizarrer Flugzeug-Prototyp mit runden Tragflächen, das von dem Ingenieur Arthur Sack ab 1939 entwickelt wurde. Ein Testflugzeug für bemannte Flüge wurde 1944 in Ostdeutschland zusammengebaut, die Tests scheiterten aber. Das Flugzeug wurde wohl 1945 zerstört.

94 Das Brummton-Phänomen in Taos

DAS RÄTSEL Warum hören die Einwohner der Stadt in New Mexico permanent ein dumpfes Geräusch?
WANN ES GESCHAH Erstbericht 1992

In den frühen 1990er Jahren häuften sich Berichte, in denen sich immer mehr Einwohner der Stadt Taos über ein ständiges Brummen oder Dröhnen beschwerten, das ihnen regelrecht in den Kopf. Auch wenn nur ein kleiner Prozentsatz der Bevölkerung darunter litt, gab es doch mehr als genügend Fälle, um einiges Aufsehen zu erregen. Doch wo lag die Ursache des Phänomens?

Die von Künstlern geprägte, lebenslustige Stadt Taos ist nicht die einzige, die unter so einem »Brummen« leidet. Es gibt sogar ein groß angelegtes Projekt, um solche Orte und Gegenden weltweit zu erfassen. Seit den frühen 70er Jahren wurde dieses Phänomen an Dutzenden von weit auseinanderliegenden Orten lokalisiert.

Zwischen 2 und 10 Prozent der Einwohner von Taos hören dieses Brummen, das eine Frequenz zwischen vierzig und achtzig Hertz zu haben scheint. Erhebungen unter den Betroffenen ist zu entnehmen, dass vor allem ältere Frauen davon betroffen sind. Die meisten beschreiben das Geräusch ähnlich wie ein Automotor, der ständig vor dem Haus läuft, oder als ob man unter einer Stromleitung steht. Das Brummen wird als unangenehme, bisweilen nervtötende Begleitung des Alltags empfunden, aber nichts, was einen wirklich krank machen würde.

Was die Ursachen anbelangt, hat man inzwischen jedenfalls eine Art Massentinnitus ausgeschlossen. Ein Erklärungsvorschlag lautete, dass die Betroffenen spontan otoakustische Wahrnehmungen haben, das bedeutet, dass sie die Geräusche wahrnehmen, die ihre eigenen Ohren machen; bei den meisten Menschen werden die vom geräuschverarbeitenden Gehirn automatisch ausgefiltert – gerade angesichts der Geräuschkulisse der Moderne.

Einige, die eher nach äußeren Ursachen (von sehr weit draußen) Ausschau halten, sind überzeugt, die Geräusche stammen von Außerirdischen, die an den jeweiligen Stellen unterirdische Basen betreiben; eine weitere Version in dieser Richtung wären Experimente zur Hirnkontrolle oder Gehirnwäsche, die von der Regierung an Teilen der jeweiligen Bevölkerung vor Ort durchgeführt werden. Es gibt natürlich auch die Vermutung, Industrie- und agrarische Großunternehmen würden mit ihren Maschinen Vibrationen erzeugen, die empfindliche Zeitgenossen noch kilometerweit wahrnehmen. Man muss auch daran denken, dass das Taos-Brummen und ähnliche Phänomene weltweit einfach eine Art akustische Halluzination sein kann, die immer mehr Menschen immer dann befällt, je mehr davon die Rede ist.

SCHALLWELLEN Ob die verschiedenen Brummtöne, über die weltweit berichtet wird, von außen kommen oder im Ohr der Menschen entstehen, ist unklar. Doch viele leiden darunter.

95 Das Bienensterben

DAS RÄTSEL Was ist die Ursache für das weltweite Bienensterben?
WANN ES GESCHAH Seit Anfang der 2000er Jahre

Wenn Sie meinen, das weltweit verbreitete und massive Bienensterben sei nur ein Thema für Honigschlecker, dann sollten sie besser noch mal nachdenken. Bienen sind zur Bestäubung praktisch sämtlicher Pflanzen und vor allem natürlich der Nutzpflanzen (und damit des Tierfutters) ganz unentbehrlich. Seit der Jahrtausendwende sterben Bienen aber wirklich massenhaft.

Das inzwischen als Colony Collapse Disorder (CCD) bekannte Phänomen wurde zuerst in Nordamerika festgestellt, wo Millionen und Abermillionen von Bienen aus unerfindlichen Gründen auch in Gegenden starben, wo sie sonst sehr gut gediehen. Alsbald kamen aus Europa ähnliche Nachrichten. Ungefähr 75 Prozent aller Nutzpflanzen müssen bestäubt werden, weswegen das Verschwinden der Bienenvölker Anlass zu größter Sorge gibt. Umweltschützer warnen bereits: Wenn die Bienen sterben, dann wird es nicht lange dauern, bis es den Menschen ebenso ergeht.

Niemand behauptet allen Ernstes, dass es dafür nur eine einzige Ursache gibt. Aber es gibt jede Menge »übliche Verdächtige«. Dazu zählen die Zerstörung des Lebensraums der Bienen, Krankheiten, Milben und Parasiten, die Einführung von Bienen aus anderen Gegenden oder Erdteilen, die Verbreitung von genveränderten Pflanzen und sogar die schnelle Vermehrung von Handymasten. Mittlerweile dürften auch nur noch wenige Menschen an der Mitschuld von Insektiziden an CCD zweifeln. Doch der Drang, deren Gebrauch einzuschränken, war bisher nicht besonders ausgeprägt, um es vorsichtig zu formulieren. 2013 erließ die europäische Lebensmittelaufsicht ein zweijähriges Verbot für drei bestimmte Neonicotinoide, doch acht EU-Mitgliedsländer sprachen sich dagegen aus, indem sie argumentierten, es fehlten noch die stichhaltigen wissenschaftlichen Nachweise. Im gleichen Jahr schlossen sich Bienenhalter und Umweltgruppen zusammen, um auf rechtlichem Weg bei der US-amerikanischen Umweltschutzagentur ähnliche Verbote durchzusetzen. Diese deutete daraufhin mit den Fingern auf die Varroa-Milbe und widersprach: Alles immer nur auf die Insektizide zu schieben sei eine einseitige Übertreibung. Es ist vollkommen klar, dass die moderne Landwirtschaft sowohl in den Industrieländern als auch in den weniger entwickelten Ländern sehr stark vom Einsatz von Pestiziden abhängig ist und dass die chemische Industrie dadurch sehr reich und einflussreich geworden ist. Es wäre jedoch sträfliche Dummheit, bei der Lösung dieses Problems nach kurzsichtigem, kommerziellem Pragmatismus zu verfahren.

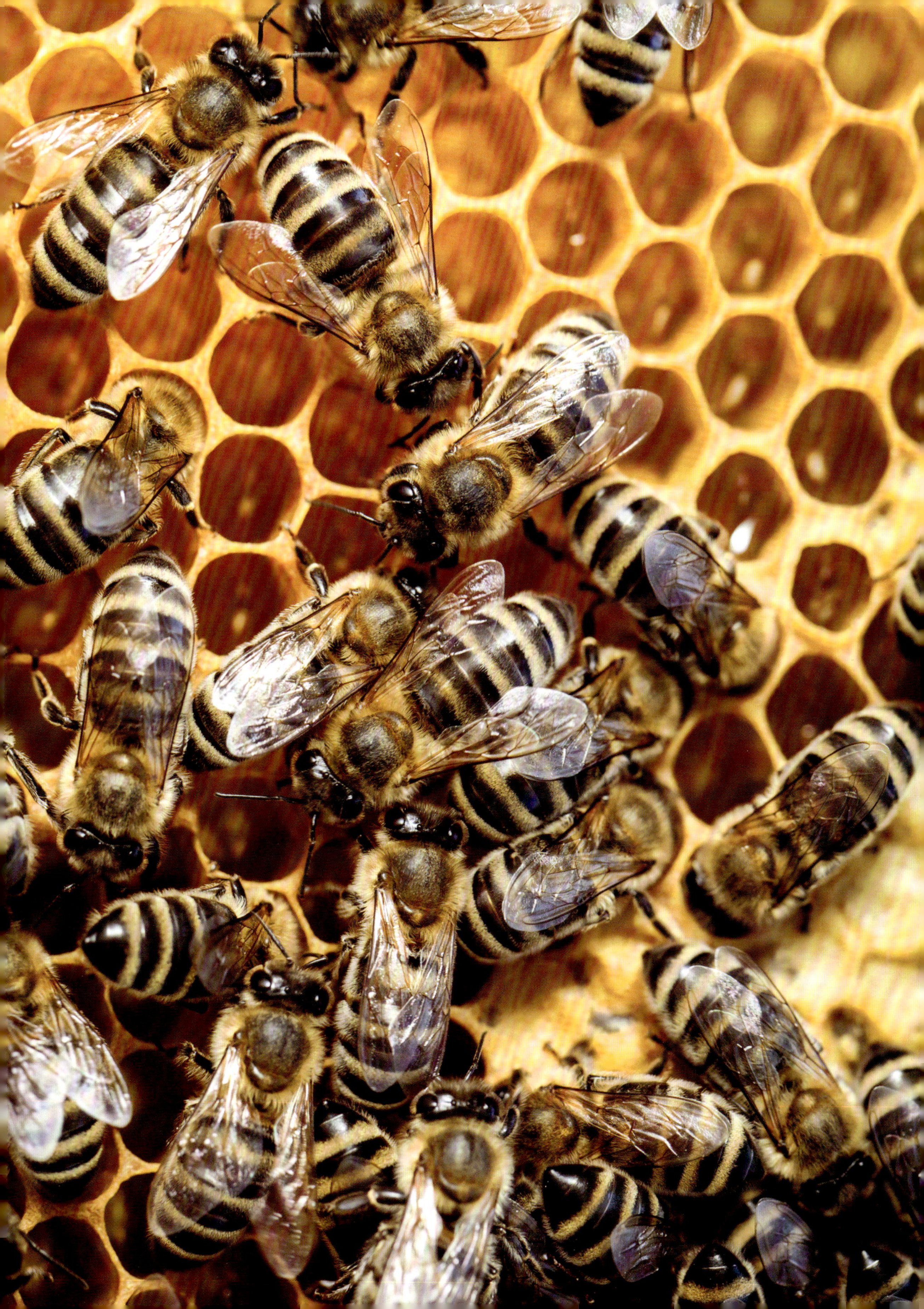

96 Thorium-Spaltung

DAS RÄTSEL Wieso wird eine leicht zugängliche Quelle für saubere und sichere Energieerzeugung so offensichtlich an den Rand gedrängt?
WANN ES GESCHAH Seit 1945

Wenn man für die Zukunft eine Welt-Energiekrise prophezeit, erzählt man längst nichts Neues mehr. Uns steht eine globale Umweltkatastrophe bevor, weil wir uns zu einseitig auf fossile Brennstoffe verlassen, Atomenergie birgt zu viel Gefahrenpotenzial, und andere Energiequellen sind entweder noch nicht richtig erprobt oder ihrerseits beschränkt. Warum gehen die Regierungen auf der ganzen Welt nicht auf die Möglichkeit der Thorium-Spaltung ein?

Eine ständig wachsende Weltbevölkerung hat noch stärker steigenden Energiebedarf, aber es gibt kaum unproblematische Energiequellen. Für Thorium hingegen spräche sehr viel, vor allem, wenn man es mit dem bis jetzt gängigen Nuklearbrennstoff Uran vergleicht. Experten schätzen, dass es viermal mehr Thorium als Uran auf der Welt gibt, und man sagt, es sei leichter und ungefährlicher abzubauen. Australien und die Vereinigten Staaten verfügen über die größten Reserven an einschlägigen Bodenschätzen – zusammen ein Drittel der Weltreserven. Seine Nutzung würde die energiepolitische Abhängigkeit von instabilen Regionen mindern. Thorium schneidet im Hinblick auf die Produktionseffektivität besser ab als Uran und Kohle und produziert viel weniger Abfall. Die Abfallprodukte lassen sich auch nicht so leicht für militärische Zwecke nutzen.

In der Zeit nach dem Zweiten Weltkrieg investierte die amerikanische Regierung massiv in die Thorium-Forschung. Von 1965 bis 1969 unterhielt die Regierung einen Testreaktor im Oak Ridge National Laboratory. Doch 1973 wurden sämtliche einschlägigen Forschungsprogramme von Washington gestrichen. Andere Industriestaaten verhielten sich ähnlich zögerlich. Erst seit jüngster Zeit richtet sich neues Interesse auf Thorium. Die Speerspitze bilden hierbei große Schwellenländer wie China und Indien. Woher kommt dieses Zögern bei einem so vielversprechenden Material?

Da machen Verschwörungstheorien schnell die Runde und es ist leicht, die etablierten Interessenträger dafür verantwortlich zu machen. Trotz des ungeheuren technischen Aufwandes und der vielen Schwierigkeiten und Probleme, die mit der Energieerzeugung verbunden sind, handelt es sich um hochprofitable Industriezweige, die auf alle Regierungen der Welt massiven Druck ausüben können. Wenn finanzielle Erwägungen dazu führen, die Thorium-Spaltung nicht aufzugreifen, dann ist doch sicher die Frage berechtigt, können wir es uns überhaupt leisten, *nicht* in Thorium zu investieren?

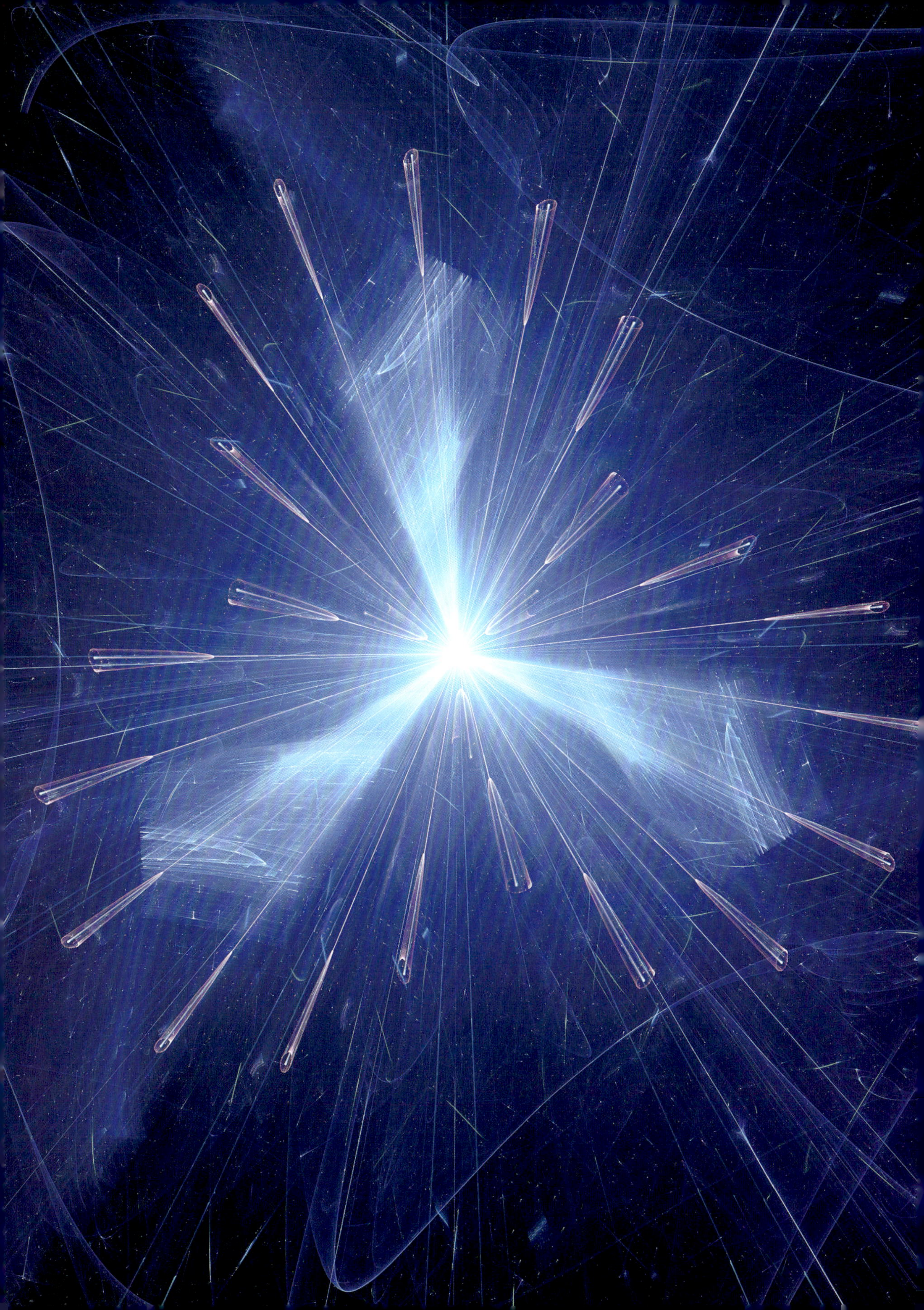

97 Roter Regen

DAS RÄTSEL War der rote Regen in Indien ein Beweis für Leben außerhalb unseres Planeten?
WANN ES GESCHAH Juli bis September 2001

Am 25. Juli 2001 fiel in Kerala in West-Indien erstmals Regen so rot wie Blut vom Himmel. Die Kleider der Menschen wurden übersät mit rosafarbenen Flecken, und purpurfarbene Tröpfchen brannten die Blätter von den Bäumen. Auch in den anschließenden beiden Monaten gab es weitere solcher Regengüsse. Was ist dran an der Theorie, dieser ungewöhnliche Niederschlag zeige, dass das Leben von außerhalb der Erde stammt?

In historischen Wetteraufzeichnungen sind sehr viele Fälle registriert, bei denen von rotem Regen die Rede ist. Meistens handelt es sich um Staub oder Sandpartikel, die vom Wind weit getragen werden können und sich in Regenwolken sammeln. Als Kerala also seine Purpurschauer erlebte, erwartete man allgemein eine natürliche Erklärung in dieser Art. Falls nicht die Wüsten Arabiens der Ursprung dieser Staubpartikel waren, dann vielleicht ein Vulkanausbruch auf den Philippinen. Das schien die erwartbar logische Erklärung zu sein. Doch als dieser Regen im Labor untersucht wurde, stellte sich heraus, dass die roten Partikel aus Biomaterial bestanden.

Die Regierung in Neu-Delhi ordnete daher eine gemeinsame Untersuchung durch das *Centre for Earth Science Studies* und das *Tropical Botanical Garden an Research Institute* an, bei der sich herausstellte, dass die rote Farbe von winzigen Sporen einer bestimmten Algenart stammte, die in dieser Gegend zuletzt besonders gut gedieh. Aber die Autoren mussten auch einräumen, dass sie sich nicht erklären konnten, wodurch oder unter welchen Umständen die Wolken dieses Sporenmaterial aufnehmen und anschließend wieder verteilen.

Im Jahr 2003 machten zwei Physiker von der Mahatma Gandhi-Universität in Kerala, Godfrey Louis und Santhosh Kumar, einen ganz anderen Erklärungsvorschlag. Ihnen war aufgefallen, dass es vor Beginn des Regens einen sehr lauten Knall gegeben hatte. Die beiden meinten nun, dass die Partikel von einer Meteorexplosion über Kerala stammten. Bis 2006 erweiterten sie ihre Hypothese so weit, dass sie von der Annahme ausgingen, dass der rote Regen mit biologischem Material aus dem Meteor angereichert gewesen sein könnte: Der Regen enthielt eine extraterrestrische Lebensform.

Die wissenschaftliche Gemeinde nahm diese Gedanken mit Skepsis zur Kenntnis, doch Louis und Kumar haben auch sehr angesehene Unterstützer gefunden. Daher ist es sehr gut möglich, dass in jenem Jahr 2001 Aliens aus dem Himmel über Indien gefallen sind – mit denen wir möglicherweise sogar entfernt verwandt sind.

AUSSERIRDISCHE? Die Aufnahme zeigt Partikel aus dem roten Regen von Kerala 2001. Berichte über ähnlichen »Blutregen« gibt es immer wieder. Könnte es sich wirklich um Zellen von Außerirdischen handeln, die mit einem Kometen oder Meteoriten auf die Erde transportiert wurden?

98 Das Bloop-Geräusch

DAS RÄTSEL Was ist die Ursache jenes merkwürdigen Geräuschs, das vor nicht allzu langer Zeit unter dem Pazifik gehört wurde?
WANN ES GESCHAH 1997

Im Sommer 1997 zeichneten Unterwassermikrofone, die von der *US National Oceanic and Atmospheric Administration* (NOAA) gewartet werden, ein seltsames Geräusch auf, das eine Minute lang anhielt und dessen Frequenz sich rasch erhöhte. Danach war alles wieder ruhig. Das kam im Laufe jenes Sommers noch ein paarmal vor, dann war es mit dem Bloop, wie er bereits genannt wurde, wieder vorbei.

Mindestens 95 Prozent der Ozeane harren noch der Erforschung durch den Menschen. Das bedeutet auch, dass unter der Meeresoberfläche einiges vonstatten geht, von dem wir keine Ahnung haben. Man muss sich nur die vielen verschiedenen Fische in den Seewasseraquarien anschauen, um eine kleine Vorstellung von dieser geheimnisvollen und teilweise bizarren Unterwasserwelt zu bekommen. Daher wundert es nicht, dass der Bloop die Phantasie der Menschen beflügelt hat. Was um alles in der Welt könnte solch ein Geräusch hervorbringen? Das übersteigt jedes Vorstellungsvermögen. Viele, die es gehört haben, sind der Ansicht, es könne nur von einem fühlenden Wesen stammen. Doch die Fakten zeigen, dass selbst der allergrößte Wal solch ein Geräusch nicht erzeugen könnte. Wenn der Bloop tatsächlich von einem Tier hervorbracht wird, dann müsste es entweder riesengroß sein oder ein Unterwasser-Stimmorgan entwickelt haben, das man sich heute gar nicht vorstellen kann. Hat die NOAA demzufolge einen neuen Giganten der Meere entdeckt?

Die Antwort gehört zur Kategorie »vielleicht«. Das Geräusch wurde von Sonargeräten aufgefangen, die 5000 Kilometer voneinander entfernt liegen, aber einige Schelme hatten nichts Besseres zu tun, als daran zu erinnern, dass der Bloop ohne jeden Zweifel von dem legendären Cthulhu stammen muss, jener Kreatur, die in der fiktiven Unterwasserstadt R'lyeh im Südpazifik gefangen gehalten wird, die in einem der Horrorromane von H. P. Lovecraft vorkommt. Seriösere Interpreten des Geräuschs schließen es dagegen von vornherein aus, dass es so eine ungewöhnliche und unbekannte Spezies geben sollte. Die meisten Wissenschaftler sehen aber keinen irgendwie gearteten biologisch-organischen Ursprung für das Geräusch. Ihre Vermutung richtet sich vielmehr auf das Gletschereis der Antarktis. Vielleicht entstehen solche Geräusche, wenn Schelfeis auseinanderbricht. Statt uns vor fiktiven Seeungeheuern zu fürchten, sollten wir unsere Zeit und Aufmerksamkeit lieber dem Klimawandel widmen und dem fortschreitenden Zusammenbruch der Ökosysteme an den Polen.

STIMME AUS DER TIEFE Ein Sonar-Spektogramm der US-Behörden zeigt den Bloop visuell an. Woher stammt dieses unterseeische Phänomen?

99 Das Tunguska-Ereignis

DAS RÄTSEL Was verursachte die Zerstörung des Waldes in einer riesigen Schneise in Russland?
WANN ES GESCHAH 30. Juni 1908

Am 30. Juni 1908 kam es zu einem bisher nicht geklärten Ereignis in der Nähe des sibirischen Flusses Steinige Tunguska. Eine gewaltige Explosion, die die Sprengkraft der Hiroshima-Bombe um ein Mehrfaches übertraf, fällte zig Millionen Bäume in einem Gebiet von ungefähr 2.100 Quadratkilometern. Die dadurch ausgelöste Schockwelle entsprach einem Erdbeben der Stärke 5 auf der Richterskala. Was war passiert?

Kaum zu glauben, aber es gab keine Todesfälle zu beklagen. Das lag natürlich daran, dass diese Gegend nur sehr dünn besiedelt ist. Deshalb interessierte sich zunächst auch kaum jemand für ein Ereignis, das inzwischen als Mega-Einschlag eingestuft wird – mit an Sicherheit grenzender Wahrscheinlichkeit der größte Einschlag auf der Erde in der bisherigen Menschheitsgeschichte. Die wenigen Augenzeugen sprechen von einer blau-weiß leuchtenden Feuersäule am Himmel, einige Minuten später gefolgt von einem Blitz und anschließendem Donner wie Artilleriefeuer. Dann kam eine Schockwelle, die über Hunderte von Kilometern in alle Richtungen spürbar war. Bäume knickten wie Streichhölzer nahe am Boden um; ein Hitzesturm setzte die Baumkronen in Brand.

In den folgenden 13 Jahren gab es keinerlei offizielle Untersuchung des Vorfalls. Erst als ein Geologe namens Leonid Kulik in die Gegend kam, sammelt der erste Informationen. Aus vereinzelten Berichten erfuhr er, dass in der Gegend ein vergleichsweise großer Meteorit niedergegangen sein muss. Jedenfalls war das eine plausiblere Erklärung als das, was einige Einheimische glaubten, nämlich dass es sich um einen Racheakt des Gottes Ogdy gehandelt haben müsste. Es dauerte wiederum sechs Jahre, bis Kulik genug Geld aufgetrieben hatte, um seine Hypothese überprüfen zu können. Zu seiner Überraschung fand er aber keine Spur eines Kraters; das wäre ein schöner Beweis für seine These gewesen. Immerhin stellte sich heraus, dass der umgeknickte Wald eine Fläche von 64 Kilometer Länge und 48 Kilometer Breite bedeckte.

1930 brachte der britische Astronom Whipple eine leicht abgewandelte Theorie ins Spiel, wonach es sich nicht um einen Meteor, sondern um einen Eiskometen gehandelt haben soll. Dieser Vorschlag löste eine jahrzehntelange Debatte unter den Wissenschaftlern aus, die bis heute anhält. Die heute herrschende Meinung zu dem Tunguska-Ereignis lautet, dass die Zerstörung auf eine Luft-Explosion in der Atmosphäre zurückzuführen ist: Als der Asteroid in die Erdatmosphäre eintrat, schob er extrem heiße, zusammengepresste Luft vor sich her, die ihrerseits

EISMEER

Sibirien

Jakutsk

Gebiet der Sichtungen

RUSSLAND

Aufschlagort

Krasnojarsk

Baikal-See

KASACHSTAN

MONGOLEI

CHINA

DER GEOLOGE Leonid Kulik war der erste, der eine einigermaßen seriöse wissenschaftliche Untersuchung des Tunguska-Ereignisses in Angriff nahm – aber auch erst 13 Jahre nach dem Vorfall.

»platzte«. Dadurch verbrannte dann der Raumkörper selbst oder er explodierte, bevor die Erdoberfläche erreicht war. Daher gab es auch keinen Krater.

Während sich die traditionelle Wissenschaftsgemeinde noch darüber streitet, ob es nun ein Komet oder ein Asteroid war, beschäftigen sich andere mit anderen Thesen. Einige scheinen ein bisschen wie aus heiterem Himmel zu kommen, aber sie sind deshalb nicht von vornherein abwegig. Eine Studie, die 1980 erschien, sprach von einer außergewöhnlichen, natürlichen Kernreaktion, als der Komet in die Atmosphäre eindrang. Ganz anders lautet die Theorie, wonach es sich um eine spontane Freisetzung und Verpuffung riesiger Mengen Erdgas gehandelt haben könnte. In den 1970er Jahren brachte eine Forschergruppe der University of Texas in Austin eine an Weltuntergang gemahnende Theorie auf, wonach unser Planet an einem Schwarzen Loch vorbeigeschrammt sei. Dann gibt es noch die bei solchen Ereignissen unvermeidlichen Ufologen, die der Meinung sind, ein verirrtes Raumfahrzeug habe in den tiefsten Tiefen Russlands notlanden wollen, aber leider die Landebahn verfehlt.

Die in jeder Hinsicht interessanteste Version über die möglichen Hintergründe der Zerstörungen am Tunguska stehen in Zusammenhang mit dem aus Serbien stammenden Technik-Genie Nikola Tesla, dem berühmten Erfinder des Wechselstroms. Dieser arbeitete damals in Amerika. Tesla selbst hatte die Spekulation in Umlauf gebracht, er habe einen Todesstrahl erfunden, eine Strahlenwaffe von gewaltiger Durchschlagskraft. Trotz mancher bizarrer Eigenheiten war Tesla ein ernstzunehmender praktischer Wissenschaftler, und er erregte damit die Aufmerksamkeit einiger Regierungen. Man behauptet, nach seinem Tod 1943 seien die Unterlagen, in denen er diese Waffe beschrieb, auf mysteriöse Weise abhanden gekommen. Könnte es sein, dass er nach dem »Test« der Strahlenwaffe 1908 angesichts dieser Zerstörungskraft das Ganze komplett abgebaut hat?

Es hört sich wirklich alles eher nach Science-Fiction an, was da am Tunguska passiert ist, aber über 100 Jahre nach dem Ereignis gibt es immer noch keine eindeutige Erklärung. Angesichts der gewaltigen Größenordnung der Zerstörung kann man kaum nachvollziehen, warum man so lange damit gewartet hat, das Tunguska-Ereignis ordentlich zu erforschen. Könnte es sein, dass die damaligen Machthaber sehr wohl wussten, was da vonstatten gegangen war, es aber lieber nicht zugeben wollten?

100 Das Ende der Welt

DAS RÄTSEL Wie viel Zeit bleibt uns noch?
WANN ES GESCHIEHT Das ist die große Frage!

Die Menschen scheinen sich für nichts mehr zu interessieren als für ihren eigenen Untergang – wenn nicht durch Sintfluten oder Hungersnöte, dann durch Krieg, Pest oder sonst ein apokalyptisches Ereignis. Zum Glück hat sich bis jetzt jedes dieser Untergangsszenarien als falsch erwiesen. Aber irgendein Tag wird dann wirklich wohl der letzte sein.

Erst im Jahr 2012 waren viele Menschen wieder einmal davon überzeugt, dass Armageddon unmittelbar bevorstand. Grundlage für diese Überzeugung war eine fehlerhafte Interpretation der »langen Zählung« im Maya-Kalender. Als dann der 21.12.2012 kam und ging, konnten wir alle erleichtert aufatmen. Es wäre dennoch sehr anmaßend von uns, wenn wir uns nicht wenigstens gedanklich mit den Möglichkeiten und Wahrscheinlichkeiten der Auslöschung unserer Art auseinandersetzen würden. Wir wissen inzwischen, welches Schicksal die einstigen Herren der Erde, die Dinosaurier, ereilte. Es ist eine Tatsache, dass 99 Prozent aller Lebewesen, die die Urerde bevölkerten, nicht mehr existieren. Manche haben den Gedanken formuliert, dass unsere Unfähigkeit, außerirdisches Leben irgendwo im Weltall zu orten, lediglich zeigt, dass der Zusammenbruch von Spezies keine Spuren hinterlässt. Ein sehr ernüchternder Gedanke.

Die Schwierigkeit, den eigenen Untergang vorauszusagen, hängt natürlich auch damit zusammen, dass es kein historisches Vorbild gibt und auch nicht geben kann. Für plausible Wahrscheinlichkeitsmodelle bräuchte man Daten, die es einfach nicht gibt. Außerdem müsste man so viele Ungewissheiten berücksichtigen: Wie würde sich die Menschheit in Reaktion auf massive Bedrohungen genetisch entwickeln? Würde die Tatsache, dass wir solche Bedrohungen wissenschaftlich untersuchen, die Wahrscheinlichkeit ihres Eintritts beeinflussen? Werden wir von etwas ausgelöscht, was wir uns jetzt gar nicht vorstellen können?

Einige der größten Geister haben sich mit der Bedrohung des gesamten Menschheit auseinandergesetzt. Man denke nur an solche Institutionen wie das *Future Humanity Institute* an der Universität Oxford oder das *Project for Existential Risk* in Cambridge. Wie wird die Menschheit demnach enden? Leider gibt es dafür viele Möglichkeiten.

Zum einen jenes Standardszenario, das Science-Fiction-Autoren seit den Tagen von H. G. Wells immer wieder ausschlachten: die Invasion aus dem All. Angesichts des bisher nicht bestehenden Kontaktes zu außerirdischen Zivilisationen sollte das vielleicht nicht unsere dringendste Sorge sein. Schon eher handfeste Sorgen könnte uns

DAS ENDE IST NAHE Schon immer gab es Stimmen, die den Untergang prophezeiten. So auch heute. Aber über den Zeitraum gibt es heftige Diskussionenen.

TOD UNSERER UMWELT? Vielleicht führt sie nicht zum Ende der Welt, aber unser ungebremster Verbrauch fossiler Energien bedroht unsere Zukunft.

die Aussicht auf eine Kollision mit einem großen Asteroiden oder Kometen bereiten; so ein Zusammenstoß besiegelte immerhin das Schicksal der armen alten Dinosaurier. Mittlerweile wissen wir, dass unsere Sonne sich immer weiter aufheizt, irgendwann zu gewaltiger Größe und Helligkeit anschwillt; auch dann sind unsere Überlebenschancen nicht sehr gut.

Auch die Erde selbst bietet Zerstörungpotenzial größten Ausmaßes: Supervulkane, gigantische Tsunamis, eine Umkehrung der magnetischen Pole, Pandemien oder der Zusammenbruch des Ökosystems. Denken wir noch an Bedrohungen, die man als selbstzerstörerisch bezeichnen könnte, wie Kriege (besonders, wenn sie mit Nuklearwaffen oder mit biologischen Waffen geführt werden) und Terrorismus. Einige Experten für existenzielle Risiken warnen besonders vor unvorhersehbaren Folgen technischer Entwicklungen: Vielleicht werden wir eines Tages Künstliche Intelligenzen (KI) entwickeln, die uns in dieser Hinsicht überbieten werden? Können durch synthetische Biologie Krankheiten entstehen, die wir nicht überleben werden? Und wie sollen wir uns vor dem Missbrauch von Nanotechnologie schützen?

Für ängstliche Gemüter mag der Gedanke tröstlich sein, dass wenig Einigkeit darüber herrscht, was am Ende auf uns zukommt. 2013 ermittelten Forscher an der St. Andrews University in Schottland, dass wir noch zwei Milliarden Jahre Zeit haben, bevor die Sonne anfangen wird, sich aufzuheizen und eine Welt zu schaffen, in der die Ozeane austrocknen und das Kohlenstoffdioxid verschwunden sein wird, von dem die Pflanzen leben. Gerade fünf Jahre zuvor wurde auf der *Global Catastrophic Risk Conference* in Oxford vorausgesagt, dass es für die Menschen im kommenden Jahrhundert eine 19-Prozent-Chance gibt, ausgelöscht zu werden – wenn so die Chancen beim Lotto wären, dann wären das schöne Aussichten auf Gewinn. Im Augenblick sind die wahrscheinlichsten Ursachen für unseren Untergang »bewaffnete« Nanotechnologie und superintelligente KI (der Wahrscheinlichkeitswert für beides liegt bei 5 Prozent).

Aber bis zum Tag der Abrechnung können wir uns bequem zurücklehnen und die Fahrt genießen … wie lange auch immer sie noch dauern mag.

Register

Afrikanischer Nationalkongress (ANC) 134
Ägypten 198 f.
Aiud 197
Albert, Prinz 206, 208
Ali, Muhammad 44 f.
Allen, Arthur Leigh 140
Allen, Carl 226
Alsop, Jane 157, 159
Aluminium 197
Amerika 182 f., 212
Amerikanischer Bürgerkrieg 83
Amphoren 212
Andrew Furuseth (Schiff) 224, 226
Anjikuni, Kanada 70 f.
Anson 58, 60
Antarktis 222 f.
Anthony, David 138
Antike 212 f., 220 f.
Armstrong, Neil 10
Atlantis 184, 186
Atombehörde 238
Aubrey-Löcher 209
Außerirdische (siehe auch UFOs) 36 f., 66, 150 f., 197, 211, 222, 230 f., 240, 247
Azteken 194

Bacchante (Schiff) 170
Bacon, Delia 200
Bacon, Roger 53
Bacon, Sir Francis 200
Bagdad-Batterien 204 f.
Baigong 217 f.
Baker Street, Bankraub 18 f.
Baker, Frank 122
Baldwin, Stanley 15
Ball, Major Joseph 17
Balmoral Castle 206, 208
Banco Ambrosiano 135, 137
Baresch, Georg 51
Barrier Canyon (Felszeichnungen) 66
Barton, Edward J. 116

Bastille 218
Bauval, Robert 198
Bay of Jars 212
Bayley, Dr. Walter Alonzo 110
Beaufort, Margaret 91
Bender, Albert 162
Benner, Dexter 80
Bennett, Gill 17
Bennewitz, Paul 164
Bernhard, Prinz 24
Bersinger, Betty 108
Bienen 236 f.
Bierce, Ambrose 83 ff.
Bigelow, Emerson 95
Bigfoot 176
Bilderberg-Gruppe 24 ff.
Bimini-Straße (Bahamas) 184 f.
Black Muslims 44
Black Power-Bewegung 19
Black Sox-Skandal 38 f.
Blair, Tony 24
Bleibtreu, Karl 202
Bloop 242 f.
Boban, Eugène 196
Bodmin Moor 174 f.
Bolschewismus 15
Borden-Morde 138 f.
Bowen, Seabury 138
Boxall, Alfred 142
Brasilianische Luftwaffe 172
Brasilien 212
Bristow, Remington 123
British Columbia 114 f.
British Museum 194 f.
Brown, Arnold 138
Brown, Dan 58, 61
Brown, Familie 165
Brown, Jean 208
Brown, John 206 ff.
Brown, Mercy 165 ff.
Brummtöne 234 f.
Buckingham, Duke of 91
Bulganin, Nikolai 86
Burns, Charles 74

Cabot, John 182
Calvi, Roberto 135 ff.
Cannon, Jimmy 44
Carroll, Lewis 178 f.
Casanova, Giacomo 156
Chamberlain, Austen 17
Chapman, Annie 124
Chärchän-Mann 214
Charles II., König 218
Chatham House Rule 24
Chicago White Sox 38
China 29, 214 ff., 217 f.
Chladini, Ernst 63
Christian, Robert C. 33, 35
Christie, Agatha 102 f.
Christie, Colonel Archibald 102
Chruschtschow, Nikita 86
Chupacabra 160
Church, Frank (Senator) 32
Churchill, Winston 40, 188
CIA 32, 56
Clarence, Albert Victor 124
Clinton, Bill 24
Cohen, Mickey 82
Colares 172 f.
Colony Collapse Disorder (CCD) 236
Comiskey, Charles 38
Cook, Robin 17
Cornwell, Patricia 126
Coronet Magazine 152
Cowan, Sir John 157
Crabb, Buster 86 ff.
Crater, Richter Joseph 72 ff.
Crater, Stella 72, 74
Cravan, Arthur 106 f.
Cthulhu 242
Cyberkrieg 27, 29

Da Vinci, Leonardo 53
Dahl, Harold 162
Daily Mail 15, 17
Daily Telegraph 94
Däniken, Erich von 222
Darby, Joseph 159

250 REGISTER

Darvill, Timothy 211
Dauger, Eustace 218
de Castro, Adolph Danziger 85
de Kock, Colonel Eugene 134
de Landa, Diego 54
Dee, John 53
Derby, 6. Earl (William Stanley) 202 f.
Diamond, Jack 74
Dillon, Marton 148
Dinosaurier 247
Dochteffekt 120, 122
Doty, Richard 36, 164
Douglas, Kirk 82
Druiden 209, 220
Dubinina, Ludmilla 113
Dublin Castle 46
Duchamp, Marcel 106
Dudley, Edward 192
Dudley, Robert (Earl of Leicester) 192
Dulles, Allen 30
Dumas, Alexandre 218
Dyatlow, Igor 111
Dyatlow-Pass 113 f.

Eddowes, Catherine 124, 126
Eden, Anthony 88
Edison, Thomas 100
Edward IV., König 89
Edward, Prinz (Sohn von Edward IV.) 89 ff.
Edwards, Frank 70
Ehman, Jerry 230
Einheitliche Feldtheorie 224
Einstein, Albert 224, 226
Eismann von Minnesota 176 f.
Eldridge (Schiff) 224 ff.
Elisabeth I., Königin 192 f.
Elisabeth von York 91
Ellison, Robert Reed 152
Energiewirtschaft 238
Engstrom (Schiff) 226
Exmoor 20
Eyraud, Joseph 64

Faherty, Michael 120 ff.
Faraday, David 140
Fata Morgana 152

Fátima 68 f.
FBI 42, 44, 104
Felsritzungen 66 f.
Fendley, Joe 33, 35
Ferrucci-Good, Stella 74
Findlay, Ian 126
Fliegende Untertassen 162
Fliegender Holländer 170 f.
Ford, Henry 48
Franz Josef I., Kaiser 144
Freimaurer 137
Füße 114 f.

Gagarin, Juri 10
Gedankenkontrolle 30 ff.
Geisterschiff 170
George V., König 170
Georgia Guidestones 33 ff.
Giacalone, Antony 77
Giftmordskandal 218
Gilmore, John 110
Gizeh 198
Global Catastrophic Risk Conference 249
Golovinski, Mathieu 50
Good, Robert 74
Göring, Hermann 97
Gottllieb, Sidney 30
Grabtuch von Turin 227 ff.
Graysmith, Robert 140
Griswold, Rufus Wilmot 118

Habermohl, Otto 232
Hamilton, Duke of 12
Hancock, Graham 198
Hansen, Frank 176
Hansen, Mark 110
Harcourt, Lewis 206
Harcourt, Sir William 206
Harnisch, Larry 110
Hathaway, Anne 200
Hauser, Kaspar 146 f.
Healey, Denis 24, 26
Heiliger Gral 58, 61
Heinrich VII., König 91
Heinrich von Hessen 208
Helms, Richard 32
Heß, Rudolf 12 ff.
Heuvelmans, Bernard 176

Hitler, Adolf 12, 40, 50, 232
Hodel, Steve 110
Homo pongoides 176

Iljuschin, Wladimir 10
Indiana Jones 196
Indianer 66, 152
Indien 240 f.
Insektizide 236
International Brotherhood of Teamsters (IBT) 75
Inuit-Dorf 70 f.
Irak 204
Iran 27 ff.
Irische Kronjuwelen 46 f.
Isabella Stewart Gardener Museum 42 f.
Israel 28, 29

Jack the Ripper 124 ff.
Jackson, Joe 38
James, Henry 211
Japan 188 ff.
Jensen, Betty Lou 140
Jessup, Morris K. 226
Jesus Christus 227 ff.
Jimmy Hoffa 75 ff.
Jo Xianlin 216
Johannes Paul II., Papst 68, 135
Johnson, Jack 106
Joly, Charles 50
Joly, Maurice 50
Jordan 29
Joyita (Schiff) 92 ff.
Juden 48 ff.
Judica-Cordiglia, Achille und Gian 10
Jugoslawien 134
Junge in der Schachtel 123
Jüngstes Gericht 242

Kafre, Pharao 198
Kalter Krieg 10, 30
Kane, John 46
Karim, Abdul 208
Karl II., König 218
Karl von Hessen-Kassel 156
Kartografie 222 f.
Katyn 40 f.

Kelleher, Emmet E. 70
Kelley, Edward 53
Kelley, Mary Jane 124
Kemp, Richard 60
Kennedy, John F. 75, 128
Kennedy, Robert (Bobby) 75
Kenney, Randy 140
Kino 100
Kircher, Athanasius 51
Kirtland Air Force Base 164
Kissinger, Henry 26
Klimawandel 242
Kolumbus, Christopher 182, 212, 222
Konig, Wilhelm 204
Königinmutter 208
Koreakrieg 30
Kosminski Aaron 126
Kosmonauten 10
Kristallschädel 194 ff.
Kryptos-Code 56 f.
Kulik, Leonid 244, 246
Kumar, Santosh 240

Labelle, Joe 7
Labour Party 15
Larsson, Stieg 134
Lawn, Oliver 60
Lawn, Sheila 60
Le Prince, Adolphus 100
Le Prince, Louis 100 f.
Leicester, Earl of (Robert Dudley) 192
Leinawald 97
Liddell, Alice 178
Liddell, Ina 178
Liston, Sonny 44 f.
Little, Dr. Greg 184
Loewenstein, Alfred 130 f.
Los Angeles Examiner 110
Louis, Godfrey 240
Loulan Beauty 214
Loy, Mina 106
LSD 32
Lu, Chensheng 236
Ludwig XIV., König 218
Ludwig XV., König 154
Ludwig XVI., König 156

Lynmouth-Überschwemmung 20 ff.

MacDonald, Ramsay 15
Macleod, Rev. Norman 206
Mair, Prof. Victor 214
Majestic 12 36 f.
Malcom X 44
Mandela, Nelson 134
Manley, Robert 110
Mann mit der eisernen Maske 218 f.
Mann von Somerton 142 f.
Manners, Roger (5. Earl of Rutland) 202
Mansi 113
Marcou, Jules 182
Marfa-Lichter 152 f.
Maria 68
Marlowe, Christopher 202
Marsch auf die Feldherrnhalle (1923) 12
Marshall, George 142
Martin, Wyatt C. 33, 35
Marto, Francisco und Jacinta 68
Marx, Robert 212
Mattiolo, Girolamo 218
Maxwell, Robert 148 f.
Maya 54 f., 194, 247
Mayerling 144 f.
McCollum, Arthur 190
McLoughlin, Dr. Ciaran 120
Meacher, Michael 26
Men in Black 162 ff.
Menschheit, Ende 247 ff.
Menzies, Gavin 222
Menzies, Stuart 17
Merkers, Salzbergwerk 97
Mesmer, Anton 156
Meteorological Office 22
MI5/MI6 17, 88
Miller, Dusty (Kapitän) 92, 94
Miller, Glenn 98 f.
Miller, Herb 98
Missing Link 176
Mitchell Flat (Texas) 152
Mitchell, Thomas und Stuart 63
Mitchell-Hedges, Anna 196
Mitchell-Hedges, F.A. 85, 196

MKUltra 30 ff.
Moorleichen 220 f.
Moran, Dr. Joseph 116, 118
Morris, John 126
Morse, John 138
Morton, A.J. 60
Morton, Desmond 17
Morus, Thomas 89
Mottenmann 168 f.
Muhammad, Elijah 44
Mumien 214 ff.
Myers, Louie 140

Napier, John
National Geographic Society 214
National Oceanic and Atmospheric Administration (NOAA) 242
Nationalsozialismus 12, 32, 40, 95 ff., 232 f.
Natural History Museum 174
Neonikotinoide 236
Neuengland 165
New York Times 27, 30, 232
Nicols, Mary Ann 124
Nikolaus II., Zar 48
Niven, David 98
Nixon, Richard 77
Norwich, John Julius 208
Nürnberg-Code 32
Nürnberger Prozesse 14

O'Malley, Owen 40
Oak Island 60
Oberg, Peter 60
Olson, Dr. Frank 32
Ordschonikidse (Schiff) 86, 88
Osterinsel 64 f.
Oswald, Lee Harvey 128 f.
Ouran Medan (Schiff) 180 f.
Oxford, 17. Earl of (Edward de Vere) 203
Ozeane 242

P2-Loge 137
Palme Olof 132 ff.
Palme, Lisbet 132
Panspermia 240
Partington, Blanche 83

Pazifischer Ozean 242 f.
Pearl Harbor 188 ff.
Pest 186
Pettersson, Christer 132
Philadelphia Experiment 224 ff.
Pia, Secondo 227
Pignerol 218
Piri Reis-Karte 222 f.
Poe, Edgar Allan 116 ff.
Polen 40
Poussin, Nicolas 58, 60
Prinzen im Tower 89 ff.
Priorat von Zion 58, 60
Projekt Cumulus 22
Projekt Paperclip 232
Protokolle der Weisen von Zion 48 ff.
Provenzano, Antony 77
Puerto Rico 160
Pyramiden 208

Rachkowsky, Pjotr 50
Radziwill, Katharina 48
Raleigh, Sir Walter 200
Rapa Nui 64
Raumfahrt 10 f.
Rees, Lord 249
Regenmacher 22
Renick, Ash 44
Retinger, Józef 24
Richard III., König 89, 91
Roberts, Andrew 208
Rockefeller, David 24
Rockefeller, Nelson 32
Römer in Amerika 212
Rongorongo 64
Roosevelt, Präsident 40, 188 ff.
Rosenkreuzer 35
Rosslyn Chapel 61 ff.
Roswell (UFO) 36, 150, 232
Roter Regen 240 f.
Royal Canadian Mounted Police (RCMP) 70
Rubaiyat von Omar Khayyam 142
Ruby, Jack 128
Rudolf III., Kaiser 51
Rudolf von Österreich, Prinz 144
Rugg, Gordon 53

Rumänien 197
Runciman, Sir Steven 208
Rutland, 5. Earl (Roger Manners) 202

Saint Germain, Comte de 154 ff.
Saint-Mars, Bénigne Dauvergne de 218
Salem-Hexenprozesse 165
Salisbury, Lord 124
Salish Sea 114
Sanborn, Jim 56
Sanderson, Ivan 176
Santilli, Ray 150
Santos, Lúcia 68
Scales, Lucy 157, 159
Scheemakers, Peter 58
Schoch, Dr. Robert 232
Schwarze Dahlie 108 ff.
Schweden 132, 134
Sego Canyon 66 f.
Seidenstraße 214
SETI-Programm 230
Shackleton, Francis 46
Shakespeare, William 200–203
Sheidt, Ed 56
Shepherd's Monument 58 ff.
Sibirien 244 ff.
Sickert, Walter 124, 126
Silver Bridge (Ohio) 168
Silver Star 180
Simpson, Chuck 94
Smithsonian Institute 194
Snodgrass, Dr. Joseph 116, 118
Sowjetunion 10, 15, 40 f.
Spandau (Gefängnis) 14
Spangler, Jean 80 ff.
Speller, Tony 22
Spenser, Edmund 200
Sphinx 198 f.
Spontanentzündung 120 ff.
Spring Heeled Jack 157 ff.
St. Clair, William 61, 63
Stalin, Joseph 40
Stanhope, Lord 146
Stanley, William (6. Earl of Derby) 202
Starlite 23
Stevens, Mary 157

Stimson, Henry L. 190
Stine, Paul 140
Stolpsee 97
Stonehenge 209 ff.
Stride, Elizabeth 124
Stuxnet 27 ff.
Südafrika 134
Sullivan, Bridget 138
Sydney, Philip 202

Taos 234 f.
Tappin, Bob 102
Tarbox, Robert 140
Tarim 214 ff.
Tecaxic-Calixtlahuaca-Kopf 212
Teleportation 224 ff.
Tempelritter 58, 61
Tesla, Nikola 246
Teufelsintervall 63
Thai Silk Company 104
Theosophie 156
Thomas, Gordon 148
Thompson, Jim 104 f.
Thomson, Jessica 142
Thorium 238 f.
Todesstrahlen 246
Tomorrow's World 23
Toplitzsee 97
Totentanz 186 f.
Tower of London 91
Traven, B. 106
Troffea, Frau 186
Truman, Harry 36, 232
Tunguska 244 ff.
Twain, Mark 200
Tyrrell, Sir James 89

Überschallknall 244
UFOs (siehe auch Außerirdische) 36 f., 78 f., 150, 162 ff., 172 f., 232 f.
Uiguren 216
Unsichtbarkeit 224 ff.
Ureinwohner Amerikas 66, 152
Urzeit 66
USA 10, 30 ff., 182 f., 188 ff., 212
US-Landwirtschaftsministerium 174
US-Navy 224 ff.

US-Umweltbehörde 236

Valentich, Frederick 78 f.
Vampire 165 ff.
Vanderdecken, Phillip 170
Vatikan 68
Vatikan-Bank 95, 135, 137
Vere, Edward de (17. Earl of Oxford) 293
Vespucci, Amerigo 182
Vetsera, Baroness Mary 144
Vicars, Arthur 46
Victoria, Königin 206 ff.
Villa, General Pancho 83 f.
Vitus 186
Voltaire 156, 218
Voynich-Manuskript 51 ff.

Wainwright, Geoffrey 211
Waldseemüller, Martin 182
Walker, Joseph 116
Waller, John 186
Walpole, Horace 154
Wang Binghua 216
Ward, Maurice 23
Washington State 114 f.
Waterford, Marquess of 159
Welles, Orson 110
Weltuntergang 247 ff.
West, John Anthony 198
Wetterbeeinflussung 22
Whipple, Frank 244
Wikinger 21

Williams, Lizzie 126
Williams, Sir John 124
Wilson, Jack Anderson 110
Woodville, Elizabeth 89, 91
Wow-Signal 230 f.
Wudi, Kaiser 214

York, Richard, Duke of 89 ff.

Zhang Qian 214
Zheng He, Admiral 222
Zinoviev-Brief 15 ff.
Zodiac-Mörder 140 f.
Zweiter Weltkrieg, 12, 40, 95 ff., 188

Bildnachweis

Abkürzungen: hg = Hintergrund, o = oben, u = unten, l = links, r = rechts, m = Mitte

2–3: Steve Rowell; 6 ol: US Department of Defense; or: © Antonio Serna/Xinhua Press/2: © Olivier Matthys/epa/Corbis; 6 ol: Mary Evans Picture Library/Epic; or: Dm_Cherry/Shutterstock; 7 ol: Sean Pavone/Shutterstock; or: Matt Gibson/Shutterstock; 8 ol: Pikaia; or: GlebStock/Shutterstock; 9 ol: Misty River/Shutterstock; 11 hg: RIA Novosti/Science Photo Library; 13 hg: Bundesarchiv, Bild 146II-849/CC-BY-SA; 14 o: CCat82/Shutterstock; 16 hg: Isaac McBride via Wikimedia; 17 ol: Library of Congress via Wikimedia; 18–19 hg: Pikaia; 21 hg: © 2002 Credit: Topham Picturepoint; ul: Pikaia; 22: © TopFoto; 25 o: © OJPhotos/Alamy Live News; u: Credit: AFP/stringer; 26: Associated Press; 28 hg: US Department of Energy/Science Photo Library; or: Digital Globe, Eurimage/Science Photo Library; 29: GlebStock/Shutterstock; 31 hg: © John Springer Collection/Corbis; 34: Sean Pavone/Shutterstock; 35: Ashley York via Wikimedia; 37 hg: M. Cornelius/Shutterstock; 41 hg: Victoria V. Ratnikova/Shutterstock; 43 o: Biruitorul via Wikimedia; 45 hg: TopFoto.co.uk; or: © TopFoto; 47 hg: caamalf/Shutterstock; 52: World History Archive/Topfoto; 55: Bibliothèque Nationale de France via Wikimedia; 57: Jim Sanborn; 59 hg: © PA Photos/TopFoto; 62 hg: Ivica Drusany/Shutterstock; ol: Misty River/Shutterstock; ur: Antony McAulay/Shutterstock; 63: Guinnog via Wikimedia; 65 o: DEA/G. Nimatallah/contributor; hg: Bildagentur Zoonar GmbH/Shutterstock; 67 hg: nina b/Shutterstock; or: Thomas via Wikimedia; ur: Steve Whiston/Shutterstock; ol: © José Luiz Bernardes Ribeiro/CC-BY-SA-3.0; 71 hg: SurangaSL/Shutterstock; or: Pikaia; 73: © 1999 Credit: Topham Picturepoint; 74: © Bettmann/Corbis; 76 hg: Idh0854 via Wikimedia; ul: That Hartford Guy via Wikimedia; 77: XavierAJones via Wikimedia; 79 hg: Pikaia; ol: Adrian Pingstone via Wikimedia; ul: © 2002 Credit: Topfoto/Fortean; 81: © Bettmann/Corbis; 82: © Bettmann/Corbis; 84 hg: The Granger Collection/TopFoto; 85: Pikaia; 88: L. Blandford/Topical Press Agency/Getty Images; 90 hg: The Princes Edward and Richard in the Tower, 1878 (oil on canvas), Millais, Sir John Everett (1829–96)/Royal Holloway, University of London/Bridgeman Images; 91: Songquan Deng/Shutterstock; 93 hg: Pikaia; 96 hg: © Michael Freeman/Corbis; ur: The Granger Collection/TopFoto; 97: © 2001 Credit: Topham/AP; 99 hg: © Bettmann/Corbis; 101 hg: Mary Evans Picture Library; ul: © National Media Museum/Science & Society Picture Library – All rights reserved; 103 hg: Photo by Central Press/Getty Images; or: Dragon tomato via Wikimedia; 105 hg: siiixth/Shutterstock; ur: © Mauritius Images GmbH/Alamy; 107: Apic/Getty Images; 109 hg: © Bettmann/Corbis; ul: © Bettmann/Corbis; 110: DarkCryst via Wikimedia; 112 hg: mironov/Shutterstock; 115: Andrea Conti/Shutterstock; 118: Andrew Horne via Wikimedia; 121: © Charles Walker/TopFoto; 122: © 1999 Credit: Topham Picturepoint; 125: Mary Evans Picture Library/Epic; 129: Topham Picturepoint; 131: © Bettmann/Corbis; 133 hg: © 2005 Credit: Topfoto/AP; ul: © 2005 Credit: Topfoto/AP; 134: © 2005 Credit: Topfoto/AP; 137: Bikeworldtravel/Shutterstock; 139 hg: dbking via Wikimedia; 141 hg: © Bettmann/Corbis; 143 hg: Mandy Creighton/Shutterstock; 147 hg: Mary Evans Picture Library; 149 hg: © Hulton-Deutsch Collection/Corbis; ul: Credit: TopFoto.co.uk; 151: © CarverMostardi/Alamy; 153 hg: Linda Moon/Shutterstock; ur: Pikaia; 155: © 2003 Charles Walker/Topfoto; 158: Mary Evans Picture Library; 161: © 2004 Fortean/Sibbick/TopFoto; 163: Dm_Cherry/Shutterstock; 164: Courtesy Everett Collection/REX; 166: John Phelan via Wikimedia; 167: Cbarry123 via Wikimedia; 169: © 2006 Credit: TopFoto/Fortean; 171: Mary Evans Picture Library; 173 hg: Krivosheev Vitaly/Shutterstock; ul: Pikaia; 175 hg: Helen Hotson/Shutterstock; ur: Big Cat Monitors; 177 hg: Fortean/TopFoto; ul: Fortean/TopFoto; ur: Fortean/TopFoto; 179 hg: © adoc-photos/Corbis; 181 hg: Pix4Pix/Shutterstock; or: Pikaia; 185 hg: Beth Swanson/Shutterstock; ur: Pikaia; 195: Rafał Chałgasiewicz via Wikimedia; 199: S-F/Shutterstock; 203 ol: © 2006 Credit: Topfoto; or: The Granger Collection/TopFoto; 205 hg: © 2006 Credit: TopFoto/Fortean; or: Pikaia; 208: Aashish Rao via Wikimedia; 210 hg: Matt Gibson/Shutterstock; o: Pikaia; 211: Pikaia; 213 hg: lazyllama/Shutterstock; ul: Adnan Buyuk/Shutterstock; or: Pikaia; 215 hg: Associated Press; ul: Pikaia; 216: Colegota via Wikimedia; 221: Silkeborg Museum, Denmark/Munoz-Yague/Science Photo Library; 223: Bilkent University via Wikimedia; 225 hg: Photo by George Strock/The LIFE Picture Collection/Getty Images; 226: Library of Congress via Wikimedia; 231 hg: ESO/S. Guisard; ur: The Ohio State University Radio Observatory and the North American AstroPhysical Observatory (NAAPO) via Wikimedia; 233 hg: Pikaia; ur: EN-Archive; 235 hg: Billy Hathorn via Wikimedia; hg: argus/Shutterstock; ur: Ollyy/Shutterstock; 237: lightpoet/Shutterstock; 239: sakkmesterke/Shutterstock; 241 hg: Abdul Qayyum62 via Wikimedia; o: Prof. Godfrey Louis and Dr. A. Santhosh Kumar; 243 hg: Ase/Shutterstock; ur: NOAA via Wikimedia; u: Pikaia; 248 hg: Johan Swanepoel/Shutterstock; ul: © Federico Scoppa/Demotix/Corbis; 249: 360b/Shutterstock.

FÜR ROSIE UND LOTTIE

Impressum

Die englische Originalausgabe erschien 2015 unter dem Titel *100 THINGS THEY DON'T WANT YOU TO KNOW* bei Quercus Editions Ltd (UK).
Copyright © 2015 Dan Smith
Published by arrangement with Quercus Editions Ltd (UK)

Genehmigte Lizenzausgabe für Weltbild GmbH & Co. KG,
Werner-von-Siemens-Str. 1, 86159 Augsburg
Koordination und Bearbeitung der deutschen Ausgabe:
usb bücherbüro, Friedberg (Bay.)
Übertragung ins Deutsche:
Ulrike Strerath-Bolz und Wolfgang Seidel
Covergestaltung und Bildcollage: www.derUHLIG.com
unter Verwendung von Motiven von (vorne) © Dolenc/Beholdingeye, © matspersson0, © Cappan, (hinten) © littleny (alle www.istock.com), und © Thomas Uhlig
Gesamtherstellung: Great Wall Printing Company Ltd,
10 Fung Yip Street, Chaiwan 999999

Printed in Hong Kong
978-3-8289-4721-4

2018   2017   2016
Die letzte Jahreszahl gibt die aktuelle Lizenzausgabe an.

Einkaufen im Internet:
www.weltbild.de